Universo Convoluto
Libro Quinto

DOLORES CANNON

Traduzione a cura di Gabriele Orlandi

©2015 Dolores E. Cannon Trust
Traduzione italiana - 2024

Tutti i diritti riservati. Nessuna parte di questo libro, in tutto o in parte, può essere riprodotta, trasmessa o utilizzata in qualsiasi forma o con qualsiasi mezzo, elettronico, fotografico o meccanico, compresa la fotocopiatura, la registrazione o qualsiasi sistema di archiviazione e recupero delle informazioni senza l'autorizzazione scritta della Ozark Mountain Publishing, Inc., fatta eccezione per brevi citazioni contenute in articoli letterari e recensioni. Per richiedere l'autorizzazione, la serializzazione, il condensamento, gli adattamenti o per il nostro catalogo di altre pubblicazioni, scrivere a Ozark Mountain Publishing, Inc., P.O. box 754, Huntsville, AR 72740, ATTN: Permissions Department.

Biblioteca del Congresso: Cataloging-in-Publication
Data Cannon, Dolores, (1931 – 2014)
Libro Cinque nella serie "Universo Convoluto" offre informazioni metafisiche ottenute attraverso numerosi soggetti attraverso la regressione ipnotica alle vite passate.
1. Ipnosi 2. Reincarnazione 3. Metafisica 4. Karma 5. Percezione di Dio
Biblioteca del Congresso, Numero di Catalogo: 2024931138
ISBN: 9781962858083

Copertina: Victoria Cooper Art
Font di publicazione: Times New Roman
Book Design: Tab Pillar

Publicato da:

PO Box 754
Huntsville,
AR 72740 800-935-0045 or 479-738-2348 fax: 479-738-2448
WWW.OZARKMT.COM
Stampato negli Stati Uniti d'America

PREFAZIONE

"Per coloro che si uniscono a noi solo ora, benvenuti a questa avventura e al viaggio. Per coloro che sono stati con noi per l'intero viaggio, bentornati e spero che troverete altri concetti interessanti mentre continua l'avventura. Quindi leggete con mente aperta e preparatevi a stuzzicarla ancora un po'. Dopo tutto, i pretzel (pane Tirolese a forma di otto) hanno una forma interessante. Assomigliano davvero al simbolo dell'infinito, non è vero?".

Dolores Cannon, 2013

CARI LETTORI...

Mia madre, Dolores Cannon, se n'è andata da questa dimensione durante le fasi finali del completamento di questo libro. Tutto ciò che serviva ora, era finalizzare la bozza e la disposizione dei capitoli. Mi sono sempre meravigliata di come riuscisse a prendere un pezzo qui e un pezzo là, dalle sue varie storie e riuscisse a creare un racconto senza dissoluzione di continuità. Era una vera maestra. Era bravissima a mettere insieme i pezzi del puzzle cosmico.

Julia Cannon

Abbiamo già tutte le risposte. Dobbiamo solo permetterci di fare le domande giuste.

Dolores Cannon, 2001

INDICE DEI CONTENUTI

SEZIONE 1: Finire il Karma
Capitolo 1: La Scatola di Vetro 3
Capitolo 2: Una fine agli Omici 12
Capitolo 3: Resistere la nascita 23
Capitolo 4: La Sirena 32
Capitolo 5: Una Vita Interrotta 45
Capitolo 6: Scambio di Posti 62

SEZIONE 2: Nuove Percezioni Energetiche
Capitolo 7: L'esperienza d'Essere l'Energia Totale 83
Capitolo 8: Io Sono Te! 99

SEZIONE 3: Vite dell'Altro Mondo
Capitolo 9: Il Trasportatore 117
Capitolo 10: Divoratore di Mondi 131
Capitolo 11: Portali Energetici 142
Capitolo 12: Una Sentinella Solitaria 148
Capitolo 13: Una Colonna di Pietra 162
Capitolo 14: Un Osservatore Mandato ad Aiutare la Terra 176

SEZIONE 4: Noi Creatori
Capitolo 15: Una Diversa Percezione di Dio 189
Capitolo 16: Influenzare i Risultati e le Realtà 201
Capitolo 17: Creatore di Realtà 208
Capitolo 18: La Gente di Sfondo 221
Capitolo 19: Un Essere di Luce Creatore 238
Capitolo 20: Vai, Si La Luce! 255
Capitolo 21: La Schedamadre 260
Capitolo 22: Il Cambiamento di un Intero Universo 281

Epilogo 294
Riguardo all'Autore 297

SEZIONE 1

FINIRE IL KARMA

CAPITOLO UNO
LA SCATOLA DI VETRO

QUANDO JOHN SCESE DALLA NUVOLA INIZIO' A DESCRIVERE quello che stava vedendo con una voce molto dolce. Era circondato da una nuvola di luce luminosa giallo-grigia. Normalmente questo significa che era tornato alla Sorgente, ma mentre continuava sembrava essere qualcosa di più. Vide un'apertura, questa conteneva altre tre o quattro luci individuali che sembravano accendersi e spegnersi. Gli chiesi del suo corpo e lui disse che era come una nuvola, un vapore, niente di solido. Non era ancora chiaro dove fosse o cosa fossero le luci, così gli chiesi se poteva dirigersi verso alcune di quelle luci e scoprire cosa fossero. In passato avevo utilizzato questo suggerimento come metodo per ottenere risposte. Con cautela disse: "Dovrò vedere cosa sono".

D: Puoi fare quello che vuoi. Forse possiamo scoprire di più su questo luogo. A quale vuoi avvicinarti? Avevi detto che ce ne sono diverse.
J: Vanno e vengono... vanno e vengono. Proprio accanto a loro c'è un angelo. È vestito come un angelo, ha una lunga veste e ali d'angelo. Dice che è qui solo per proteggermi.
D: Chiedi se è il tuo angelo custode?

John divenne emotivo mentre rispondeva: "Sì". Non poteva vedere bene il suo volto perché era coperto d'oro. Lo assicurai che se era il suo angelo custode personale, allora era sempre con lui e non avrebbe permesso che gli accadesse qualcosa.

D: Chiediamogli di portarti dove dovresti andare. (Pausa) Cosa dice?
J: Ha detto: sì. Lo seguo, c'è questa grande grotta con questa grande luce. E' come se un qualche tipo di meteorite fosse appena caduto e non c'è nient'altro che luce proveniente da questo meteorite. Voleva solo mostrarmi la luce all'interno della caverna.
D: Chiedigli perché voleva che tu la vedessi.
J: Era la creazione del mio essere.

D: *Chiedigli cosa vuole dire con questo?*

J: Che sono la luce. Quindi posso creare la luce.

D: *Vuol dire che quella era il momento della creazione del tuo essere? (Sì) Questo è il luogo da cui provieni? (Sì) Chiedigli di spiegare: come sei venuto dalla luce?*

J: C'è una porta di vetro, una specie di scatola di vetro. Una di queste... si è rotta ed è uscito così...

D: *Una scatola di vetro che è caduta nella grotta? (Sì) All'inizio hai detto che era un meteorite, ma ora è diverso? (Ero confusa).*

J: Fa parte del relitto. È stato l'impatto.

D: *Quindi durante l'impatto, la scatola di vetro è finita nella grotta?*

J: No. Era il meteorite.

D: *Quindi era già dentro il meteorite e si è rotta quando ha colpito il suolo? (Sì) Come ha fatto la scatola di vetro ad entrare nel meteorite?*

J: È stata messa lì.

D: *Sono solo curiosa. I meteoriti cadono semplicemente dal cielo, vero? (Sì) Come spazzatura spaziale, rocce o...*

J: Sì. Ma questo è stato spinto in questa direzione.

D: *Nel meteorite? (Sì) Perché è stato spinto lì?*

J: Per portare la luce.

D: *Pensavano che la scatola di vetro sarebbe rimasta intatta all'interno del meteorite? (Sì) Chi l'ha messa nel meteorite?*

J: Lo sto chiedendo al guardiano. (Pausa) I Curatori. I Curatori. Da un gruppo di persone.

D: *Dove si trovano?*

J: Lontano da qui. Non sulla Terra.

D: *Quindi sono in grado di mettere qualcosa dentro una scatola di vetro, metterla in questo meteorite e spedirla ovunque vogliano? (Sì) Interessante. Perché decisero di farlo in quel modo?*

J: A causa dei cambiamenti. I cambiamenti che stanno avvenendo. Alcune persone stanno cadendo nell'oscurità.

D: *Sono molti i cambiamenti che stanno avvenendo sulla Terra. È questo ciò di cui stai parlando? (Sì) Quindi questo era un modo sicuro per portare la luce sulla Terra?*

J: Uno dei modi.

D: *Questo è il modo in cui John è stato portato sulla Terra, attraverso questa scatola? (Sì) Non potevano farlo in modo "spirituale"? Pensavo che quello fosse il modo in cui lo fanno di solito.*

J: Avrebbe potuto esserlo, ci sono più modi. Non ce n'è uno sbagliato. Ci sono molti modi. Questo è solo uno dei tanti modi.

D: *Questo offriva più protezione?*

J: Per la Terra?

D: *No. Pensavo per la sua anima o qualcosa del genere.*

J: La sua anima è sua. È come se fosse sua.

D: *Pensavo che fosse un modo per proteggere la sua anima nel raggiungere la Terra attraverso lo spazio.*

J: L'anima non ha bisogno di protezione.

D: *Era solo un modo di portare la sua anima qui? (Sì) Quindi è diverso. Non ho mai sentito parlare di quel modo di consegnare un'anima.*

J: Sì. Viene fatto in molti modi diversi.

D: *Così il meteorite sfondò quella caverna, si frantumò e la scatola di vetro che era dentro si ruppe? (Sì) Cosa è uscito poi?*

J: Uno stato gassoso.

D: *Quella era l'anima di John? (Sì) Sapeva già di tutte queste pianificazioni? (No) Qualcuno gli ha detto cosa sarebbe successo?*

J: No. Era già stato pianificato.

D: *John non aveva niente da dire al riguardo?*

J: No, era già predisposto.

D: *Bene, cosa accadde dopo che lo stato gassoso uscì dalla scatola di vetro. È importante che John sappia cosa accadde.*

J: Si dimentica, proprio come tutti gli altri.

D: *Ma lui è in forma gassosa. Non è nel corpo fisico, vero?*

J: Alla fine lo sarà.

D: *Allora com'è entrato in un corpo fisico?*

J: Proprio come tutti gli altri. Scelgono e cominciano ad entrare in un corpo umano.

D: *Lui cosa ha scelto?*

J: Di nascere.

D: *Ha scelto i suoi genitori e tutto il resto? (Sì) Quindi questa forma gassosa è entrata nel corpo di un bambino. È questo che vuoi dire? (Sì) Perché ha scelto quei determinati genitori?*

J: La loro unità.

D: *Prima di questa, ha avuto altre vite con queste persone? (No) Quindi non ci sono connessioni ad altre vite passate? (No) Ha solo pensato che sarebbero stati buoni genitori? (Sì) Prima di* tutto ció, John ha mai avuto altre vite sulla Terra? *(No)* Questa é la prima volta? *(Sì)* È per questo che si sente così solo qui? *(Sì)* Si sente come se non volesse essere qui. Io lo sento spesso, moltissime volte dai clienti se è la loro prima vita. Ha vissuto altre vite in altri luoghi? *(Sì)* Puoi parlargli di queste altre volte? C'è qualcosa che dovrebbe sapere?

J: Devi fargli passare i dubbi. Faceva un lavoro tecnico da un'altra parte.

D: Su un altro mondo o cosa? *(Sì)* Che tipo di lavoro tecnico?

J: Impalcature d'illusioni. (Difficile da capire.) Metteva insieme i chip.

D: Dove faceva quel tipo di lavoro?

J: Da qualche parte nel cielo o in un altro mondo da qualche altra parte.

D: Era una astronave o un pianeta?

J: Astronave.

D: C'erano altri lì con lui?

J: Oh, sì. John ha una cosa da fare.

D: Che aspetto aveva in quella vita? Che tipo di corpo aveva?

J: Più o meno lo stesso.

D: Per lo più umanoide, vuoi dire? *(Sì)* Aveva una famiglia o semplicemente viveva sulla nave?

J: Penso che lavorasse sull'astronave da solo.

D: Beh, se gli piaceva quel tipo di lavoro, perché ha voluto andarsene e venire sulla Terra?

J: Cambiamenti. A volte ci sono dei cambiamenti che lui vede, viene chiamato a combattere e ad aiutare con i cambiamenti.

D: Questi hanno a che fare con il pianeta Terra?

J: Sì. Siamo qui per aiutare dove c'è bisogno di fare dei cambiamenti.

D: Come sapeva che ci sono dei cambiamenti in corso?

J: C'è un'altra entità che passa e ci dice che dovremmo andare.

D: Ma comunque è una tua scelta, no?

J: Sempre.

D: E tu hai scelto questo modo unico di portare la luce sulla Terra? *(Sì)* Cosa è successo al tuo corpo sull'astronave?

J: È solo come un vestito.

D: Il suo corpo è un veicolo?

J: Sì. È molto più facile... solo una tuta.

D: Quindi cos'è successo a quel veicolo? Voglio dire... è dovuto morire?

J: No... solo continuare.

D: *Continua a fare il suo lavoro sulla nave? (Sì) Quella persona sulla nave è consapevole che quest'altra parte di lui...?*
J: Sì. Continuiamo semplicemente a lavorare.
D: *Vuoi dire che è come un pezzo che si stacca? Ha senso?*
J: No. Non si rompe niente.
D: *Quindi lui continua a lavorare su un'astronave e a fare il suo lavoro lì? (Sì) Allora, come fa quest'altra parte - a non strapparsi - come se ne va? Sto solo cercando di capire di più.*
J: È complicato.
D: *Lo so che lo è! (Risate) Ma come fa quella parte a staccarsi dall'anima che è lì e lavora sull'astronave?*
J: Le persone sulla nave continuano, proprio come una macchina.
D: *Come si separa questo pezzo che è sceso sulla Terra, da quello originale rimasto sulla nave?*
J: Non c'è separazione. Non si separa mai.
D: *Ho pensato che fosse un pezzo di se stesso mandato sulla Terra.*
J: Nel tutto, non ci sono pezzi.
D: *Mi è stato spiegato che siamo come sfaccettature di un diamante, frammenti o pezzi, tutti che vivono vite diverse allo stesso tempo. È così? (Sì) Quindi non c'è separazione. È tutto Uno.*
J: Come tutti noi siamo uno.
D: *Quindi non si stacca da quello che è sulla nave?*
J: No. Succede solo quando proiettiamo fuori il pensiero.
D: *Quindi quando all'essere sulla nave viene detto cosa stava succedendo, tutto quello che doveva fare era inviare un pensiero? (Sì) Quindi quel pensiero è diventato l'essere dentro la scatola di vetro? (Sì) E questo ha creato l'anima individuale di John? (Sì) Sembra complicato. Ed è per questo che l'essere sulla nave in realtà non è nemmeno consapevole di ciò che John sta facendo?*
J: Quell'essere ha più conoscenza.
D: *Perché John non ha la conoscenza di ciò che sta succedendo?*
J: Non che lui sappia.
D: *Perché una volta che vieni su questo pianeta ci si dimentica? (Sì) Ho sempre pensato che sarebbe più facile se si potesse ricordare. (Risate)*
J: E renderlo semplice...
D: *Quindi ha scelto i genitori da cui è nato? (Sì) E che dire, si è sposato e ha avuto dei figli? Ha qualche connessione con loro*

nelle vite passate? *(No) Allora in realtà non ha legami con le persone sulla Terra? (No) La nave, è vicina alla Terra o lontana?*
J: Non è di questa Terra... ma di un altro universo.
D: *Quindi gli viene solo detto che c'è qualche problema in un altro universo? (Sì) Allora quando quel pezzo di anima arriva nello ambiente di un altro universo, non rimane intrappolato nel karma?*
J: Nessun karma.
D: *Quindi questi tipi di esseri che vengono volontariamente non rimangono intrappolati nel ciclo della Terra? (No) Non è forse vero che molti di noi frequentano la scuola della Terra, che è una scuola molto lunga? (Sì) Facciamo molti errori e andiamo in molte altre vite per ripagare il karma? (Sì) Quindi le persone come John non fanno parte di quel ciclo? (No) Quindi sarà in grado di completare la sua vita senza accumulare karma? (Sì) C'è qualcosa che gli impedisce di accumulare karma?*

Stavo pensando a ciò che mi è stato detto in precedenza, quando ho indagato su questo tipo di casi. Che le anime in arrivo sono protette da una copertura, una specie di guaina che le protegge dall'accumulare karma. Ma la risposta di John è stata diversa: "Il cuore. L'amore".

D: *L'amore è molto importante. Perché è venuto sulla Terra in questo momento? Diceva che fosse durante il periodo dei cambiamenti.*
J: Per la luce. Ci sono molte persone che bloccano la luce e quello che facciamo è solo aumentare la luce. Alcuni gruppi cercano di fermarli o vogliono fermarli.
D: *Come cercano di fermare la luce?*
J: Facendo in modo di fermare quello che fanno. Quelli che non sono della luce, cercano di fermare le persone che sono della luce. Per impedirgli di fare quello che stanno facendo.
D: *Sono solo persone negative o cosa?*
J: Semplicemente non capiscono. Allora, la luce è stata portata a causa dei cambiamenti che stanno avvenendo.
D: *Gli abitanti della Terra non possono farlo da soli?*
J: Sono uno contro l'altro. I cambiamenti non possono avere luogo.
D: *Sono disposti a farlo?*
J: Alcuni di loro lo sono... alcuni di loro non hanno bisogno di cambiamenti.

D: *Allora questi esseri sono mandati qui per ricominciare da capo? (Sì) Ma questo è difficile?*
J: Per alcuni.
D: *Che mi dici di John? E' stato difficile per lui?*
J: Molto. A lungo e' stato difficile per lui... fin da quando è venuto qui. Non è in grado di connettersi e in quest'altro posto lo farà. Le porte si chiudono rapidamente.
D: *Cosa vuoi dire con cose che stava cercando di fare? Stava cercando di vivere una vita da umano.*
J: Sì. Doveva essere come gli altri ed essere umano, ma è così difficile capire le persone dove non c'è l'amore.
D: *Quindi per tutta la sua vita ha avuto difficoltà con le altre persone? (Sì) Ma non si è lasciato abbattere. Ne è sempre uscito, no?*
J: Sì. È molto forte. La luce intensifica la sua forza, ma è il mondo esterno che lo influenza.
D: *Però bisogna adattarsi a questo se vivi sulla Terra. Non se ne può fare a meno.*
J: No. Lui farà il suo lavoro.

John lavorava in un ospedale, aiutava le persone e gli fu detto che il suo lavoro riguardava la guarigione. "La guarigione è ciò che fa. È lui che decide cosa fare". Quando lavora con i pazienti riesce a sentire dell'energia sprigionare dalle sue mani.

D: *Da dove viene quell'energia?*
J: Dal suo essere. Essere. Il solo essere lì.
D: *Così è arrivato con questa energia? (Sì) Voleva fare il lavoro di guarigione, ma si sentiva bloccato.*
J: Quelli erano i suoi dubbi e le sue paure. Se ne sono andati. Andati!
D: *E il suo lavoro in ospedale?*
J: Quello ci sarà sempre. Ora può compiere la guarigione senza blocchi.
D: *Lo aiuterete quando farà la guarigione?*
J: Oh, sempre. Tutto è stato sistemato. Noi ci saremo.

Continuammo con alcune delle sue domande personali. Sapevo che stavamo parlando con il SC, anche se non l'avevo invocato. Sapevo che avremmo ottenuto delle risposte. Tuttavia la maggior parte di queste domande non riguardano la nostra storia, erano importanti solo per John.

D: Ho una domanda relativa a qualcosa che avete detto all'inizio di questa seduta. Avete detto che è stato messo nel meteorite dai Curatori. Puoi spiegare chi o cosa sono?
J: Dato che doveva viaggiare a lungo, dovevano coprirlo, così quello era il modo più semplice per farlo.
D: Cerco sempre di capire come funzionano tutte queste cose, perché sono complicate.
J: Molto complicate.
D: Perché doveva essere coperto con qualcosa?
J: Per viaggiare.
D: L'energia dell'anima non poteva viaggiare così lontano da sola?
J: Avrebbe potuto, ma venne deciso di andare in quel modo. Per proteggere l'energia.
D: Solo una precauzione in più? (Sì) E i Curatori sono coloro che decidono? (Sì) E lo fanno per tutte le anime che arrivano?
J: Alcune. Solo alcuni tipi.
D: Che tipo di anime sono quelle?
J: La luce.
D: Questo significa che arrivano direttamente? (Sì) Quindi quando John lascerà questa vita non avrà alcun karma? (No) Tornerà al...
J: La luce.
D: E' così che chiamiate la Sorgente? (Sì) Allora sei stato molto coraggioso a venire qui. Anche noi corriamo sempre il rischio di rimanere intrappolati nella Terra.
J: Sì. È la scelta che facciamo.

Sapevo che stavamo arrivando al momento di concludere la seduta, ma volevo scoprire qualcosa di fisico prima di chiudere.

D: Cosa sta causando quel ronzio nell'orecchio sinistro?
J: È la comunicazione.
D: Chi sta comunicando con lui?
J: La Sorgente.
D: Gli stanno dando istruzioni o cosa?
J: Sì. Istruzioni di guarigione.

Dissi loro che quel suono spesso lo distraeva, così ho chiesto loro se potevano almeno abbassarlo. Acconsentirono e dissero che l'avrebbero mantenuto ad un livello confortevole. C'erano altre domande riguardo al suo corpo, compresa la sua dieta e il suo sovrappeso.

D: *Voleva sapere se sarebbe stato in grado di comunicare con voi.*
J: Tutto ciò che deve fare è chiedere.
D: *Non sa se lo state ascoltando o no.*
J: Non c'è nessun problema ora. Basta fare la domanda. Noi ci saremo.

D: *Non aveva senso portarlo in una vita passata perché lì non c'era niente da vedere. (Sì) Così è per questo che l'avete portato direttamente a cosa... quel lato della Sorgente? (Sì) E quelle luci erano solo altri spiriti?*
J: Sì... esseri.
D: *E tutti questi spiriti che arrivano stanno facendo la differenza, vero?*
J: Moltissima.
D: *Stanno muovendo il mondo verso la luce, vero? (Sì) E i cambiamenti saranno benefici, vero?*
J: Bellissimi cambiamenti!
D: *Tutto grazie ad anime come John, sta funzionando.*
J: Da tutti loro.
D: *Tutti voi insieme lo state facendo. Questo è ciò che deve succedere. Ci vuole una massa critica di persone. (Sì)*

CAPITOLO DUE
UNA FINE AGLI OMICI

QUANDO BEN ENTRO' SULLA SCENA SI TROVO' IN UNA ARENA DI GLADIATORI. "Sono un gladiatore e devo combattere... combattere fino alla morte, ma non voglio. L'ho già fatto prima e sono stufo. Non posso farlo più".

D: *C'è qualcun altro con te nell'arena dei gladiatori?*
B: Sì. È scuro, più alto di me. Ho a disposizione un coltello, una spada e uno scudo. Lui deve uccidermi, io probabilmente posso ucciderlo, ma lo lascio fare perché sono stufo.
D: *Non potevi uscirne se non volevi farlo?*
B: No. Devo lottare e continuare a lottare perché non ce la faccio più.
D: *Come sei diventato un gladiatore?*
B: Sono stato scelto quando ero giovane. C'è voluto molto allenamento.
D: *Hai ucciso molta gente?*
B: Sono circa dieci anni. Ecco perché ho il voltastomaco, non ce la faccio più.
D: *Combatti principalmente con altri gladiatori come te? (Sì) Ci sono persone che osservano?*
B: Oh, certo. Ce ne sono migliaia. Sugli spalti... nel Colosseo. Si divertono.
D: *È successo qualcosa che ti ha fatto decidere di non volerlo far più?*
B: Sono semplicemente stufo. Non è giusto. Non lo sopporto. Preferirei lasciare che mi uccidano e farla finita.
D: *Non c'è modo di smettere e basta? (No) Allora cosa succede?*
B: L'altro mi uccide e io muoio.
D: *Come ti ha ucciso?*
B: Una coltellata al petto.
D: *Non hai cercato di difenderti?*
B: Molto poco.
D: *Ti senti meglio ora che ne sei uscito? (Sì) Cosa vedi quando guardi indietro?*
B: È stato un tale spreco.

D: Riesci a vedere il tuo corpo?
B: Sì. Ho un casco addosso. Sono vestito di pelli. È un tale spreco, tutte quelle persone che ho ucciso combattendo. *Quando ero più giovane, quando siamo stati scelti, pensavo che fosse un grande onore essere forte e potente. È inutile. Era eccitante e ci vantavamo di quanto eravamo forti e potenti. Poi vedevamo persone con amici e familiari che venivano uccisi. Vedere lo sguardo sui loro volti, era devastante.*
D: Pensavo... a che scopo?
B: Sì. Non c'era uno scopo. Era solo per intrattenimento. Sarebbe diverso proteggere un paese, una terra o una famiglia, ma uccidere inutilmente è un tale spreco. È triste.
D: Bene, ora ne sei fuori. Ti senti sollevato dal fatto di non dover più uccidere?
B: Sì. Ora sono molto triste per quello che ho fatto. Avrei fatto meglio a lasciare che il primo mi avesse ucciso. Ma pensavo che la folla acclamante e l'intrattenimento fossero... ego. E c'erano donne in giro... tutto inutile. Qual era lo scopo? Non siamo qui per uccidere, ma per onorare le persone e onorare la vita. Che Follia!
D: Ma ne rimani intrappolato, non e' vero? (Sì) Ora che sei fuori dal corpo, cosa farai adesso?
B: Mi riposerò. Mi processeranno e mi metteranno da qualche parte dove potrò riposare.
D: E' venuto qualcuno per mostrarti dove andare?
B: Sì. Non sono sicuro del nome, ma era un essere luminoso... uno spirito. Aveva un aspetto maschile. Sembrava bianco, amichevole, amorevole. Mi porta in questa piccola area dove posso semplicemente sdraiarmi, riposare e dormire.
D: Lì devi parlare con qualcuno?
B: Non inizialmente.
D: Che aspetto ha il luogo dove ti riposi?
B: Un soffitto alto con pareti bianche... e un bel letto morbido su cui sdraiarsi e addormentarsi... dove sentirsi in pace. Non ho bisogno di niente... solo di riposare.
D: Devi rimanere lì per un certo periodo di tempo?
B: No. Quando mi sveglio, sarà il momento giusto.

Ho parlato a molti che sono andati a riposare sul lato dello spirito tra una vita e l'altra. Quando si trovano lì è inutile cercare di fare domande. Sembrano come qualcuno che borbotta nel sonno e vogliono solo essere lasciati in pace. Così l'ho portato avanti fino a quando aveva riposato abbastanza ed era tempo di svegliarsi. Gli chiesi cosa era successo dopo il risveglio.

B: Torna a prendermi, mi porta in una stanza, ci sono questi altri esseri, parliamo di quello che è successo e di quello che ho imparato. Questi esseri hanno molta saggezza.

D: *Che aspetto hanno?*

B: Vedo che sembrano maschio e femmina. Sono luminosi con i capelli lunghi, ma sono pura luce. Hanno una specie di vestiti bianchi... sembrano vestiti, ma... sono molto tranquilli. Mi fanno domande su quello che ho fatto e su come mi sono sentito. Mi sono sentito malissimo ad uccidere le persone. Non c'era alcuno scopo. Dovrei amare gli altri e non avere scontri con le persone.

D: *Cosa pensi di aver imparato da quella vita?*

B: A non uccidere, ad onorare le persone, ad onorare la vita. Qualcuno è sconvolto e può rivolgersi a me, io posso essere tranquillo, semplicemente amorevole e gentile.

D: *È una lezione importante, vero?*

B: Molto importante.

D: *Sono d'accordo, è una ottima lezione da imparare? (Oh, certo.) Ma, ti giudicano?*

B: No, nessun giudizio.

D: *Stanno solo discutendo? (Sì) Cosa succede dopo quando avete finito questa revisione di quella vita?*

B: Ora dovrei pianificare la mia prossima vita.

D: *Hanno qualche suggerimento su cosa avresti potuto imparare da quella vita?*

B: No. Sono abbastanza d'accordo che il valore della vita è la lezione principale e non trasformarla in un coinvolgimento dell'ego. Ed essere responsabile, indipendentemente da quanto grande e quanto potente tu sia. Che tu sia in una posizione di potere o di forza fisica. La vita dovrebbe essere percorsa nella luce e gentilezza.

D: *Questa è una lezione importante anche se è stata difficile. (Sì) Ma ora devi decidere la tua prossima vita? (Sì) Ti aiutano nella decisione?*

B: Sì. Loro suggeriscono. Continuo a vedere una persona che è istruita, è ad una scrivania e scrive molto. Non sono sicuro di dove sia, ma è quello che continuo a vedere. Stanno suggerendo che sarebbe la soluzione migliore per la prossima vita.
D: *Sarai maschio o femmina?*
B: Maschio.
D: *C'è qualcosa in particolare che vogliono che tu impari nella prossima vita? Pianifichiamo sempre qualcosa.*
B: Sto cercando di vedere. Penso che sia una vita di pace e scrittura, quindi sarebbe come insegnare attraverso la scrittura.
D: *Sicuramente all'opposto della violenza.*
B: Certamente.
D: *Che tipo di contenuti ti vedi scrivere?*
B: Scrivere parole di pace perché la gente pensi in modo più profondo. Alcuni racconti e libri per imparare ad essere gentili gli uni con gli altri e ad amarsi.
D: *Sarai anche un insegnante?*
B: Insegnando attraverso la scrittura e insegnando alle persone a seguire quel percorso.
D: *Pensi che sia una buona vita da scegliere?*
B: Sì, perché l'ho scelta. C'erano altre opzioni, ma questa è quella su cui mi sono concentrato per poter imparare di più. Sembra esser in Inghilterra, ho questa impressione. Inglesi che parlano in inglese. Sto scrivendo in inglese. Continuo a vedere questa scrivania in questa piccola... sto scrivendo ed è quasi come una piccola scatola in cui ho i mie fogli, mi chino e inizio a scrivere ad una strana angolazione con la mia mano destra. Ed è come se questa saggezza venisse fuori e io devo solo scriverla.
D: *Con cosa stai scrivendo?*
B: Sto scrivendo con una vecchia penna d'oca.
D: *Tu hai scelto tutto questo ed entrerai in quella vita? (Sì) Cosa vedi quando lasci il lato dello spirito e vai nella prossima vita?*
B: Nascerò lì.
D: *Hai scelto la tua famiglia?*
B: Sì. Mia madre si chiama Sara. Li ho conosciuti prima. Altre volte. Riconosco la madre. Sono già stato con lei. Entro nel bambino.
D: *Beh, quando nasci, ti ricordi cosa dovresti fare? (No) Devi solo ricominciare tutto da capo, vero?*

B: Sì. Ma è lì. Viene fuori man mano che cresco. Comincio a ricordare mentre scrivo ed c'è molta pace. Questo è quello che sono venuto a fare.

Lo spostai in avanti ad un giorno importante, per vedere se i suoi piani andarono come si aspettava. "Cosa vedi e cosa sta succedendo?"

B: Sto festeggiando perché uno dei miei libri è stato pubblicato e mia madre sta festeggiando, è molto felice. Sto ricevendo un compenso per questo libro.
D: *Meraviglioso! Hai scritto a lungo prima che questo accadesse?*
B: Oh, qualche anno. C'erano alcuni scritti minori che la gente aveva distribuito in giro, ma niente come essere pubblicato e ricevere un compenso.
D: *Ti hanno insegnato a scrivere?*
B: Ho imparato a scrivere. La mia scrittura era naturale. Avevo un'abilità naturale per quello che scrivevo in modo naturale.
D: *Hai frequentato un'università?*
B: No, mi hanno insegnato a casa e avevo solo una capacità naturale.
D: *Come ti chiami?*
B: Stewart Malcolm.
D: *È il nome con cui scrivi? (Sì) Hai una una copia lì sulla tua scrivania?*
B: No. Ho appena ricevuto la notizia. So solo che è stato pubblicato. (Risi.)

Disse che sua madre era orgogliosa di lui. Suo padre stava tornando dal loro negozio dove lavorava:
"Mi chiedo cosa ne penserà?".

B: Gli piace la mia scrittura. Mi sostiene. Per questo c'è una bella differenza.
D: *Qual'è il titolo del libro?*

Ho pensato che potrebbe essere interessante cercare di trovare qualcosa su questo autore e se il suo libro è sopravvissuto ai nostri tempi. *I custodi della pace.*

D: *È un titolo interessante. Di cosa parla il libro?*

B: Parla di come le persone dovrebbero essere in uno stato di pace. Dovrebbero rispettarsi a vicenda. Cercando di vedere la storia che c'è in questo... così tanto tempo fa.
D: *E' una storia inventata o…?*
B: Sì, è narrativa.
D: *Sarà nei negozi perché la gente possa comprarlo?*
B: Sì, nei negozietti. Dove vendono i libri.
D: *L'editore vuole che tu scriva altro? (Sì)*

Le sue risposte erano per lo più semplici. Volevo scoprire di più su di lui. Non si era mai sposato e viveva ancora con i suoi genitori in una città abbastanza piccola chiamata Scottfield. "C'era un signore, amico di mio padre che l'ha fatto pubblicare". L'ho spostato avanti ad un altro giorno importante e gli ho chiesto cosa vedeva ora.

B: Vedo sempre più persone e sto anche scrivendo un po' di poesia, ne stanno mettendo un po' in piccole pubblicazioni. Così la gente comincia a sapere chi sono e cosa faccio. Sono in un negozio e ci sono alcune persone e sto leggendo alcune delle mie poesie. Sono seduti in cerchio, di sera, alla luce di una candela.
D: *Gli piace? (Sì) Hai pubblicato altri libri oltre al primo?*
B: Sì, ce ne sono altri. Ne vedo altri che sto preparando. Mi piace scrivere poesie. Era in grado di guadagnarsi da vivere con la sua scrittura. Viveva ancora con i suoi genitori, "Ma c'è una giovane donna che ho incontrato ad una delle letture che mi piace. Stiamo cominciando a passare del tempo insieme e ci stiamo avvicinando".

Quando lo spostai di nuovo in un altro giorno importante, vide se stesso sposato con quella giovane donna. Ora era in grado di avere un posto tutto suo. "Ho un mio reddito. Il mio primo denaro". Durante la seduta, mentre questa sua vita procedeva, ebbe un figlio e continuo' a scrivere narrativa e poesia. Poi mi disse che l'anno era il 1792 e che viveva ancora in quella piccola città. A quel punto pensai che eravamo arrivati al punto. Dato che la sua vita sembrava piuttosto monotona, tranne per la scrittura, ritenni che non ci fosse altro da esplorare. Così, lo portai all'ultimo giorno della sua vita. "Mi vedo a letto, vecchio e muoio per cause naturali. C'è mia moglie e mio figlio. È stata una vita felice. E' stata pacifica". Poi, quando fu fuori dal corpo, gli chiesi cosa avesse imparato da quella vita. "Ho imparato che era meglio essere pacifici e non vivere nella paura e nella rabbia, amare le altre persone ed essere gentili con loro. Fu una vita, così tranquilla, serena e aveva molto a che fare con lo spirito".

D: *Preferisci la pace, alla violenza. Ma ora che sei fuori da quel corpo, cosa farai?*
B: Posso tornare a casa.
D: *Dov'è casa?*
B: Tra le nuvole dove c'è la luce.
D: *Dimmi cosa succede quando torni lì.*
B: Questa volta non riposo. Arrivo e c'è un gruppo, i saggi mi parlano di quello che ho appena imparato.
D: *Non è stato necessario riposare questa volta perché era una vita felice? (Sì) Cosa pensano che tu abbia imparato da quella vita?*
B: Ho imparato come essere pacifico e amorevole, che è molto più importante di vivere in un mondo con la rabbia, l'omicidio, la violenza. Quello è proprio inefficiente. Assolutamente nessun pensiero produttivo, vedere se stessi in quei personaggi ed essere così violenti.
D: *Il totale opposto dell'altra vita. (Sì.) In quell'altra vita stavi uccidendo molte persone. Creavi karma quando prendevi le vite di quelle persone? (Oh, sì.) Come funziona quando uccidi qualcuno?*
B: Devo ripagarli. Devo tornare, un accordo di tornare a recitare una parte in cui contraccambio e devo soffrire cose simili a quelle che hanno sofferto per mano mia.
D: *Quindi devi sottoscrivere un contratto con quelle persone? Devi rifarlo? (Sì) Ma non lo fai tutto in una volta, in una vita?*
B: No. Non lo faccio, non riuscirei a gestirlo.
D: *Hai incontrato qualcuna di queste persone in quella vita da scrittore?*
B: Sì, ce n'erano un paio e hanno letto alcuni dei miei libri e delle mie poesie. Sono rimasti colpiti, ma c'era qualcosa di condolente nelle connessioni.
D: *Quindi non è stato ripagato con la violenza? (No) Ci sono molti modi di ripagare le cose, no? (Sì) Stanno discutendo su cosa dovrai fare successivamente?*

B: Sì. Dovrò tornare e lavorare con alcune persone che erano lì prima e ripagare il karma a loro. Stanno valutando le opzioni per permettermi di farlo.

D: *Ti è stata data una vita bella e tranquilla in modo da poterti preparare per il resto allora? (Esatto) Sembra un modo carino e gentile di farlo. (Sì) Quindi quali sono le opzioni che stai valutando ora?*

B: Beh, una di queste è essere ucciso in guerra dalla persona che ho ucciso io. Un'altra sarebbe di nascere nella stessa città dove sono quelli uccisi da me. E in una situazione in cui gli prendo qualcosa o lo derubo, lui sarebbe giustificato a spararmi.

D: *Hai la scelta di modi diversi per farlo? (Sì) Quale sceglierai?*

B: Sembra che sceglierò la situazione di guerra.

D: *Sarebbe un modo per chiudere il cerchio della restituzione del karma. (Esatto) Quindi ha senso. (Sì) Naturalmente, quando sei nella vita è più difficile, vero?*

B: Oh, sì, e non ci ricordiamo.

D: *C'è sempre una ragione per ogni cosa che scegliamo. Quindi con tutte le persone che incontriamo nella nostra vita abbiamo delle connessioni? (Sì) E non lo sappiamo quando arriviamo qui? (Esatto) Pensi che ci vorranno diverse vite per ripagare tutta la violenza che hai inflitto? (Ehhh, sì.) Non può essere fatto tutto in una sola vita, vero? (No) Questo è l'unico modo per ripagare?*

B: No, non deve essere esattamente la morte. In parte sarà quando arrivo in un corpo sano e succede qualcosa. Si ripaga in quel modo.

D: *Vuoi dire che si trasforma in un corpo andicappato?*

B: Sì. Inoltre alcune di queste persone ritornano come personaggi nella vita e viene ripagato in quel modo.

D: *Intendi il padre che Ben ha avuto in questa vita? (Sì) È per questo che ha avuto un'infanzia così violenta? (Sì) Ma lui ha perdonato suo padre, quindi quel karma l'ha finito?*

B: Sì. È tutto finito. Era l'ultimo dai tempi del gladiatore. È tutto finito. Ci sono volute molte vite. È più lento ma è più facile.

D: *Il padre di Ben ha ancora del del karma con Ben per il modo in cui lo ha trattato in questa vita?*

B: No. Non era questo il modo in cui hanno impostato le cose. Era un accordo. Maltrattando Ben non ha accumulato karma. Ha solo adempiuto al contratto.

D: *È difficile capire tutti questi pezzi e parti e il modo in cui tutto s'incastra. Ma a lungo termine tutto ha senso. In realtà, ha solo aiutato Ben a finire il resto del karma. (Esatto) Quindi anche Ben ha imparato qualcosa da quella relazione, vero?*

B: Sì. È difficile lasciar andare, difficile amare e perdonare. E suo padre, per come è morto, stava finendo del karma con qualcun altro, in un'altra relazione.

D: *Sì. Ma devi sapere che nel mio lavoro, ci sono anche persone che non lasciano andare le cose.*

B: Mi sembra stupido.

D: *Continuano a trattenere l'abuso per molti anni. Cosa succede in un caso del genere se non lasciano andare?*

B: Continuano a tornare e li colpisce fisicamente.

D: *Quindi l'idea è quella di cercare di capire cosa hanno imparato? (Sì) Molti di loro dicono che è molto difficile riuscirci.*

B: Lo è per alcune persone. Le loro vibrazioni non sono ancora al livello del percorso che hanno scelto. Pensano che se sono vicini a persone che sono nella luce, forse cominceranno a vedere e le loro vibrazioni si apriranno di più, in modo da poter vedere che è un tale spreco. È uno spreco del loro tempo, della loro energia, della loro salute e non possono sentirsi liberi. Quando sono vicini a qualcuno e hanno odio o attrito, questo li irrigidisce e li fa stare male. È molto meglio lasciar andare. Lasciar fluire nell'Universo, nella Luce. Si portano dietro quella rabbia che li appesantisce.

D: *E devono farlo di nuovo finché non imparano quella lezione. (Sì)*

Invocai il SC e cominciai a fare le domande sulla sua vita personale, alle quali Ben cercava delle risposte. Poi, naturalmente, ho voluto sapere della vita che abbiamo visto come scrittore. "Qualcuno di quei libri che ha scritto è sopravvissuto fino ai nostri tempi?".

B: No, è stato così tanto tempo fa che ora non è rimasto nulla. Non ebbe un seguito enorme. C'erano città circostanti, ma non era famoso. Tuttavia venivano pubblicati. Non c'erano biblioteche o cose del genere. La gente era colpita dalla tranquillità e dalla saggezza dei suoi scritti.

D: *Così, anche se non è sopravvissuto ai nostri tempi, ha aiutato quella gente. (Esatto)*

Poi affrontammo i suoi problemi fisici. Aveva problemi nella parte bassa della schiena: Il SC disse: "Il disco è un po' accorciato, un po' più sottile nella parte bassa della schiena. Possiamo entrare e lavorare su questo per ispessirlo un po' e farlo stare meglio. Ci metteremo molta luce e abbasseremo la vibrazione in modo che abbia un effetto fisico. Poi applicheremo più energia vibrazionale e Luce in modo da innalzare e aumentare il DNA per ricreare quella parte".

D: *Voglio chiederti una cosa. Sappiamo dell'energia che si sta manifestando proprio ora nel mondo e so che sta aumentando, non è vero? (Ehhh, sì!) È successo qualcosa nell'ultima settimana. Negli ultimi giorni, in particolare, è successo qualcosa? (La seduta ebbe luogo il 16 giugno 2012)*

B: C'è stata della Luce molto intensa proveniente dall'alto, per aiutare a guarire la Terra, le persone su di essa e per aumentare l'intera vibrazione della Terra. È stato davvero intenso. Anche Ben ha avuto dei flash di luce, è rimasto immerso in questa intensa Luce Bianca e ha percepito le onde d'energia. Sta influenzando le persone in modi diversi, quindi sì, sta decisamente scendendo su tutti.

D: *Pensavo che fosse parte del cambiamento delle vibrazioni e delle frequenze della Terra, mentre attraversiamo questa "trasformazione". (Esatto) Quindi influenza il corpo delle persone. (Sì) Anch'io l'ho sentito in un modo diverso. Era come una vertigine. È da questo che proveniva?*

B: Sì. Stai aumentando e quando aumenti, tipo con l'attività del cervello, le ghiandole endocrine e altre cose nel corpo, allora puoi sentire alcuni degli effetti fisici di tutto questo. È davvero, assolutamente, una bellissima, intensa Luce.

D: *Ma è quasi finita?*

B: Sì. Ce ne sarà ancora nelle prossime settimane, ma sì, questa ondata è finita.

D: *Perché a volte non è piacevole. (Risata)*

B: Si per un po', ma questo è a breve termine. Ce ne sono state diverse e ce ne saranno altre. Poi ci sarà calma per un po' e nei prossimi mesi, ne arriveranno altre... più intense. È un po' come un processo a tappe. Si amplifica di più con il tempo? Quindi è per questo che sei un po' stordita, si calmerà un po' e poi ce ne saranno altre. È un po' come piccoli passettini, per così dire.

D: *Mi avete detto in passato che non possiamo fare tutto in una volta, perché distruggerebbe il corpo.*

B: Esatto, distruggerebbe il corpo e la Terra. Sarebbe troppo intenso.

D: *Sembra che sia più intenso ora di quanto sia mai stato.*

B: Sì, perché le vibrazioni, il campo sta scendendo e a causa del suo volume e della sua intensità. È solo una bellissima Luce. Sta semplicemente saturando tutti, così quando sarà finita, farà davvero dei cambiamenti. Davvero ottimi.

D: *Non voglio che influenzi la mia vita e il mio lavoro.*

B: Oh, no, aiuterà. È tutto a posto. Solo un guasto momentaneo, per così dire.

CAPITOLO TRE
RESISTERE LA NASCITA

QUANDO BRYAN SCESE DALLA NUVOLA SI TROVÒ sopraffatto da un'incredibile sensazione di morbidezza. Non c'era forma, solo una sensazione di morbidezza. "Come un regno morbido, etereo. È come un regno celeste! È una morbidezza avvolgente... una specie di lanugine bianca. Ha a malapena una forma. C'e' abbastanza forma da permettermi di dire che è morbida. È una vagina! Ecco a cosa assomiglia". Era confuso da questa dichiarazione, così gli chiesi di spiegare. "È una sensazione di morbidezza. È come se mi stessi muovendo attraverso il canale uterino. Ecco come ci si sente. Morbido ed orgasmico".

D: *Come percepisci il tuo corpo... te stesso?*
B: Come un neonato. Faccio resistenza alla nascita.
D: *Perché?*
B: Penso che sarà un ambiente difficile.
D: *Cosa te lo fa pensare?*
B: Immagini e suoni intorno a me... Ci sono alcuni strumenti chirurgici in giro, forti luci e dure luci luminose. I dottori sono in piedi intorno a mia madre e la stanno punzecchiando. Sono parte di mia madre e mi piace essere parte di mia madre. Mi piace essere parte di quella morbidezza e non voglio lasciarla.
D: *Hai detto che facevi resistenza alla nascita perché pensavi che sarebbe stato difficile?*
B: Non so se nascere sia difficile. Ho pensato che quello in cui sarei nato sarebbe stato molto duro. Preferisco rimanere nella morbidezza che andare verso la durezza.
D: *Lo trovo sensato. però ' cosa succede? Sei già nato?*
B: Sono ancora bloccato nel canale uterino proprio verso la fine. La mia testa è lì sotto. Mia madre non è dilatata.
D: *Fai ancora resistenza?*
B: Sì. Vengo costretto in un mondo in cui non voglio andare!
D: *Beh, prima di entrare in questo bambino, qualcuno ti ha dato qualche tipo di istruzioni o qualcosa del genere?*

B: Penso che l'abbiano fatto.
D: Ti hanno spiegato che sarebbe stato diverso?
B: Sì, ma non ero pronto. Troppo duro.
D: Puoi ancora ricordare perché non sei ancora nato. Cosa ti hanno detto? Quali erano le istruzioni?

Sapevo che una volta nato, il velo dell'oblio sarebbe sceso e non sarei riuscito a ricordare. Questo è quello che succede a tutti quando entrano sul piano terrestre.

B: Sembra che stiano dicendo: "Hai tutto il necessario per compiere la tua missione. Potresti non avere accesso a tutto in una volta, ma ti sarà dato quando ne avrai bisogno". Tuttavia ancora non voglio nascere.
D: Ma hai accettato, no?
B: Penso che potrei non essere all'altezza del compito.
D: Perché no?
B: Non ne sono stato all'altezza l'ultima volta.

Pensai che la madre di Bryan stava probabilmente sopportando un lungo travaglio a causa di questo procrastinare. Tuttavia non importa quanto a lungo abbia cercato di rimanere nell'utero, sappiamo tutti che inevitabilmente sarebbe dovuto nascere. E sappiamo che era così, perché stavo parlando al suo corpo fisico che giaceva lì sul letto.

D: Cosa vorresti dire?
B: Ogni volta che ero in una vita in passato, non credo di avercela fatta. Questo non è chiaro. (Frustrato) Sono le parole...
D: Vorresti dire che è successo qualcosa in altre vite?
B: Sì. Ed è stato molto doloroso. Succederà di nuovo o non ho il... per me fu troppo da affrontare!
D: E hai paura che possa accadere di nuovo?
B: Sì, proprio così. Oppure non avrò gli strumenti per affrontare un'altra... non sarò in grado di affrontare un'altra cosa del genere e finirò per morire a causa di questo. (Era chiaramente turbato da questa possibilità).
D: Quindi l'altra vita è stata traumatica?
B: Penso che debba esserlo stata.

D: *E hai paura che anche la prossima sarà traumatica? (Sì) Cosa ti hanno detto?*
B: "Abbiamo trattenuto il trauma meglio che potevamo, e dobbiamo provare di nuovo". Non voglio farlo!
D: *Hai una scelta?*
B: No. Non mi viene data una scelta. Devo nascere, farlo e risolverlo.
D: *È successo qualcosa nell'altra vita che devi risolvere?*
B: Deve essere successo. Continuo a vedere un campo di battaglia ed elmetti, proiettili, paura... un tipo di paura che consuma tutto.
D: *Posso capirlo. Stanno pensando che non hai finito il lavoro o cosa?*
B: È così! Ho appena ricevuto un "sì". Devo tornare e fare un sacco di cose.
D: *Quindi non ti danno una possibilità di scelta?*
B: Adesso o più tardi.
D: *Cosa vuoi dire?*
B: Voglio dire... non c'è scelta sul se... solo sul quando! Devo completare la mia missione.
D: *Chiedigli qual è la tua missione? Perché resterai in contatto con loro fino a quando non sei completamente nato. Qual è questa missione che devi completare? (Lunga pausa)*
B: Semplicemente di superare ogni cosa in tempo e spazio.
D: *È un ordine piuttosto grande, no?*
B: Molto. E creare qualcosa qui che aiuti altre anime. Qualcosa di tangibile! Mi piacerebbe farlo. Ma ho paura di farlo. Credo di essere stato perseguitato per aver cercato di promuovere questo tipo di missione in passato... probabilmente brutalmente... bruciato vivo. E a livello cellulare l'ho rivissuto più e più volte... prima di bruciare la mia fisiologia. Questo non era il campo di battaglia, era qualcos'altro.
D: *Così in quella vita hai avuto una brutta esperienza e hai paura che se non compi la tua missione nella vita attuale, dovrai sperimentare la stessa cosa? (Sì) Ma tu sai che non accadrà in questo mondo.*
B: Non lo so. Potrebbe! Come faccio a sapere che non succederà?
D: *Le persone non si bruciano vive tra di loro.*
B: Beh... si sparano! Ti sparano o si sbarazzano di te.
D: *(Ho dovuto distogliere la sua mente da quella possibilità) Ma per questa missione, vogliono che tu produca qualcosa di fisico?*

B: Sì. Sto sentendo questo "Amore Divino" proprio ora e lo sto rendendo manifesto in qualche modo nel mondo fisico. Ecco come mi sento, come il quadro di Michelangelo. Vedi, puoi allungare la mano e toccarlo. Ed è perfettamente divino, ma è fatto di pietra, ma è quella morbida luce bianca.
D: Ti dicono che è qualcosa che devi fare. Non hai scelta, vero?
B: Devo nascere. Devo compiere questa missione. Non so se ho scelta.
D: Devi comunque entrare in un corpo fisico.
B: Proprio così. Per manifestare qualcosa sul piano fisico.
D: Quindi è per questo che volevano che tu tornassi.
B: Sì. Hanno uno scopo maggiore in mente.
D: Lascia che te ne parlino.
B: Creare opere d'arte divine... la gente può vedere e sentire... potrebbe essere multisensoriale che aiuterà ad indurre quella sensazione dell'inevitabile. Bel piano, eh?
D: Sembra una bella cosa da fare.
B: C'è la paura della fama. Penso che la fama in passato deve avermi messo nei guai in qualche modo. Troppa notorietà causa problemi.
D: Cosa è successo in quella vita per causare la notorietà?
B: Mi viene Raphael... ma non so se sono ricordi vaghi o se sono reali. Dico semplicemente ciò che mi viene in mente.

La mente cosciente di Bryan stava cercando di interferire. Dovetti sbarazzarmene per poter comunicare con la parte che era ancora in contatto con il lato spirituale. Era lì che si trovavano le nostre risposte. Man mano che Bryan si avvicinava alla nascita, i ricordi dell'altra vita, continuavano a svanire sullo sfondo. Volevo che gli esseri dell'altro lato fornissero delle risposte.

B: Attraevo troppe donne e questo mi mise nei guai. Ho fatto troppe feste con loro e sono state la causa della mia morte. O per lo meno, la mia attrazione e il mio amore verso di loro.
D: Cosa ti rese famoso... come hai raggiunto la notorietà?
B: Ero un pittore. Creavo belle opere d'arte... divinamente belle!
D: Ma poi il fisico si è messo in mezzo?
B: Troppo sesso, mi ha portato fuori strada. Troppo fare l'amore e mi sono ammalato.
D: No, sarebbe successo comunque, anche se non fossi stato famoso?
B: Forse... ma ho tirato questa conclusione.

D: *Cosa dicono a proposito?*
B: Sarebbe successo comunque. La fama era un capro espiatorio. Non era la fama. Era l'amore per la "femmina".
D: *Due cose separate, vero? (Sì)*

Secondo biography.com, Raffaello lasciò il suo apprendistato e si trasferì a Firenze nel 1504 dove fu fortemente influenzato dalle opere dei pittori italiani Fra Bartolommeo, Leonardo da Vinci, Michelangelo e Masaccio. Per Raffaello, questi artisti innovativi avevano raggiunto un livello completamente nuovo di profondità nella loro composizione. Studiando da vicino i dettagli del loro lavoro, riuscì a sviluppare uno stile personale ancora più intricato ed espressivo di quello che era evidente nei suoi primi dipinti. Raffaello visse nel Palazzo Caprini del Borgo. Non si sposò mai, ma si dice che abbia avuto molte relazioni e secondo Wikipedia.org, la sua morte fu causata da una notte di sesso eccessivo dopo la quale cadde in preda alla febbre e poiché non disse ai suoi medici quale fosse la causa, gli fu data la cura sbagliata, che lo uccise.

D: *Quindi l'incarico di Bryan, la sua missione, conterrà una certa quantità di fama o di notorietà?*
B: Per forza.
D: *Non deve averne paura, vero?*
B: Ha paura di se stesso. Non può controllare le sue indulgenze.
D: *Ma questo è umano. È il corpo umano, no?*
B: (Risata) È una specie d'indulgenza che consuma tutto.
D: *È una delle cose che lo ha frenato per tutta la vita? (Sì) Avrebbe potuto compiere la sua missione molto tempo fa, no?*
B: Giusto, e non posso fermarmi finché non lo faccio.
D: *Non uscirà da questa vita finché non avrà compiuto la sua missione. Niente scuse.*
B: Esatto. Proprio così.
D: *Quindi adesso sta solo trovando ogni sorta di scuse.*
B: Sì. (Rise) Non voglio farlo. Ne ho paura... chi se ne frega. È pazzesco.
D: *Ma è stato infelice, vero?*
B: Molto.
D: *E non ha ottenuto nulla neanche in quel modo.*

B: Esatto. Rifiutando di riconoscere chi sono... che è un qualche modo per procrastinare... evitare, è l'ultima scusa. (Risatina)
D: È questo uno dei motivi per cui hanno voluto che tornasse come Bryan? Per ripagare quella vita in cui era troppo indulgente?
B: In parte per ripagare, ma in parte perché quelle energie sono necessarie nel mondo in questo momento.
D: Che tipo di energie?
B: Energie divine come quelle che vedi nelle opere d'arte del Rinascimento.
D: Ma è stato difficile ripagare quella parte delle sovr'indulgenze.
B: Forse ho paura di non averle ripagate e continuo a farlo. Mi autopunisco perché non sento di aver ripagato l'altro o qualcosa del genere. È un misto di autopunizione e scuse. Paura della notorietà, questo è il "pacchetto".
D: Guarda quanti anni ha già sprecato.
B: E questo mi da rimpianti e persino mi fa odiare me stesso... tempo sprecato.

C'è voluto un bello sforzo per convincerlo e fargli accettare che trattenersi dal compiere la sua missione stava solo ritardando il suo sviluppo. Avrebbe dovuto continuare a tornare finché non l'avesse fatto nel modo giusto. Gli dissero che questa volta aveva tutti gli strumenti necessari per fare il lavoro correttamente e che doveva smettere di trattenersi (proprio come si tratteneva durante la nascita). Questa volta non c'era pericolo e che aveva tutto l'aiuto necessario. Dissero che volevano che aiutasse le persone e che poteva riuscirci amandole senza giudicarle. Volevano che creasse e suonasse della bella musica. "La musica è una porta di servizio molto controversa per accedere alla coscienza delle persone. Andranno in giro trasformati. Non sapranno nemmeno cosa è successo. La missione di Bryan è di portare la bellezza divina nel mondo. La musica è il suo amore più profondo. Ha il talento e può assolutamente farlo. Si stava trattenendo a causa della paura. Ha scelto di reagire a causa di una profonda, profonda paura. Ora può dire: 'Accidenti! Guarda la trasformazione che ho generato. Più bello di così non si può". In definitiva sta a lui fare quello che vuole fare, però questo sembra essere il desiderio più profondo, questo riempie il suo appagamento più profondo. Questa è la linea di fondo. È la sua soddisfazione più profonda, l'appagamento più profondo possibile, la consumazione".

D: *E ripagherà tutto ciò che è rimasto in sospeso dalle altre vite.*
B: Ogni cosa, qualsiasi cosa, sarà più che ripagata. Non tornerà più sulla terra, aggrappandosi involontariamente.

Ora era il momento di concentrarsi sul suo corpo fisico. Quando arrivammo a questa parte, fu ovvio per me che finalmente Bryan aveva ceduto il controllo e il SC si intrufolò senza bisogno d'essere invocato. Questo mi è sempre ovvio, perché la voce cambia e assume un tono autoritario. Chiesi di fare una scansione del corpo cominciò con il concentrarsi sulla vescica. "La chiamano vescica nervosa. Paura dell'incontinenza. Paura dell'imbarazzo. Umiliazione pubblica".

D: *Questo ritorna alle altre vite, vero? (Sì) Non ha bisogno di preoccuparsene ora, giusto?*
B: No e qualsiasi frammento sarà sistemato al termine di questa missione. La vescica è più calma, ma è fisicamente piena.

Qui il SC suggerì di permettere a Bryan d'alzarsi e andare in bagno. Lo tenni in questo stato di trance mentre la faceva e poi al suo ritorno continuai. Disse che la vescica ora era a posto e voleva concentrarsi su altre parti del suo corpo. I problemi con il suo intestino erano "in definitiva un altro modo di trattenerlo dalla sua missione e da altre cose coinvolte ad un livello più superficiale". Si stava aggrappando a cose del passato. Avrebbe potuto lasciar andare in qualsiasi momento, ma pensava di avere qualche altro debito, così procrastinava. "Tutto questo gli ha impedito di fare ciò che era venuto a fare. Voglio solo assicurarmi che in questa vita abbia il tempo di farlo completamente. Nel modo più completo possibile, sia per il suo bene che per quello degli altri nel mondo". C'era molta spazzatura nell'intestino che causava problemi: funghi, muffe, lieviti, detriti. Era solo un altro impedimento che aveva prodotto per impedirsi di realizzare (o iniziare) il suo scopo. Cominciarono a far scorrere l'energia divina di luce bianca di guarigione attraverso gli intestini. "Riallineando energeticamente e rendendoli impermeabili a qualsiasi problema per farli funzionare perfettamente al 100%". Mentre lavoravano e facevano riparazioni in varie zone, dissero che parte dell'energia era diretta nel corpo come un laser. Trascorsero molto tempo esaminando tutte le parti del corpo di Bryan per riportarlo in completo equilibrio e armonia. "Sta cercando di ricordare la struttura originale". A quel punto la mente cosciente di Bryan intervenne improvvisamente: "Sembra che stia arrivando un'onda che forse è più di quanto io possa assimilare. E c'è paura che se guarisco istantaneamente, allora dovrò credere in Dio, nei miracoli o quel qualcosa".

D: *E allora?*
B: E se c'è un miracolo?
D: *E anche se dovessi crederci? Cosa c'è di male in questo?*
B: (Rise) Beh, allora diventerò un predicatore Battista.

Sapevo che dovevo togliere di mezzo la stupida mente cosciente di Bryan o avrebbe completamente minato tutti i meravigliosi risultati che avevamo già raggiunto.

D: *No, non lo farai. Sarai in grado di compiere la tua missione! La fede è estremamente importante! Smettila di analizzare! Lascia che facciano il loro lavoro! Stai interferendo! Bryan non sarebbe venuto oggi se non avesse voluto credere nei miracoli. Con il corpo di Bryan completamente guarito, potrà andare avanti e completare la sua missione. Niente può trattenerlo. Nessun ostacolo, nessuna restrizione, nessuna limitazione. Può fare tutto ciò che vuole fare. Assolutamente tutto!*

Il SC fu finalmente in grado di respingere la testarda mente cosciente di Bryan e completare il lavoro sul suo corpo. Poi gridò: "Ora si ricorda la struttura! Tutto sta tornando al suo posto. Stiamo rigenerando i tessuti. Il corpo sta ricordando! Ripristinate il modello divino". Avevano fatto un gran lavoro e dissero che avrebbero continuato di notte, durante il sonno. Me l'hanno detto molte volte, preferiscono fare il lavoro di guarigione durante la notte, quando la mente cosciente non può interferire.

Messaggio Finale:
Sei degno di amare te stesso. Hai fatto grandi cose in passato. Farai grandi cose in futuro. Ora stai facendo una grande cosa. Tutto ti sarà rivelato. Tu sei Divino. Rallegratevi! Il resto della tua vita sarà Giubileo, giubilante. Trasmetti questo agli altri, il giubilio, la gioia, ed

essi non si sentiranno minacciati dal loro stesso giubilio. Si divertiranno nella gioia. Come tu ti divertirai nella tua, loro si divertiranno nella loro.

CAPITOLO QUATTRO
LA SIRENA

QUANDO LINDA ARRIVO' SULLA SCENA TUTTO ERA CONFUSO perché non c'era nulla di definito e la scena continuava a cambiare. All'inizio le sembrava di galleggiare e poi di essere sott'acqua. "Ora mi sento come se fossi sotto l'acqua e guardassi verso l'alto per arrivare alla superficie dell'acqua. Le onde d'acqua hanno schemi ripetitivi e mi sento galleggiare. Sento che l'acqua è chiara, ma non è liscia. Forse c'è un po' di turbolenza, ma mi sento al sicuro dove sono sotto d'essa. Dove mi trovo è buio, ma c'è un disegno di luce sulla superficie. Mi sento bene. Non fa freddo o altro. Mi sente fluida. Una sensazione di galleggiamento". Poi quella scena scomparve e si ritrovò in qualcos'altro, che era altrettanto difficile da descrivere. "Materiale... è verde rossastro... non tutto rosso ma più come un rosso marroncino. Ma è come un arazzo e ha un peso. È appeso e ha picchi corti, ma sembrano essere ondulati. (La stanza degli arazzi?) Non saprei, però materiale è l'unico modo per esprimerlo. Ma non so se è fatto così. È fluido e si muove nello spazio come se si trovasse sott'acqua. È una specie di sensazione di gelatina e di flusso".

D: Anche l'acqua aveva una sensazione di fluidità.
L: Ora sono di nuovo in acqua, mi sembra di guardare in alto e tutt'intorno. Tutto è fluido intorno a me. Quando mi guardo intorno sento che ci sono cose che si muovono. Alcune sono sferiche. Altre sono come piccole correnti e vortici di strutture energetiche dell'acqua che si muovono tutt'intorno a me.

Era completamente buio e poi lo vide aprirsi in un vortice, c'era un movimento d'acqua che si muoveva attraverso un tubo. Anche se era incerta, disse: "Credo che mi lascerò fluire attraverso quel tubo. È molto, molto buio. Non riesco a vedere nulla dentro questo tubo. Credo che ora sto fluendo attraverso d'esso. Non ho paura. C'è una specie di qualcosa marrone scuro. Il tubo era come un vortice. L'acqua aveva una fluidità vorticosa lì all'interno. Ora sono nell'oscurità. Sento che mi sto muovendo attraverso d'essa come se stessi nuotando. Ma non mi vedo ancora in alcuna forma".

D: *Quindi stai solo proseguendo nel flusso, per così dire, lasciando che ti porti da qualche parte. È così?*
L: Sembra che ci sia una destinazione precisa.

Passò diversi minuti a descrivere, tutti i dettagli di bellissimi colori e strutture, finché non è emersa dal tubo e si è sentita come se fosse ancora sott'acqua, ma in uno specchio d'acqua più grande come l'oceano. "Non c'è assolutamente nulla di spaventoso qui. È solo la sensazione della fluidità delle cose... bellissime strutture di luce. Ora mi sento come se fossi fuori dall'acqua, seduta lì. Ora sono consapevole di me stessa. Sembra che io abbia una coda... ma credo di essere anche umana. Forse sono una sirena. Oh, eccomi di nuovo. Ho fatto un tuffo e sono tornata in acqua. Ho controllato e sono tornata in acqua di nuovo. È bellissimo quaggiù, con così tante cose da esplorare, continuo a muovermi. C'è così tanto spazio quaggiù, così tanti colori stupendi". Ora che si era finalmente stabilita in una forma (anche se insolita), le chiesi di descriversi.

L: Capelli lunghi. Ho una grande coda. Mi sento molto femminile, molto bella e giocosa. Mi sembra di ballare con le bolle, con tutte le cose che vedo. È come un parco giochi. C'è così tanto da esplorare! Guardo la superficie dell'acqua perché sono curiosa. Voglio sapere cosa c'è lassù. Così faccio piccole nuotate per non correre dei rischi. Voglio uscire da questo spazio bello e confortevole, per vedere cosa c'è in superficie. L'ho appena fatto, prima del tuffo, solo per controllare.
D: *Ma non volevi rimanere lì.*
L: Non c'era niente da vedere, così ho controllato e sto continuando ad esplorare. Sono molto felice.
D: *Devi mangiare qualcosa?*
L: Non penso a mangiare. Non ho davvero fame. Non è quello che voglio fare.
D: *Ero solo curiosa. Ti sembra un corpo fisico solido, vero?*
L: Sì. So che mangio, ma non mangio niente che sia vivo. Sono in armonia, quindi mangio il cibo vegetale dentro l'acqua.
D: *È difficile trovare qualcosa del genere?*

L: No, è tutto lì. È tutto abbondante.
D: Stavo pensando che se hai un corpo fisico, devi avere qualcosa per sostenerlo. (Sì) Ma non vuoi mangiare altre cose che sono vive?
L: No, sono i miei amici. Giochiamo tutti insieme.
D: Comunicate tra di voi?
L: Assolutamente!
D: È difficile farlo?
L: No, per niente. Sono miei amici. Gioco con tutte le diverse forme di vita lì sotto. Vado nei vortici e giro tutt'intorno.
D: Ci sono diversi vortici lì?
L: Li creo con il mio corpo. È così che mi muovo. Faccio delle rotazioni.
D: Quindi non nuoti semplicemente come fanno i pesci?
L: Beh, ci muoviamo tutti insieme.
D: Ma ti piace volteggiare e creare vortici?
L: Sì, mi piace. È divertente crearli. Ed è divertente entrarci dentro.
D: Ma hai detto che ci sono tutti i tipi di forme di vita lì.
L: Sì. Sono quasi tutti pesci acquatici e altre creature, molto colorate e molto belle. Non vedo altre sirene.
D: Volevo chiederti se hai visto altri come te.
L: Non ancora. Non li vedo, ma ho la sensazione che ci siano. Tutto quello che devo fare è chiamarli e loro sono lì.
D: Ma ti senti come se fossi metà umano e metà pesce?
L: Sì, decisamente.
D: Come ci si sente in un corpo così?
L: Meraviglioso... libero. È bello, sano. È vibrante. È stupendo. È difficile da esprimere. È lucido, scintillante e liscio. E, oh! Ci si può muovere così tanto in questo corpo perché è così flessibile. C'è così tanta libertà e movimento.
D: E ti piace essere lì con tutte le altre creature?
L: Dio, sì! L'unica cosa che facciamo tutto il giorno è giocare! Abbiamo tutto l'oceano a disposizione. Possiamo andare dove vogliamo.

Sembrava le piacesse moltissimo, quasi come se l'unica cosa che facesse era passare il tempo giocando e divertendosi. Questo avrebbe potuto continuare per un bel po'. Così decisi di proseguire e la portai avanti ad un giorno importante in cui stava succedendo qualcosa.

L: Ok, sto guardando fuori dall'acqua e sto scrutando verso l'alto. C'è un gruppo di rocce. La luce del sole brilla sulle rocce e vedo in piedi davanti a me questa creatura. Sembra un uomo e sono stata scoperta!

D: *Una creatura come un uomo?*

L: Sì. È un uomo. È molto curioso di me. Io potrei nuotare via, ma resto, sono troppo curiosa.

D: *Anche tu sei curiosa di lui? (Si) E' la prima volta che vedi uno di questi...*

L: Esatto e non percepisco nessuno stato di paura... solo curiosità. Quindi non so se lui mi farà male o no.

D: *Perché non hai mai avuto motivo d'avere paura.*

L: No, non ho mai avuto paura. Non sono sicura se sia un bene o un male. È molto vicino a me. Ora non ho una buona sensazione su di lui. Non è qualcosa di positivo. È come se fosse un presagio. Mi sento come se fossi in un luogo estraneo, in un ambiente. Sono fuori dal mio ambiente a cui sono abituata. Ora comincio ad avere freddo. Mi sembra di non avere più calore intorno a me e c'è il buio. Non vedo nessuna luce. Non vedo nessun riflesso di colore.

D: *Avresti potuto tornare in acqua, ma non l'hai fatto.*

L: Beh, sono rimasta intrappolato. Ero intrappolata. Penso d'essere finita in una specie di trappola.

D: *Cosa ha fatto quell'uomo?*

L: All'inizio mi ha guardata e mi ha esaminata.

D: *Ha potuto toccarti?*

L: Sì, perché ero nella sua trappola e tutto quello che riesco a vedere è solo un velo scuro intorno a me... oscurità o una specie di trappola.

D: *Cosa intendi per trappola?*

L: Come una rete.

D: *Una rete? Allora pensi che abbia messo una rete su di te? Ti sembra che sia cosi?*

L: Sì, sono stata catturata. Ero nella sua rete quando ha guardato giù verso di me. Era in cima alle rocce e mi guardava dall'alto dove ero nell'acqua. Sono stata catturata.

D: *Nella rete. Ok, cosa succede dopo che ti ha catturata nella rete?*

L: Mi tira fuori per i capelli e mi butta di lato. Mi sento come se cercassi di scappare. Mi ha tirata fuori dalla rete, ora mi tiene in pugno. Non ho idea di che aspetto abbia. Sembra solo un qualche tipo di grande orco nero. C'è del nero... non c'è bianco in lui. (Non so se questo fosse il suo aspetto o solo la sensazione dell'energia negativa che lo circondava). Non mi sento al sicuro. Mi sento come se ci fosse una lotta, come se fossi un giocattolo.

D: *Probabilmente anche lui è curioso. Non sa cosa tu sia.*

L: Oh, penso che lui sappia cosa sono. Sta cercando di prendermi... di prendere uno di noi. Non lo vedo come un uomo. Lo vedo come un grande orco nero dall'aspetto... dai denti aguzzi.

D: *Comunque, lo vedi come qualcosa da temere? (Sì) Vediamo cosa succede. Puoi guardarlo dal punto di vista dell'osservatore, se vuoi. Non devi sperimentarlo direttamente.*

L: Penso di essere il suo cibo. Mi sta mangiando. Mi sta strappando e facendo a pezzi.

I miei clienti sperimentano molte morti, in tutti i modi possibili ed immaginabili. Ma questa deve essere tra le più strane.

L: Sono stata uccisa e lui mi rigetta in acqua. Non credo che mi abbia divorato. Mi ha solo arpionata e affettata per poi ributtarmi in acqua. Non in pezzi o altro, ma mi vedo andare giù, giù, giù, giù, giù... immobile. Non credo che volesse mangiarmi come cibo. Penso che volesse solo uccidermi.

D: *Immagino che non avesse capito cosa tu fossi.*

L: Beh, anche se l'avesse capito, probabilmente non avrebbe potuto sopportare la luce. Non lo so. È buio.

D: *Cosa intendi con: "non poteva sopportare la luce"?*

L: Beh, sono deliziosa. Sono giocosa. Sono amorevole. La mia voce è bellissima quando canto e questo non gli piaceva. Non era qualcosa che poteva capire o apprezzare. Quindi ciò che non ti piace... lo colpisci, immagino.

D: *Questo è ciò che fanno alcune persone quando non capiscono. Quindi hai detto che ti vedi andare giù nelle profondità dell'acqua?*

L: Sì, immobile e senza vita. Sono in procinto di andarmene, di allontanarmi dal corpo.

D: *Dimmi cosa è successo.*

L: Separazione... energia luminosa. Ora non sono sicura di dove stia andando.

D: *Almeno ne sei fuori.*

L: Sì, ho lasciato quel corpo.
D: *Cosa pensi dell'uomo che ha fatto quelle cose?*
L: Non lo giudico.
D: *Non ti sei resa conto di quello che stava succedendo, vero?*
L: No. È solo che mi sono incuriosita e sai cosa succede alla curiosità.
D: *Dimmi cosa succede quando lasci il corpo. Vai da qualche parte o cosa?*
L: Sì. Vedo un anello di qualcosa di luminoso o mi sembra che il corpo sia leggero. Sto attraversando questo campo energetico di luce e c'è come un consiglio.
D: *Puoi sentire la luce? (Sì) Parlami del Consiglio. Che aspetto hanno?*
L: Sono come esseri umani vestiti di tuniche. Sono scintillanti. Sono luminescenti. Sento un senso di saggezza provenire da loro. Mi danno il ben venuto. Mi dicono cosa era successo, quindi mi abbracciano e non sono sicura di cosa sia successo dopo.
D: *Hanno detto qualcosa sulla vita che hai appena lasciato?*
L: No, mi stanno solo salutando. C'è un senso di incredibile pace, sostegno e amore lì. Solo un sacco di energia d'amore.
D: *Puoi chiedere loro qual era lo scopo di quella vita, perché ogni vita ha uno scopo?*
L: Devono mostrarmi delle immagini. Il mio scopo era quello di aiutare a mostrare a quell'entità che c'è più della semplice esistenza che quell'entità stava vivendo. Non la mia entità, ma l'entità che mi ha ucciso. Quindi quel contatto era di dare a quell'entità un assaggio di ciò che c'è in più. Più di ciò che lui stesse sperimentando e così quel barlume di luce può in qualche modo elevarlo. In modo che possa vedere oltre a ciò che era prima, in modo che ci sia più luce nella sua vita di quella ch'era prima. Così anche se non sembrava positivo... lo era diventato.
D: *Quindi era più per lui che per te?*
L: Sì. Perché dov'ero, ero così felice. Era bello. Una bella vita di armonia, di gioia. Avevo raggiunto il mio scopo. Era un contratto. Eravamo lì per me e per lui. Il mio contratto era di condividere quella parte di me con lui perché potesse avere quell'esperienza.
D: *Quindi non è stato uno spreco?*
L: Nulla è uno spreco.
D: *Pensi che gli abbia insegnato qualcosa?*

L: Assolutamente! È stato come piantare un seme. Oh, sì, è stata comunque una vittoria. È cambiato. Non è più lo stesso. È cambiato. L'ha influenzato.
D: *Quindi c'era una ragione per farlo. (Sì) Bene, cosa farai ora? Te l'hanno detto?*
L: Non ancora. (Rise)
D: *Voglio dire, quella vita è finita. Non si può tornare indietro.*
L: Non ne hanno ancora parlato. Non so esattamente cosa c'è dopo.
D: *Beh, dimostra che non sempre conosciamo lo scopo delle cose o le ragioni delle cose.*
L: No, non lo sappiamo. È così bello qui. Mi sento avvolta da così tanto amore ed energia luminosa. È come se stessi fluttuando. È molto pacifico. È bellissimo!
D: *È un bel posto. Ma alla fine dovrai lasciarlo, vero?*
L: Sì. Credo di essere assistita nel trovare il prossimo luogo. Penso che mi sia data una direzione però non sono sicura di quale sia.
D: *Hai una scelta o qualcuno prende le decisioni per te?*
L: Beh, leggono l'energia del mio cuore e mi guidano verso la prossima direzione del cuore per aiutarmi a trovare il prossimo posto. Mi sento come se stessi fluttuando e ci sono delle guide su entrambi i miei lati. Stiamo volando o fluttuando verso un altro luogo. Non sono ancora sicura di dove stiamo andando.
D: *Hai mai vissuto nel corpo di un umano prima? Il precedente non era veramente umano, no?*
L: Era mezzo umano, credo.
D: *Metà e metà. Cosa ne pensi? Hai mai vissuto in un corpo fisico umano prima d'ora?*
L: Non credo. Ritengo che fossi molto curiosa verso gli umani, ma non ne ho mai incontrato uno quando ero una sirena.
D: *Le guide ai tuoi lati, ti stanno portando da qualche parte. Scopriamo dove ti stanno portando. Cosa vedi?*
L: Non sono ancora sicura di cosa sto vedendo.
D: *Fai del tuo meglio per descriverlo.*
L: Beh, le mie guide erano solo una colonna di luce. Non una colonna di luce, ma erano tutte come la luce. Ora mi hanno mandata in questa membrana e anch'io sono luce. E mi muovo in questa membrana. È un po' più densa. È un po' come se si potesse vedere attraverso d'essa, ma è questa grande, enorme membrana. Così sono dentro la membrana ora e sto galleggiando attraverso la

membrana in... è come una soluzione liquida, ma non è come l'oceano. Sono in quella membrana. Sono semplicemente lì. Non mi sto ancora muovendo. Sono solo in una specie di membrana salina. Sono in bilico e in attesa, credo.

D: Puoi chiedere loro dove ti trovi?

L: Dove sono? Penso d'essere dentro un essere umano. Dentro una donna, mentre aspetto di nascere, probabilmente.

D: Stavo pensando proprio a quello. Come ti senti a proposito?

L: Finora è diverso. Mi sento bene. Non ho paura. Non mi sento come se ci fosse un presagio di qualcosa. È come se dovessi nascere in una famiglia premurosa e amorevole dove sono desiderato. Ed è stato impostato in modo che io sia ricevuta molto bene.

D: Qualcuno ti ha detto cosa avresti fatto?

L: Non una parola è stata pronunciata. Non vedo alcuna immagine. È un sapere, un leggere e un comprendere ciò che sta per accadere. Non sento parole. però penso che sai qualcosa che volevo fare ed è ciò che mi ha portata in questo spazio. Penso che sia stata una mia decisione.

D: Volevi sperimentare la vita come un essere umano.

L: Sì. Ho pensato che sarebbe stato un buon passo successivo, perché sono cresciuta in questo posto meraviglioso (l'oceano), e mi sentivo come se mi stessi muovendo in un altro posto meraviglioso - solo una dimensione diversa, uno spazio diverso, con una sensazione diversa. Ed è diverso! Non mi sembra che sia un male. Però non sono ancora nata. È sicuramente diverso. Sono in un luogo di attesa. Nell'utero mi sento molto protetta, è molto confortevole. Mi sento molto sicura lì nell'utero, in quello spazio, ma in realtà sto aspettando. In realtà sto aspettando la prossima esperienza con anticipazione, da quella posizione di attesa.

D: Su quello che succederà dopo?

L: Sì. Un po' come quello che facevo, quando nuotavo nelle grotte esplorando e cose del genere. Cioè, questa è un'altra grotta.

D: Sì, è molto simile ad una grotta e ha il fluido dentro.

L: Giusto. Quindi sono molto entusiasta di passare attraverso quel tunnel. Devo attraversarlo?

D: Dipende da te. Cosa vuoi fare?

L: Sono pronta ad attraversarlo ora. Ecco, ci siamo!

D: Com'è?

L: Sto vedendo delle immagini. Beh, non è stato come mi aspettavo. C'è l'acqua. Mi aspettavo di trovare l'acqua dall'altra parte. È un po' secco là fuori. È un tipo diverso di fluidità. Non ha la stessa densità di fluido, sembra più denso. Mi sento come se fossi avvolta in una coperta e queste persone... naturalmente, sono ancora piccola, sento che hanno delle vesti in testa. Non sembra moderno nascere lì. Come se fossi avvolta in fasce. Mi tengono in braccio e sono tranquilla. È molto tranquillo.

D: *Ma non è quello che ti aspettavi?*

L: No. Mi aspettavo più acqua.

D: *(Risate) Non ci sarà più acqua. Così ti sei trasferita in un corpo fisico ora.*

L: Sì, è diverso... un'esperienza diversa. Sono in anticipazione. Sono entusiasta. Non so cosa aspettarmi, ma non mi sento come se fosse buio o altro. Sento una buona energia qui. Mi sento come se fossi nutrita.

Dalla descrizione sembrava che Linda fosse nata di nuovo, ma non nel suo corpo attuale. Non volevo portarla attraverso un'altra intera vita passata, così decisi che era il momento d'invocare il SC per ottenere delle risposte. Chiesi perché avesse scelto di mostrarle l'insolita vita della sirena.

L: Perché Linda ha bisogno di un po' di spontaneità, validità e gioia nella sua vita. Quindi volevo solo ricordarle che può avere di nuovo quella vita e non sentire che deve essere limitata in alcun modo. Che può muoversi, fluire ed essere felice in tutte le sue esperienze. Deve solo avere un altro promemoria di ciò che è possibile. In quella vita era molto libera, molto positiva e potente.

D: *Quindi pensi che sia importante che Linda sappia che può ritrovare quella sensazione?*

L: Sì. Penso che abbia paura di fare il prossimo passo. Sa di essere nella posizione di andare nel luogo... oh, come lo chiamate... il grembo... no, non il grembo ma la cosa del bruco.

D: *Bozzolo?*

L: Sì, ma ha un altro nome. Ho dimenticato come si chiama... tuttavia, adesso lei è pronta. Sta solo aspettando di attraversare e diventare la farfalla. Per volare ed avere quel totale senso di libertà.

D: *Trasformazione.*

L: Sì. Lo è, ma ha bisogno di una piccola spinta per ricordarsi della felicità che ha dentro. E per aiutarla a permettersi di sentirla pienamente nel profondo del suo cuore e del suo essere. A non sentire in nessun momento che abbia bisogno d'essere limitata in alcun modo. Lei è completamente e totalmente libera grazie alla sua leggerezza, alla sua bellezza, alla sua piena espressione di quella gioia e di quella giocosità. Non c'è mai bisogno d'essere limitata in alcun modo.

D: *Ma è passata attraverso molte restrizioni nella sua vita precedente, vero?*

L: Sì, è così. E questo andava pienamente sperimentato, ma non deve più indugiare, perché ora può avere un'esperienza di maggiore espansione, un posto per andare avanti e muoversi più liberamente. Ha bisogno di muoversi più liberamente.

D: *Perché ha dovuto sperimentare le cose che le sono successe nella sua vita?*

L: Era a causa del suo bisogno di comprendere pienamente se stessa e vedere chi fosse. Questo era per mostrarle un'esperienza in contrasto e per mostrarle che lei prevarrà sempre nei momenti più bui. Le ore più buie. Lei è sempre la luce della luce e brillerà sempre. Per farle sapere che è resistente e che si muove sempre in quella direzione perché è quello che è.

D: *Non importa quanto sembri buio, lei può superare qualsiasi cosa.*

L: Assolutamente! E lo fa. Ne esce con la sua incredibile eleganza e resilienza.

D: *Quindi è per questo che volevate mostrarle quella vita anche se era insolita.*

L: Sì, perché lei è davvero così.

D: *E la persona che l'ha uccisa? Era qualcuno che lei conosce nella sua vita attuale?*

L: Non so se era nella sua vita attuale, ma era simbolico di tutta la manifestazione della brutalità che si vive in questa densità. E che il trionfo della luce prevarrà sempre. La densità, l'oscurità verrà sempre rimossa e dispersa, perché non è più qualcosa che la trattiene.

D: *Quindi non doveva essere una singola persona, era solo simbolico?*

L: Simbolico. Eppure lei ha conosciuto nelle vite passate le persone di autorità che sono apparse per tenerla prigioniera e hanno causato un bel po' di dolore e sofferenza.
D: *Ma ha dovuto attraversare quelle situazioni per arrivare dov'è ora.*
L: Oh, sì! Ora è molto più forte.

A quel punto feci la domanda "eterna" a cui tutti vogliono una risposta: "Qual è il suo scopo?"

L: Quando entra nella sua Gioia, sa cosa deve fare e quando attinge a quella Gioia, l'arricchimento è lì. Non deve pensarci. Ha solo bisogno di muoversi in quella direzione. Ovunque senta la luce che si muova verso la luce. Lascia che fluisca come faceva la sirena. Muoversi, fluire ed essere parte della luce. Deve solo non aver paura di abbracciare tutto questo e di averlo come suo modo di esprimersi. Sapere sempre che lei ha tutte le risposte. Che non deve trovarle in nessun libro o in nessun'altra fonte. Deve sapere sempre che tutto ciò di cui ha bisogno è dentro di lei. Lei è completa e intera. Non ci sono pezzi rotti e lei è completamente guarita, sta bene. Dovrebbe fare tutto ciò che la attira e che la rende felice. Dovrebbe fare tutto ciò che il suo cuore desidera. Non ci sono limiti, lei ha totale e completa libertà, senza nulla che le impedisca di sperimentare e sentire gioia. Non prenda più la vita sul serio. Non si può trattenere sentendosi obbligata, né avendo alcun senso di colpa o di vergogna o sentendosi inferiore. Ora tutto questo è alle sue spalle. La paura l'ha limitata. Ora se ne può liberare.
D: *La paura è un'emozione molto forte.*
L: Sì e ne ha avuta molta nelle sue vite. Ora può lasciarla andare. Ha solo bisogno di giocare di più. Essere più nello spazio di divertimento, più in quella giocosità infantile e nella gioia da sirena! Lei è così. È sempre stata così.

Linda ricevette anche informazioni riguardo ai suoi figli. Come ogni madre era preoccupata per loro. Ma le fu detto di lasciarli andare e permettergli la libertà di seguire il proprio percorso. Limitandoli, stava impedendogli di imparare le loro lezioni.

Poi procedemmo ad affrontare i problemi fisici di Linda. Aveva avuto problemi di stomaco. Il SC si concentrò su quell'area. "Come la sirena, ha bisogno di lasciare andare tutte le tensioni, tutte le responsabilità, tutte le vite in cui è stata torturata e ha avuto queste esperienze pesanti. Sono alle sue spalle ora! Sono cose del passato. Deve esserci solo luce, energia amorevole e deve sentirla. Specialmente quando mangia può visualizzare il cibo mentre lo ingerisce, vederlo come luce. Energia luminosa vivente e amorevole in ogni morso che prende, in ogni boccone. E può vedere quell'energia muoversi attraverso la sua gola, attraverso il suo esofago, fino allo stomaco. Sentire quella luce, sentire quell'energia mentre mangia. Non sta mangiando rocce. Non sta mangiando niente che abbia del fango dentro. È luce, luce viva, cibo leggero e nutriente ed è energia".

D: *Linda disse di avere un'allergia. Non può mangiare nulla eccetto i cibi crudi.*

L: E' il modo in cui lo mangia, il modo in cui lo vede, il modo in cui lo visualizza, quindi c'è una sorta di stigmatizzazione verso il cibo. C'è stato una specie di peso, di paura, di costrizione riguardo al cibo; così quando lo ingerisce, è come una reazione, del tipo: "Oddio, ci risiamo". E così il corpo reagisce a questo e dice "Oh, ci risiamo. Andiamo in modalità di sopravvivenza". E così facciamo, ma non può fare molto. Deve adottare un approccio diverso al modo in cui mangia e prepara il cibo. Ha bisogno di preparare il cibo in modo da poter sentire, vedere e vibrare l'energia superiore prima di metterlo nel suo corpo e deve fidarsi di quell'energia. Invece di pensare che il cibo la avveleni, la uccida o faccia qualcosa di distruttivo. Il cibo non è sicuramente qualcosa che può farle male, non dovrebbe averne paura. Ha avuto molta paura in altre vite, in cui è stata avvelenata o in cui il cibo è stato dannoso per lei. Ha bisogno di sentirne la forza vitale. Sentire l'amorevole, nutriente, vibrante, irradiante, energia promotrice della vita, che dà vita, in ogni morso, in ogni boccone che consuma ed introduce nel suo corpo. Alla fine non avrà bisogno di mangiare. Semplicemente inalerà quel respiro, assimilerà quella forza vitale nel suo corpo. Ma mentre è qui, può mangiare quel cibo e sentire la stessa cosa riguardo a quella forza vitale, quell'energia vitale che introduce nel corpo.

D: *Mi avete detto in passato che arriveremo al punto in cui non avremo più bisogno di mangiare.*

L: No, non avremo bisogno di mangiare. Sembra una necessità ora, ma non lo sarà in futuro. Non c'è nulla nel cibo che le fa male. E' solo una sua interpretazione.

CAPITOLO CINQUE
UNA VITA INTERROTTA

WILLIAM ERA UN UOMO DI CIRCA CINQUANT'ANNI CHE SEMBRAVA aver passato la vita a ricercare, contemplare. Era sempre in cercare di qualcosa, ma non sapeva cosa. Non si era mai sposato né aveva avuto figli. Aveva un buon lavoro, ma era inquieto, pensava spesso che ci doveva essere qualcos'altro là fuori, che lo avrebbe reso felice. La guarigione? Il suono? Aveva fatto molti corsi e frequentato gruppi metafisici, ma ciò gli produceva solo imbarazzo quando le sue capacità psichiche venivano riconosciute. Ora sentiva il bisogno di tenere queste cose nascoste e questo non faceva che aumentare il suo senso d'isolamento.

Quando William entrò sulla scena era totalmente confuso, non sapeva dove fosse e aveva difficoltà a trovare le parole per descrivere ciò che stava vedendo. Era un luogo totalmente estraneo a qualsiasi cosa con cui potesse relazionarsi. "È buio. Un luogo simile alla pietra o qualcosa del genere, ma con una consistenza. È un materiale nero e ci sono linee di grigio. Sono in piedi, lontano, però' questo è tutto ciò che vedo. Sembrano molti pezzettini uniti per creare un grande muro o una struttura di qualche tipo. Sono a punta o a sei lati o qualcosa del genere, come se fossero stati disposti cosi'. È un po' troppo irregolare per essere un muro. Sto guardando il terreno e mi sembra che ci sia della vegetazione tutt'intorno, ma non riesco a vederla bene".

D: Pensi che questo sia un muro o parte di una struttura o cosa?
W: In un certo senso sembra molto naturale. È stato sistemato, ma non riesco a capire se si tratta di cristalli o meno. Mi ricorda il basalto, solo che è a punta. Non so quale sia il suo scopo. È come un muro o un confine, ma è solo questa formazione lì. È enorme. Riesco a malapena a vederne la cima... come se andasse verso il cielo.
D: Puoi vedere per quanto prosegue il muro, sempre se è un muro?
W: Va su verso sinistra. Il terreno si alza, quindi potrei camminare in quella direzione e forse alla fine arrivare in cima al muro. E nell'altra direzione che è alla mia destra, sembra che prosegua.

Non so se riesco a vederne la fine. Sembra che sia in acqua in qualche modo sul lato destro. È molto grande.
D: *Hai detto che sembra ci fosse della vegetazione intorno a te?*
W: È come la vegetazione del deserto. Come cactus, cactus spinosi, foglie lunghe, foglie appuntite. Molto sterile. Non posso girarmi. Non so perché non posso girarmi. Posso vedere i miei piedi, ma non posso girarmi per vedere altro.

Poi gli chiesti di descrivere il suo corpo e i suoi vestiti ma rimase confusione ed ebbe difficoltà.

W: Posso vedere le mie gambe e i miei piedi. Sembrano piatti. Sembra che siano coperti da un unico pezzo.
D: *Guarda il resto del tuo corpo. Cosa stai indossando? (Lunga pausa)*
W: Non lo so. Aspetta un minuto. Non so come sia il mio corpo. Non ho la sensazione di indossare qualcosa. È tutto di un colore uniforme. Il mio braccio destro sembra di colore chiaro, bianco. Il mio braccio destro è qualcosa di diverso dal resto di me. È bianco. Il resto di me è grigiastro, marroncino, verdastro.
D: *(Ero confusa quanto lui.) Ma quello che hai sui piedi e sulle gambe, è separato dal resto?*
W: No, è tutto uguale. Come un unico pezzo. Le mie orecchie sono diverse, lunghe, flosce; quasi come quelle di un cane. Ho gli occhi scuri. Non riesco a vedere la bocca e nemmeno il mento. È come se la mia testa andasse dritta dal busto in su.
D: *Hai dei capelli? (No) Ma puoi sentire e vedere, vero? (Sì) Bene, questa uniforme o qualunque cosa tu stia indossando, arriva fino al collo?*
W: Non è un vestito. È come una pelle. È come la mia pelle. Copre tutto il mio corpo. Ho questa sensazione quando muovo la testa verso destra... quando la sento, è quasi come se sussultasse... come se si allungasse, ma è il mio movimento naturale. Sono aggrappato al muro. Questa è la ragione per cui non posso girarmi. Sono aggrappato a questo muro e non posso lasciarlo andare.
D: *Quindi non sei davvero in piedi sul terreno?*
W: All'inizio pensavo di essere in piedi sul terreno, ma non posso girarmi. Sono in qualche modo rivolto verso il muro. È come se fossi aggrappato. Posso guardare giù e i miei piedi stanno in

qualche modo toccando il terreno, ma non posso stare in piedi su di essi. (E sto tenendo questa cosa rossa e bianca. Alla mia destra ma non so cosa sia.
D: *Lo scopriremo. Vedrai, arriverà e basta. Ma se la stai tenendo, che aspetto hanno le tue mani? (Lunga pausa)*
W: Come una specie di salamandra.
D: *Cosa intendi per salamandra?*

Ho avuto molti clienti che regredirono a vite animali, quindi questo non mi sorprese.

W: Una specie di presa... come se potessi afferrare. Non sono proprio mani. Sono come gambe. È come se fossi una specie di salamandra... (Fece fatica con le parole) essere?
D: *Allora non hai dita, ne pollici?*
W: No, è come se potessi afferrare. Posso afferrare questo muro. Mi sento come se volessi scendere a terra. C'è della sabbia contro il muro. Posso salire in cima al muro in questo modo, se voglio. (Pausa) Sto cercando di capire come posso scendere senza cadere. Posso girarmi, mettermi a faccia in giù e poi scendere. Posso farlo. Ora vado. Sto andando giù sulla sabbia. E tutto è grande! Tutto è enorme!
D: *Ora sei in una posizione tale da poter vedere qualsiasi cosa ci sia nell'altra direzione.*
W: Sì. Non riesco a salire abbastanza in alto per vedere oltre... Ho la sensazione di queste piante spinose e posso vedere attraverso di esse. Posso vedere il cielo. Questo è quanto. Posso ancora andare avanti. Voglio continuare ad andare avanti e salire. Voglio vedere. Ora c'è una pietra, a sinistra di queste pietre naturali nere.
D: *È diversa da questi muri? (Sì)*

Questa descrizione avrebbe potuto richiedere molto tempo, così condensai il tempo al momento in cui era in grado di arrivare in cima al muro e poteva dirmi cosa vedeva da quella posizione. "Se salgo in cima a questo muro nero e se metto il muro nero alle mie spalle, vedo la pietra naturale alla mia sinistra, posso tutto. C'è dell'acqua in lontananza e qualcosa come dei pini di fronte a me, montagne e isole in lontananza sulla destra.

D: *Quindi è diverso. Non è tutto sterile.*
W: Esatto.
D: *Vedi qualche struttura?*
W: No, è tutto naturale.
D: *Ci sono altri esseri intorno? (No) Solo tu, nessun altro? (Sì) Cosa pensi di questo posto? Pensi di appartenere a questo posto?*
W: Mi sembra di voler essere da un'altra parte. Sono a mio agio. Non mi sento minacciato, ma sembra che alla fine dovrei essere da qualche altra parte.
D: *Come se tu non vivessi davvero lì o non ne facessi parte, vuol dire?*
W: Come se fossi qui. Sono già stato qui. Ho vissuto questo luogo, ma alla fine questo non può essere tutto ciò' che c'è. Deve esserci di più. Non ho alcun senso di qualcosa... solo d'essere. Solo d'essere in pace ed essere in un posto dove non c'è minaccia. È come se fossi l'unico. Questa è un'isola e sembra essere mia. Forse altri vivono su altre isole in lontananza. Guardo fuori, cercando di vedere se c'è qualcos'altro sulle altre isole. C'è una struttura in lontananza, ma non so se è naturale o no.
D: *Beh, come sei arrivato in questo luogo?*
W: È come se fossi nato qui. Non so... come se avessi voluto essere qui.
D: *Anche se sembra che tu sia l'unico? (Sì) È quello che mi stavo chiedendo. Come sei arrivato lì. Puoi vederlo se vuoi.*
W: (Pausa) Mi hanno messo qui.
D: *Parlami di questo.*
W: È stato contro la mia volontà. Ma va bene. Sono cresciuto bene. Non c'è stress. Ma sono stato trasferito qui contro la mia volontà.
D: *Cosa ti ha portato e ti ha messo lì?*
W: Alcuni altri esseri... si sentono come se mi stessero facendo un favore.
D: *Ti assomigliano?*
W: No, non sono come me. Hanno potere su di me. Sono più forti di me. Possono fare quello che vogliono con me.
D: *Come ti hanno portato lì? (Pausa) Puoi vederlo.*
W: Sto vedendo... non so cosa sia. Non so cosa sto vedendo. Tutto d'un tratto è solo colore... solo argento e molto spigoloso. È come un macchinario o qualcosa del genere. Non ho alcun senso di altri esseri viventi.
D: *Questi esseri che ti hanno portato qui, che aspetto hanno?*

W: Sono molto più grandi di me, questo è tutto ciò che posso dire. È come se non riescano ad entrare in quell'oggetto. Non so perché ho già visto quell'oggetto. Ancora non so cosa sia.
D: Ma non ti assomigliano?
W: No. Tutto ciò che posso vedere è che... vedo del bianco. Hanno la pelle bianca.
D: Ma ti hanno portato lì contro la tua volontà?
W: Sì. Avevano buone intenzioni. Pensavano di aiutarmi.
D: Potevi rimanere dov'eri?
W: No. Non era una scelta. Hanno semplicemente deciso di spostarmi.
D: Vediamo com'era il posto dov'eri prima che ti spostassero. Possiamo andare indietro nel tempo. Com'era quel posto?
W: C'erano molte pietre. Era molto secco e mi trovavo con altri come me. Posso vedere che ci muoviamo e strisciamo nella sabbia.
D: Stai sorridendo. Ti piaceva lì?
W: Sì... ero felice, gioioso. C'era molta vegetazione alta e spinosa... davvero alta. Gli altri hanno un aspetto grigio, ma si muovono in unisono. Vivevamo in mezzo a quelle rocce.
D: Cosa mangiavate, se mangiavate qualcosa?
W: Quelle piante.
D: Ma eravate felici lì. (Sì) Poi cosa è successo?
W: Tutti corrono per scappare.
D: Scappare da cosa?
W: È questa cosa che ha bloccato la luce. Non è buio, ma è sopra la testa e blocca il sole, la luce. E lo scopo non è quello di prendere me, ma stavano usando una specie di attrezzatura che prende il materiale dove siamo noi. Sta tirando su tutto e io vengo tirato su con il materiale.
D: Materiale?
W: Le pietre, tutto... è come le pietre, la terra e tutto il resto.
D: E' qualcosa che stavano prendendo per usarlo?
W: Sì, e mi hanno trovato.
D: Quindi è come se ti avessero risucchiato con quel materiale?
W: Sì... e mi hanno trovato.
D: Nell'altro materiale?
W: Sì. E per cercare di aiutarmi mi mettono dove erano loro.
D: Non potevano riportarti al punto di partenza?
W: Non l'hanno fatto. Sono scappato prima. Non so se volessero farlo o no. Sono scappato e ho fatto la mia strada.

D: *Quindi volevano che tu rimanessi in un posto simile a quello da cui sei venuta?*
W: Sì, in quella parte dell'isola. Non sono nemmeno sicuro che una sola pianta sia cresciuta lì naturalmente. È come se avessero cercato di renderlo simile a casa.
D: *Quindi sono stati davvero gentili con te, vero?*
W: Sì, lo erano.
D: *Così non dovevate essere trasportati lì. (No) Ma ora sei lì e non hai nessun altro della tua stessa specie, vero? (No) Come ti senti al riguardo?*
W: Triste.
D: *Pensavo che sarebbe stato più facile riportarti indietro.*
W: Non hanno potuto. Non sono tornati indietro.
D: *Quindi non è normale che raccolgano un essere o una creatura in questo modo. È così?*
W: No, è stato per caso.
D: *Ma è triste perché sei lontano da tutto, dalla tua casa e da tutti gli altri.*
W: È bello. L'hanno resa bella per me. Hanno fatto in modo che nient'altro potesse farmi del male.
D: *Quindi avevano buone intenzioni, vero? (Sì) Ma ci vorrà un po' di adattamento, vero?*
W: Sì. È come se fossi rimasto lì per molto, molto tempo.
D: *Quindi ti sei abituato ormai?*
W: Sì.
D: *Ti mancano ancora gli altri? (Sì) Mi chiedevo se ti sentivi solo.*
W: Mi manca ciò che è familiare. Ho dovuto adattarmi perché non è normale. Hanno cercato di renderlo il più simile possibile a casa, ma non era la stessa cosa.
D: *Sì, ma almeno avevano buone intenzioni.*
W: Sì, sono molto gentili. Sono molto dispiaciuti d'aver interrotto la mia vita. Hanno fatto del loro meglio per rendere le cose più facili.
D: *E hai detto che questi esseri hanno più o meno "la pelle bianca"?*
W: Non li ho visti tutti, ma sì, hanno la pelle bianca.

Sembrava che questo tipo di esistenza solitaria potesse andare avanti per un bel po'; così decisi di spostarlo ad un giorno importante in cui succedeva qualcosa. Non sapevo se sarebbe stato in grado di trovarne uno diverso dall'esistenza solitaria quotidiana. Cosa poteva essere considerato importante? Di solito in una vita semplice e ripetitiva come questa, l'unico giorno importante è l'ultimo giorno, il giorno della morte. Nel caso di William quest'ultimo giorno fu drammatico.

W: C'è qualcosa di circolare. È un fenomeno naturale. È molto luminoso ed è una cometa o qualche tipo di meteora.
D: *Nel cielo?*
W: Sì, sta arrivando e colpisce il... è così grande. Si schianta molto lontano da me.
D: *Riesci a vederla scendere a terra? (Sì) Cosa è successo dopo l'impatto?*
W: Era molto luminosa e la terra si è ammucchiata sopra di me.
D: *Anche se si è schiantato molto lontano?*
W: Sì, era enorme! Colpì l'acqua e distrusse ogni cosa. L'acqua venne proiettata ovunque.
D: *Sorse fin sopra all'isola dove ti trovi? (Sì) Allora ora sei fuori dal corpo, vero? (Sì) Puoi guardare giù e vedere cos'è successo da una prospettiva diversa.*
W: Sì. Il mio corpo è maciullato. È steso su un lato. È decisamente un corpo di lucertola o di salamandra.
D: *Tuttavia, potevi anche camminare in piedi, vero?*
W: No, non potevo. La cosa che più si avvicinava alla posizione eretta era quando ero contro il muro.
D: *Ok. però ora che sei fuori dal corpo, dove devi andare? Cosa senti? Devi andare da qualche parte?*
W: Mi sento solo in pace. Molto in pace. È come se stessi fluttuando... molta pace. Mi sento confortato.
D: *Da quella prospettiva puoi guardare indietro a quell'intera vita. Ogni vita ha una lezione. Pensi che ci fosse qualcosa da imparare da una vita come quella?*
W: Apprezzo il fatto che si presero cura di me il più possibile, perché sono riuscito a vivere. Non ho sofferto rischi, né minacce. Di questo sono molto grato.
D: *Ogni vita ha uno scopo. Quale pensi che fosse lo scopo di quella vita?*
W: Accettare il cambiamento.
D: *Era un cambiamento, vero? (Sì) Ti ha portato molto lontano da tutto ciò che ti era familiare.*

W: E avere fiducia... ed essere accuditi.
D: *Ok, vediamo dove devi andare dopo. C'è qualcuno che può guidarti e mostrarti cosa devi fare dopo?*
W: Sì. Sento che ha le ali. (Risatina) Mi sorride. È molto dolce. È leggera ma ha le ali. È leggera quasi come il vetro. Si può quasi vedere attraverso di lei. Ha un viso molto bello, occhi gentili.

Successivamente, quando William si svegliò, conservò un'immagine nella sua mente di questo essere celeste. Disse che era molto bella con abiti composti da fili colorati di luce. Le ali potrebbero non essere state ali, ma simili fili di luce.

W: Mi tiene per mano e mi guida. Sta indicando qualcosa. Vuole che io veda la bellezza. Mi sta aiutando a vedere la bellezza in tutte le cose. Parla della vita quando sono stato portato via dai miei amici. Vuole che io veda la bellezza in ogni cosa. Mi sta ricordando quanto tutto fosse bello e soddisfacente dove ero io. Come mi soddisfaceva nella mia anima.
D: *Anche se eri solo.*
W: Sì. È una delle cose a cui pensavo e mi ricorda quanto sono amato. (Si mise a piangere).
D: *Ti porta da qualche parte?*
W: Al prossimo posto, dice lei. Sono con delle persone. C'è luce dall'alto. Stanno succedendo molte cose.
D: *Che aspetto hai adesso?*
W: Non ho molta forma. Sento che i miei piedi sono piatti, quasi come fossero palmati. Sembra che io sia basso, relativamente basso... rotondeggiante. (Risata)
D: *Vediamo dove ti porta in questo posto affollato.*
W: C'è un uomo. Mi sta aiutando. Sta parlando con me. Lei è ancora con me, è dietro di me sulla sinistra. Lui mi sta parlando di quello che c'è dopo.
D: *Dimmi cosa ti sta dicendo.*
W: È divertente. (Risate) La sua testa è piegata su delle carte e sta guardando in alto verso di me. E' molto gentile, con un senso dell'umorismo. Penso che sappia dove sono stato e vuole che io sia felice. È seduto dietro un... podio o una scrivania o qualcosa del genere. Mi guarda con la coda dell'occhio e sorride (ridendo) come se sapesse tutto e sapesse tutto di me.

Un altro dei ricordi che William conservò al risveglio fu quello di quest'uomo. Disse che era calvo e portava dei piccoli occhiali verdi, dai quali scrutava in modo impertinente mentre studiava le carte.

D: *Cosa pensa della vita che hai appena lasciato? Dice qualcosa al riguardo?*
W: Sì, dice che a volte queste cose sono necessarie. (Entrambi iniziammo a ridere).
D: *Doveva andare così?*
W: No. Quando succede, lui dice che cerchiamo di farne il meglio, aiutandoci a sentire che è bene che sia successo.
D: *A te andava bene lo stesso, no?*
W: Si è cosi. Ci tengono davvero. Vogliono assicurarsi che vada tutto bene. E mi sento meglio. Mi sento bene.

Al risveglio William si ricordò di più dell'essere che lo aveva preso. Vide l'essere che lo aveva messo lì come bianco. Non poteva vedere di più, ma sapeva che era grande. Al risveglio si rese conto che ciò che stava vedendo era la sua mano e lui era piccolo, seduto nel palmo della sua mano. Sentì un incredibile amore da parte sua. Che non poteva fargli del male e che lo aveva preso involontariamente. Così l'istinto di ricreare per lui un ambiente simile in cui vivere. Che compassione!

W: Voleva solo assicurarsi che tutto fosse a posto e che capissi che era come un incarico. Mi chiese se ero interessato, lo sono. È come se mi faccia accettare prima di dirmi di più. Mi sta ancora sorridendo. No, va tutto bene. Capisco che c'è un lato serio in tutto questo, ma sono fatti così. Vogliono essere sicuri che non ci sia nulla di irrisolto in quest'ultima esperienza. E che io sia contento di andare avanti. Mi dirige come se il suo lavoro fosse quello di assicurarsene, prima che io mi muova verso il prossimo posto. Allora mi rivolgo alla bella signora alata. Mi ci porta lei.
D: *Dove ti porta?*
W: È come un posto diverso, una stanza, i soffitti sono molto luminosi. Andiamo da qualche parte lassù. È un altro scompartimento, credo. E c'è un gruppo di persone. È una stanza molto grande e c'è

un sacco di gente. È come se stessi aspettando il mio turno e ci sono istruzioni per tutti.

D: *Che tipo d'istruzioni?*

W: Sono istruzioni generali. Vediamo. Ricordare. Ci aiutano a ricordare. Vogliono che noi... sta arrivando troppo in fretta. Apprezzano quello che stiamo facendo, quello che abbiamo accettato di fare e vogliono che sappiamo che si prenderanno cura di noi. Saremo assistiti, aiutati e vogliono che ce lo ricordiamo. Ho la sensazione che stiamo andando insieme da qualche parte. Sembra che sia individualmente. Questo è come un luogo d'incontro, veniamo tutti qui, in questo posto e abbiamo una cosa in comune. Un veloce avanzamento comune, ma sarà molto difficile per ognuno di noi. Ci sta solo dicendo che staremo bene.

D: *Hai detto che era un incarico. Possiamo condensare il tempo fino al tuo turno, quando stanno parlando solo con te.*

W: Sono tre lì, ma ce n'è uno che sta parlando. Mi sta dicendo che capisce e che ci saranno difficoltà nel mio incarico. Va bene. Mi sta bene. Questo è qualcosa che è stato concordato molto, molto tempo fa.

D: *Ti dice quali saranno le difficoltà?*

W: Dimenticare. È la cosa principale di cui sono preoccupati... che dimenticheremo ciò che siamo venuti a fare.

D: *Sai cosa devi fare?*

W: Io porto.

D: *Cosa vuoi dire?*

W: Sto chiedendo. (Pausa) Io sono quello che vede e sa cosa manca, quindi qualsiasi cosa sia necessaria, io la porto. E posso portare qualsiasi cosa sia necessaria. Non è proprio una cosa specifica. È difficile da descrivere.

D: *Intendi dire ogni volta che torni in un corpo o cosa?*

W: Per questo gruppo. Se c'è qualcosa che viene cambiato o quando ce ne andiamo tutti o qualcosa va storto. Devo rimediare a questo.

D: *Ma ha detto che il problema più grande è che si dimentica quello che si deve fare?*

W: Sì, una delle sicurezze è che siamo in molti. Siamo come un supporto di riserva. Suppongo che questo sia ciò che s'intende per "portare". Noi supportiamo.

D: *Supportate cosa?*

W: La missione principale.

D: *Qual è la missione principale?*
W: Non lo so. È come se stessero dicendo agli altri, a quale soggetto primario farò riferimento. Io faccio solo la mia parte.
D: *Quindi non conosci la missione principale a cui andranno gli altri?*
W: In generale... qualcosa è nei guai. (Pausa) Sono le evoluzioni. Ne parlano come se fosse l'evoluzione o c'è un problema... evoluzioni della vita... molte evoluzioni della vita e tutti vanno a sostenere la missione generale. Non so niente di specifico. È come se io portassi. Io sostenessi.
D: *Quindi non hai nulla a che fare con la missione principale?*
W: Non credo.
D: *Ma hai detto che siete una polizza assicurativa.*
W: Sì, una riserva. Se qualcun altro fallisce, è come se potessi calarmi direttamente nel suo ruolo.
D: *Ma tu non lo saprai, vero? (No) Hanno detto che questo è uno dei problemi. Potresti dimenticartene quando entri di nuovo nel corpo.*
W: Ha detto che ci attiveremo, se sarà necessario ricordare, ma questo non so cosa significhi veramente. Succederà qualcosa che mi farà ricordare, se i miei servigi saranno necessari.
D: *Altrimenti non dovresti sapere nulla?*
W: Esatto.
D: *Come ti senti riguardo all'incarico?*
W: Bene. Le esperienze che ho avuto in passato sono tutte a questo proposito: conducono a quest'incarico.
D: *In tutte le tue altre vite?*
W: Sì, tutto aveva a che fare con questo.
D: *Sai dove devi andare per adempiere a questo incarico?*
W: Sono stato in diversi luoghi. Uno di questi è la Terra.
D: *Come ti senti riguardo a questo: andare sulla Terra?*
W: È difficile lì. Questo è quello che ci hanno detto. È difficile lì. Mi va bene, volevo farlo. Non voglio dire che non ho scelta, perché ce l'ho. È così che ci si sente. Voglio solo farlo.
D: *Quindi non rifiuteresti comunque.*
W: Esatto... non ora.
D: *Ma dicevi che è difficile sulla Terra. Ti hanno detto cosa aspettarti e cosa lo rende difficile?*
W: Sì, dimenticare è la cosa principale. Dimenticherai. Le distrazioni, parlano di distrazioni. C'è qualcosa nel modo in cui ogni individuo

si incarnerà. La genetica finirà per essere una distrazione... involontaria, evitabile, dicono. E non si sa quali saranno. Noi abbiamo raggiunto il grado di preparazione massimo che ci potevano offrire.
D: *Ma la Terra è un pianeta dove non ci si può preparare a tutto, vero?*
W: È vero. Questo è quello che stanno dicendo. È la stessa cosa, ed è per questo che descrivono questi effetti della genetica che non sono intenzionali. Ma ci sono. Hanno fatto tutto il possibile per aiutarci e rinforzarci in modo da evitare che si presentino altri problemi. Non c'è molto altro che possano fare per aiutarci. Al di là di questo, è un rischio che corriamo nel non sapere quali possano essere queste altre cose.
D: *Ma siete pronti a procedere e a farlo.*
W: Assolutamente sì.
D: *E comunque è il prossimo passo. È la prossima avventura.*

A quel punto chiesi a William di lasciare lì quella piccola creatura e di allontanarsi dalla scena, in modo da poter invocare il SC. Ovviamente, la prima domanda che faccio sempre è: perché gli avessero mostrato quell'insolita vita.

W: Aveva bisogno di quell'informazione, di sapere che ci prendiamo cura di lui. Ne ha bisogno in questa vita. Ha paura. Si sente separato, a causa di tutte le sue esperienze qui. I suoi ricordi gli dicono che è separato, ma non lo è. Non importa quanto si senta separato, non lo è e deve fidarsi di questo.
D: *Era proprio diverso in quella vita, no?*
W: Sì. E' un tipo di insegnamento per lui, deve essere compassionevole con gli altri che sono diversi da lui. È una delle ragioni per cui ha scelto le differenze nella sua vita.
D: *Siamo tutti persone sul sentiero, no?*
W: Sì. E c'è qualcosa in arrivo che gli richiederà di non essere così critico.
D: *Pensi che sia stato critico in passato?*
W: Critico verso ciò che è diverso, e percependo coloro che sono diversi come meno o non così evoluti. Critico in questo senso. Non se ne rende conto. Non se ne è reso conto fino a poco tempo fa, in questa sua vita. Non si rende conto che lo fa.

D: *Quindi dicevate che sta per arrivare qualcosa che lo aiuterà a capirlo o cosa?*
W: Sì, interagirà. Gli sarà richiesto a livelli più interiori, piuttosto che esteriori, di interagirsi con specie diverse che non ha mai visto prima. Ed è importante che abbia nella sua memoria, nella sua esperienza, queste cose. E' importante per la sua consapevolezza d'essere cosciente e di lavorare con altri individui che non lo intralceranno. Non ostacolerà ciò che deve effettivamente realizzare lavorando con queste altre specie. Perché anche lui era un'altra specie, ed è questo che deve ricordare.
D: *Puoi dirmi di più su queste altre specie con cui lavorerà?*
W: Non saranno umanoidi. Alcuni di loro saranno esseri di luce dall'aspetto umanoide. Ci saranno specie non umanoidi ed evoluzioni che gli richiederanno informazioni di cui è in possesso e saranno di qualsiasi forma immaginabile. Alcune che non ha mai visto prima saranno d'origine anfibia. È importante che abbia assimilato il ricordo di quella vita da anfibio, perché interagirà principalmente con loro.
D: *Sarà un'interazione cosciente?*
W: No. Avrà dei ricordi, ma non un'espressione cosciente dei ricordi. Verranno in superficie. Saranno appena sotto la superficie. Lavorerà con loro. Ha scelto di tenere molte di queste cose separate nella sua consapevolezza quotidiana in questa vita, perché impedirebbero di compiere alcune di queste cose che deve effettivamente fare. In realtà sta prendendo le informazioni che sta imparando qui e le sta condividendo con altre evoluzioni. Alcune di queste evoluzione stanno affrontando esperienze molto simili a quelle che la Terra sta attraversando ora.
D: *Quindi interagiranno con lui ad un livello diverso? (Sì) Ma lui potrebbe avere ricordi diversi?*
W: Esattamente.
D: *Sono come dei sogni?*
W: Gli arriveranno durante la consapevolezza della veglia. Ma non ricorderà l'intera interazione. Ricorderà pezzetti sparsi. Sono nel suo "piano" per poter sviluppare un senso di fiducia. Ci saranno altre cose di cui si occuperà più tardi. Gli è stato chiesto di fare solo quello che gli è stato chiesto di fare con il minimo di ricordi. Altrimenti, interferirebbe. Ha interagito con altri esseri per tutta la vita. Ha partecipato volontariamente in tutti i modi in cui ha

potuto. A volte per informazioni genetiche. Sta terminando la linea genetica, perché non sta avendo figli. Però' nella sua genetica ci sono informazioni importanti. Questa è la ragione dell'ampio campionamento che sta offrendo, simultaneamente su diversi organi. Ci rendiamo conto che ricordare tutto questo ha causato qualche trauma. Stiamo facendo correzioni.

Durante le abduzioni, una piccola quantità di tessuto viene raccolta da diverse parti del corpo, per determinare la salute e la composizione del corpo umano. Queste abduzioni o visite, come preferiscono chiamarle, sono semplicemente occasioni per gli ET di controllare la loro "gente". Vedono come sta andando in questo ambiente e aiutano se necessario.

D: *Voglio capire esattamente cosa intendi. Si tratta di specifiche tipologie di organi?*
W: Sì. Milza, fegato, multipli punti dei tessuti molli, cartilaginei. Sono stati prelevati dei campioni da William quando era giovane, perché sta terminando la sua linea genetica. Non avrà figli. Erano campioni genetici molto piccoli. Non è stato fatto alcun danno.
D: *Cosa faranno con i campioni che hanno preso?*
W: Li conserveranno. Saranno usati più avanti. Ci sono informazioni nella sua genetica che sono necessarie.
D: *Per cosa saranno usati in seguito?*
W: Semi.
D: *Semi nel senso che io comprendo nel mio lavoro? (Sì) Dicono che è così che è iniziata la vita sulla Terra, vero? (Sì) Hanno detto che erano solo singole cellule... e una volta ho chiesto loro: "Da dove provengono le cellule?" Mi risposero dicendo che le raccolgono dappertutto.*
W: Esattamente. C'è una componente correttiva nella sua genetica. È una componente auto-correttiva che sarà utile.
D: *Cosa intendi per componente auto-correttiva?*
W: Ambientale, dall'esposizione a circostanze ambientali. E' dove la sua genetica impara, dall'ambiente della Terra. Verranno usate. Alcune sono usate qui, ma vengono usate anche in altri luoghi.
D: *Perché portano le informazioni su come sopravvivere in questo tipo di ambiente?*
W: Esattamente.

D: *Riconosco che molte persone ritengono questo tipo di attività come invasiva. Io so che non è così, ma penso che se capissero a cosa serve, sarebbe più facile.*
W: Sì, esattamente. È per il loro bene. È per il loro bene finale. È necessario per proteggerli. La paura è dilagante qui sulla Terra.
D: *Sì, hanno paura di tutto ciò che non comprendono.*
W: Esattamente.
D: *Quindi le cellule, i tessuti o qualsiasi cosa abbiano preso, viene conservata?*
W: Esatto. Poi replicato. Verrà usato, dove è necessario, per l'adattamento e la sopravvivenza. Perché porta informazioni preziose.
D: *Adattamento, in caso l'ambiente cambi come sulla Terra? (Esatto) Quindi da qualche altra parte, la specie saprà come adattarsi.*
W: Non solo ad ambienti difficili, ma anche a progetti di semina iniziale.
D: *Quando date inizio alla vita da qualche altra parte?*
W: Sì. Assiste nell'adattamento... specie più resistenti... un po' più resistenti.
D: *Ho avuto un altro caso, di una donna a cui prendevano gli ovuli per conservarli. Ma non era per il suo presente, ma per li suo futuro. (Capitolo 29, Le Tre Ondate di Volontari e la Nuova Terra) Non capii il significato di queste dichiarazioni. Puoi spiegarmelo? Siamo nella stessa logica?*
W: Le sue ovaie erano per un luogo completamente diverso... molto specifico. Anche lei aveva qualcosa di unico. Soddisfaceva una circostanza specifica.
D: *Chiesi: "Questo significa che non potrà produrre ovuli in futuro? E dissero che sarebbe stato diverso. (Sì) Quindi questo era per il futuro?*
W: Sì. Stiamo facendo un lavoro specifico. È una triplice congiunzione. Questo è tutto quello che posso dire. Non sono informazioni che dovresti conoscere, non ancora.
D: *Ci sono molti programmi diversi in cui gli esseri sono coinvolti. Giusto?*
W: Sì, in cui lui è coinvolto.
D: *Ma non dovrebbe esserne cosciente?*
W: Già ricorda ciò che deve sapere.

D: *Gli farà male ascoltare questa registrazione e sentire queste informazioni? (No) Non vogliamo fare nulla che possa mai nuocere a qualcuno. Lui voleva sapere qual è il suo piano, cosa è venuto sulla Terra a fare.*

W: Lo sta facendo. Sta raccogliendo informazioni. Nelle sue esperienze si connette con molte, molte persone diverse, diversi percorsi di vita. E' un canale di queste informazioni. Viene usato in diversi luoghi. La sua carriera è irrilevante. Può cambiarla se vuole. Lo sosterremo in qualsiasi cosa scelga. Si coinvolge troppo nelle emozioni delle sue circostanze per vedere ciò che è chiaramente davanti ai suoi occhi. Le scelte sono sue. Può fare quello che vuole. Può tornare a scuola. Può scegliere una carriera mondana totalmente diversa. Può avere una fattoria se vuole. Può avere una caffetteria se vuole. Può fare quello che vuole. Manderemo da lui chiunque sia necessario, affinché le informazioni esperienziali possano essere trasmesse. La sua empatia lo lega alla radice delle emozioni degli altri. Faceva parte di ciò che aveva scelto d'avere. Il livello di esperienza che aveva bisogno di trasmettere ad altre evoluzioni che stanno attraversando questo momento. Ha scelto di sentire. È rimosso dal suo processo cosciente. Non ha altra scelta, deve sentire quelle cose. Può proteggere se stesso dall'energia emotiva paralizzante che viene trasferita quando raccoglie quelle informazioni, ma l'empatia, quel processo, fa parte del suo compito. La sua scelta di identificarsi con gli altri è stata una scelta della sua compassione per le persone che sono qui. La sua connessione emotiva con le persone qui e la sua connessione con la loro sofferenza, è uno degli aspetti su cui dovremo lavorare con lui. C'è un limite che attualmente non può essere superato.

D: *Perché anche voi avete dei limiti.*

W: Esattamente. Questo fa parte del suo piano. Questo fa parte del disegno del suo percorso. Questa è la ragione della scelta di restare solo. È per insegnargli a restare stabile dove nessun altro è in accordo o in comprensione. Per sperimentare e rimanere connesso alla Sorgente. Sia che abbia un ricordo cosciente o una consapevolezza costante, lui è connesso a quella Sorgente. Non è mai separato da quella Sorgente. La Sorgente lo difende. Lo dirige. Lo muove. Non ha bisogno di temere o di preoccuparsi di non sapere. Sa ciò che deve sapere. Ha scelto la sua esperienza e il modo in cui si sta svolgendo. Va tutto secondo il piano. Fa parte del suo processo. Sta assistendo moltissimo, nelle evoluzioni di altri luoghi. Tutto è in ordine. Tutto si muove in ordine e secondo il piano. Non ci separeremo da lui.

CAPITOLO SEI
SCAMBIO DI POSTI

Katrina si trovò in una scena molto tranquilla all'interno di una foresta. C'erano molti alberi, conifere e un lago nelle vicinanze. C'erano molti cervi, uno in particolare con corna enormi spiccava nel gruppo. Non avevano paura di lei. "In qualche modo faccio parte del gruppo. È come se fossero la mia gente o qualcosa del genere. C'è un motivo per cui voglio restare con loro. È probabile che mi stia nascondendo con loro... forse dalla gente". Spesso all'inizio di una seduta il paziente mostra confusione mentre cerca di capire dove si trova e cosa sta succedendo. Man mano che parla c'è più chiarezza. Katrina vide d'essere un giovane maschio con lunghi capelli arruffati, vestito in modo molto semplice: piedi nudi, coperto solo dalla cinta in giù. Aveva una cavigliera fatta di semi e un dente che pendeva da una collana fatta di semi. Aveva anche un coltello legato alla vita.

D: Quindi non vivi esattamente là fuori?
K: Sono scappato e mi rifugio nei boschi. (Sembrava turbato).
D: Dove vivono le altre persone?
K: In un villaggio o una tribù. Sono una tribù di persone e sono scappato da loro per vivere con gli animali.
D: Dove viveva la gente?
K: Ai margini della foresta. Più in basso, non sulle montagne, ma più in basso, come in una valle.
D: Quindi ti piace di più lì con gli animali?
K: Sì. Si uccidono a vicenda. Uccidono gli animali. (Sembrò molto triste.)
D: Puoi comunicare con gli animali?
K: In un certo senso, sì. Gli animali non emettono mai suoni, ma io posso parlare con loro. Non hanno paura di me e mi avvisano quando gli umani stanno arrivando.

La gente del villaggio viveva in capanne fatte di ramoscelli e bastoni coperti da rami di pino o abete. Le strutture non dovevano essere molto robuste perché si spostavano spesso, seguendo le mandrie per cacciare. "Io spesso non stavo dentro. Sono diverso da loro e quindi stavo fuori. Volevano che fossi il loro Shamano. Ma quello che volevano che facessi era trovare animali da uccidere. Io non volevo farlo. Così me ne sono dovuto andare. Erano arrabbiati con me, pensavano che fossi malvagio perché non li volevo aiutare e perché stavo usando i miei poteri nel modo sbagliato".

D: *Ma questo non è il modo sbagliato, vero? (No) Hai altri poteri oltre alla comunicazione?*
K: Non lo so, ma sembra che io viva con meno cibo di loro, senza mangiare carne e mangiando solo cose della foresta. Loro sentivano di dover mangiare carne.
D: *Quindi è per questo che pensavano che tu fossi diverso?*
K: Sì. Sembra anche che io sia in grado di trovare gli animali e sapere dove sono.
D: *Ma a volte devi uccidere gli animali per vivere, vero?*
K: Sì, ma si uccidevano anche tra di loro. Uccidevano chiunque vagasse nella loro zona.
D: *Erano un popolo piuttosto violento. Avrebbero ucciso anche te?*
K: No, mi hanno cacciato via. Non stavo facendo il loro gioco.
D: *Quindi ti hanno cacciato dal villaggio?*
K: Sì, o sono scappato, più o meno entrambe le cose.
D: *Probabilmente pensavano che non potevi sopravvivere là fuori da solo.*
K: È stato solitario, ma anche molto bello e tranquillo. Non sapevo perché non ero come loro, semplicemente non potevo essere come loro. Ci ho provato quando ero più giovane.
D: *Cosi tu venivi nel bosco, parlavi con gli animali e comunicavi da molto tempo? (Sì) Ecco perché gli animali non hanno paura di te.*
K: A quel punto pensavano che tenessi gli animali lontani da loro e lo stavo facendo.
D: *Pensi che sarai in grado di sopravvivere là fuori?*
K: Sì. Trovo cose da mangiare. Guardo gli scoiattoli, cosa mangiano e mangio le stesse cose.
D: *Dove dormi?*
K: Diciamo che dormo nella zona degli aghi di pino lì per terra.
D: *E il tempo? Stavo pensando che sei là fuori da solo, senza alcun tipo di riparo. Il tempo potrebbe peggiorare.*

K: Indosserei più pelli e pellicce. Rimango abbastanza vicino per guardare la gente e poi a volte rubo un po' di cibo.
D: *Sei riuscito a sopravvivere, questa è la cosa importante.*
K: Ma sembra che io sia invecchiato molto velocemente.
D: *Non hai mai avuto il desiderio di tornare a vivere con loro?*
K: Credo di averli osservati per vedere se qualcuno di loro fosse cambiato, ma non sembrava ci fosse alcun cambiamento. Si spostavano nelle stesse zone. Spostavano i loro accampamenti solo per cercare di trovare animali. Ero felice quando se ne andavano, ma poi in diversi periodi dell'anno tornavano. Probabilmente pensavano che fossi morto.

Questa sembrava una vita in cui un giorno sarebbe stato molto simile all'altro. Lo spostai avanti ad un giorno importante, se ce n'era uno. Disse: "Ho visto altri esseri umani che non facevano parte di quel gruppo. Li ho osservati, ma già sapevo che ci odiavano, quindi non potevo stare con loro. Facevano del male agli animali e si facevano del male a vicenda. Combattevano, bruciavano cose e..." La sua voce si interruppe tristemente. Sentiva di non avere altra scelta che rimanere nel bosco con gli animali.

D: *Non ti dispiace restare solo?*
K: Non mi piaceva, non potevo vivere come loro.

Decisi di spostarlo di nuovo ad un altro giorno importante nella speranza che le cose fossero migliorate. Ma non fu così. "Sono a terra, sto decidendo di arrendermi e sento freddo. Ho appena deciso di morire invece di continuare."

D: *Non c'era molto da vivere? (No) Anche se eri felice con gli animali. Sei molto vecchio quando questo accade?*
K: Sembro vecchio, ma credo di avere solo qualche anno in più di quando ho lasciato la tribù. Gli alberi mi proteggevano dal vento e dalla pioggia, ma avevo sempre freddo. E le mie gambe si sono intorpidite, così non potevo tenere il passo dei cervi.
D: *C'è qualcosa che non va nel corpo?*
K: No, è solo vecchio, freddo ed è ora di andare. Mi sentivo un fallito perché non potevo cambiare le persone.
D: *Beh, non puoi far cambiare nessuno, vero?*

K: Credo di no.

D: *Quindi puoi semplicemente prendere questa decisione e andare per conto tuo? (Sì) Dimmi cosa succede.*

K: I cervi continuano a tornare per controllarmi, e ben presto noto che stanno controllando quel corpo, ma io non sono lì. Sono laggiù sotto gli alberi. Si preoccupavano.

D: *Ti consideravano davvero uno di loro.*

K: Si, è così.

D: *Ma ora sei fuori da quel corpo. Ora puoi fare tutto quello che vuoi.*

K: Il corpo non era veramente morto. Ho dovuto continuare a tornare giù. I cervi alla fine se ne andarono, nevicò e poi me ne sono andato e basta.

D: *Quindi non c'era davvero nessun modo per tornare nel corpo.*

K: Non volevo tornare.

D: *Ogni vita ha una lezione. Pensi che ci fosse una lezione da imparare da una vita come quella?*

K: Non sembra una buona lezione. Sembra che la terra debba essere un luogo pacifico e cooperativo, ma non lo è. Non potevo essere un buon esempio. Credo che la gente non volesse stare come me.

D: *Ma ora che sei fuori dal corpo, cosa farai? Lo sai?*

K: Fluttuo di nuovo verso quelle nuvole rosa. Adoravo sedermi sulla montagna solo per guardavo quelle nuvole e ora sono su quelle nuvole. Non devo salire sulla montagna.

D: *Cosa farai adesso?*

K: Riposo e decido cosa fare.

D: *Devi andare da qualche parte per riposare?*

K: No, semplicemente fluttuo tra quelle nuvole.

D: *Quello è un bel posto dove riposare.*

K: Penso di sì.

D: *Allora andiamo avanti fino a quando ti sei riposato abbastanza ed è il momento di lasciare le nuvole. Cosa succede allora? Cosa farai?*

K: Non lo so. Penso che sto aspettando altre persone che si uniscano a me. Sto aspettando un gruppo che credo di dover incontrare.

D: *E' un gruppo che conosci?*

K: Non lo so. Vedo una luce che esce da dietro le nuvole, lontana, come un'alba o un tramonto, penso che siano lì, ma non so come arrivarci.

D: *Beh, ora quelli che stai aspettando stanno arrivando. Ora puoi incontrarli. Che aspetto hanno?*
K: Sembrano persone che Leonardo ha dipinto nell'Ultima Cena. Sembrano persone in tunica. Sedute tutte ad un tavolo.
D: *Ce ne sono molti?*
K: Penso che ce ne siano nove.

Molte volte quando lo spirito va nell'aldilà, riferisce di essere davanti ad un gruppo di esseri vestiti di tuniche. Questo consiglio è solitamente composto da nove o dodici persone.

D: *Stanno parlando con te?*
K: Ci stanno provando, ma ho dimenticato cosa sto facendo lì e cosa dovrei fare.
D: *Pensi che siano lì per ricordartelo? (Sì) Puoi diventare consapevole di ciò che stanno dicendo. Di cosa ti stanno parlando?*
K: Dicono: "Non arrenderti. Non ha funzionato, ma non rinunciare". Vogliono dire che quel piano non è andato come doveva andare, ma devo riprovarci.
D: *Come doveva andare il piano?*
K: Penso che avrei dovuto mostrare a quella gente, modi migliori di vivere.
D: *Ma loro non ti avrebbero ascoltato, vero? (No) Quindi questo gruppo sta dicendo di non arrendersi.*
K: Dicono che devo fare un nuovo piano e riprovare.
D: *Se uno non funziona, puoi sempre riprovare in un modo diverso.*
K: Sì. Penso che il piano sia già stato formulato per cercare di farmi ricordare.
D: *Perché ti dimentichi, vero? (Sì) Quindi fa parte dello stesso piano, é un piano diverso o cosa?*
K: Per andare giù e aiutare la gente a vivere meglio da qualche altra parte, ma non so quando o come. Non voglio andare, ma dicono che ho accettato di andare.
D: *Perché non vuoi andare?*
K: Non mi piace vivere con gli umani.
D: *Ma hanno detto che hai accettato di farlo? (Sì) Allora cosa accadrà?*
K: Immagino che dovrò andare.

D: *Perché eri d'accordo e hai creato un piano? (Sì) Questo gruppo, è con te da molto tempo?*
K: Penso di sì. Sono come degli anziani o qualcosa del genere. Ti aiutano quando sei bloccato. Ti aiutano a pianificare o a seguire un piano o a riposare nel mezzo. Dissero di sapere che stavo riposando, e non era ancora il momento d'incontrarsi perché avevo bisogno di riposare.
D: *Sembra che sappiano molto su di te. Sei a tuo agio con loro?*
K: Sì. Ma penso che sappiano molto più di me e io non sono proprio uno di loro.
D: *Ma è bene avere qualcuno che ti consigli. (Sì) Beh, cosa ti piacerebbe fare se potessi scegliere?*
K: Probabilmente rimarrei tra le nuvole, nella luce. Vorrei imparare e crescere, ma non laggiù.
D: *C'è qualche altro posto dove potresti andare per imparare e crescere?*
K: Penso che ci siano classi ovunque si possa andare, ma ho l'impressione che il gruppo ritenga io abbia bisogno d'aiuto. Ero d'accordo con altre persone, però una volta arrivato quaggiù, non riesco a trovarli.
D: *Vuoi dire che non li riconosci?*
K: Penso che vadano in diverse parti della terra o qualcosa del genere.
D: *Quindi è difficile ritrovarli. Chiedi loro di rinfrescarti la memoria su quale sia il piano che dovresti attuare. Quello che hai sottoscritto e che dovresti eseguire, si spera. (Risi.)*
K: Il piano è di entrare come un bambino e dimenticare. Mantenendo i miei valori e vivendo una vita migliore di quella degli altri, sperando che lo vedano e cambino. Questo è il piano, essere meno violenti e trovare modi di vivere gioiosi e pacifici.
D: *Quindi questo era il piano che avevi sottoscritto quando sei arrivato?*
K: Sì. Credo che non sia stato il primo fallimento con quel gruppo sulla montagna. Il nuovo piano è di nascere da qualche parte come un bambino e crescere intorno ad un nuovo gruppo di persone. Devo solo ricordare la pace, la luce e non diventare come loro.
D: *È un po' difficile a volte, vero?*
K: Sì. Sarebbe più facile se alcuni dei miei amici fossero lì, ma non lo sono.
D: *Beh, fa parte del piano incontrare alcuni di questi altri amici?*

K: Non lo so. Sembra che non viva mai abbastanza a lungo d'arrivare a quel punto.

D: *Quindi in altre vite hai provato lo stesso piano? (Sì) Allora non stai procedendo molto, no? Ogni volta sei morto quando eri giovane?*

K: Sì. A volte buttavano via i bambini. Io ero un bambino e venivo buttato via. (Rideva, ma era una risata triste).

D: *Perché lo facevano?*

K: Non lo so. Forse non potevano nutrirli tutti o qualcosa del genere.

D: *Dipendeva dalla cultura in cui nascevi. Non avevi una vita lunga. Dovevi trovare un altro corpo piuttosto velocemente. Hai incontrato molta opposizione nelle altre vite? Quando cercavi di arrivare e mostrare alla gente come vivere?*

K: Semplicemente non gli importava. Volevano solo vivere nello stesso modo in cui avevano sempre vissuto.

D: *È difficile far cambiare le persone. Quindi cosa fa parte del prossimo piano?*

K: Resistere, vivere più a lungo o cercare di fare la differenza.

D: *E non morire giovane. (Giusto) Ti mostrano qualcosa sulla tua vita futura, quella in cui stai andando?*

K: Penso che a volte smetto di venire come un bambino e vengo come un adulto per aiutare qualcuno.

D: *Come ci riesci?*

K: Non sapevano come morire o cosa fare, così lo facevo io per loro.

D: *Questo è interessante. Cosa vuoi dire? Non sapevano come morire?*

K: Erano terrorizzati e volevano andarsene, così ci scambiavamo di posto o qualcosa del genere. Non sono sicuro. A volte li aiutavo a passare un brutto periodo, poi tornavano dentro e io me ne andavo.

D: *Se lasciavano il corpo, dovevano essere morti, vero?*

K: No, ci entravo io invece.

D: *Hai detto che erano terrorizzati di morire... lasciando il corpo succederebbe la stessa cosa, no? Morirebbero?*

K: No, perché avrebbero dovuto passare un brutto periodo di tempo per morire.

D: *Immagino che non volessero farlo? (Esatto) Così loro se ne andavano e tu arrivavi per tenerli in vita per un po'?*

K: Per finire qualsiasi cosa dovessero fare.

D: *E questo è permesso farlo?*

K: Sì, se sono d'accordo.

Questo era un concetto nuovo per me; però scopro sempre nuovi concetti di cui non ho mai sentito parlare. Si aggiungono alla totalità delle informazioni che ho accumulato per 45 anni. Ognuno aggiunge un altro pezzo del puzzle. Ho scoperto che quando siamo dalla parte dello spirito e stiamo pianificando ciò che speriamo di realizzare nella nostra prossima vita, la nostro strategia d'uscita far parte del piano. Decidiamo come e quando moriremo. Si basa tutto su molti fattori di cui non siamo mai consapevoli: karma, connessioni di vite passate, nuove esperienze, ecc.. Ogni nuova vita è piena di nuove esperienze e lezioni. Il momento della morte può essere esteso, ma non il metodo. Così forse l'anima aveva deciso di voler sperimentare una morte traumatica o basata su una malattia prolungata. Tuttavia, quando arriva il momento, scoprono che è molto più difficile di quanto non si aspettassero. Anche se stanno ripagando un sacco di karma e stanno imparando una grande lezione, è molto più difficile di quanto si aspettassero. Tuttavia sembra che non siamo mai soli in questo momento (non siamo mai soli in nessun momento) e un'altra anima è pronta e disposta ad intervenire, a prendere il nostro posto, per alleggerirci il peso. Penso che sia meraviglioso il modo in cui l'universo ha organizzato tutto fino all'ultimo dettaglio. In questo modo un'anima non riceverà mai più di quanto possa gestire.

D: Devi lavorare sul loro piano quello che avevano stabilito, mentre sei nel loro corpo? (Sì) Ma poi dici che a volte decidono di tornare? (Sì) Allora cosa succede? Lasci il corpo?
K: Esatto. È come aiutare qualcuno. Ci scambiamo di posto per un breve periodo. Loro imparano da tutto questo. Non possono semplicemente andarsene. Devono osservare e vedere cosa succede, Cosi, forse, nella loro prossima vita riusciranno a resistere e rimanere.

Voglio chiarire che questo non è un caso di possessione. È solo un'anima compassionevole che vuole aiutarne un'altra a superare un punto difficile sulla strada. Questo può spiegare come alcune persone sembrano avere un cambio di personalità mentre stanno sperimentando una morte difficile. Poi appena prima di morire sembrano essere il loro vecchio sé. Un concetto interessante su cui riflettere comunque.

D: *Allora non ne escono veramente?*
K: Esatto. Così possono tirarsene fuori ed osservare senza esserne coinvolti.
D: *Quindi in questo modo stai davvero aiutando le persone, vero?*
K: Sì. Se vivono una vita migliore la prossima volta, allora sono stato d'aiuto.
D: *Nessuno sfugge mai da queste cose, vero?*
K: Esatto. Però non rimango nei paraggi per vedere, quindi posso solo presumere che sia così.
D: *Li aiuti solo per un breve periodo di tempo. (Sì) Quindi non inizi sempre da un neonato? (Esatto).*

Volevo portare la discussione a Katrina, per poter trovare le risposte ai problemi della sua vita attuale.

D: *Sai che stai parlando attraverso un corpo umano ora, vero? (Sì) Il corpo che chiamiamo Katrina? (Sì) Andiamo a prima che tu decidessi di entrare in quel corpo. Cosa avevi pianificato allora?*
K: Avevo deciso di andare in una famiglia stabile, vivere la migliore vita possibile e rimanere a lungo.
D: *Immagino che sta volta tu non voglia andartene? (Risi).*
K: Ho pensato di andarmene, ma poi mi hanno fatto ricordare.
D: *Cosa stava succedendo in quei momenti da farti sentire così?*
K: Non erano solo cose tragiche, ma quando vedevo persone che conoscevo e che erano morte; volevo andare con loro e non restare. Così hanno dovuto rimuovere altri miei ricordi, perché non volevo rimanere qui.
D: *Quindi, avrebbero rimosso tutti i tuoi ricordi dell'aldilà? (Sì) Immagino che se non te ne ricordi, allora non ti manca? (Sì) Allora qual era lo scopo di Katrina? Perché stava venendo in questa vita?*
K: Per cercare di mantenere la luce quando le altre persone intorno a lei non erano interessate alla luce. Volevo solo essere un faro o qualcosa del genere. (Un po' come l'uomo nell'altra vita).
D: *È una buona cosa essere un faro, ma è difficile quando le altre persone non capiscono.*

K: Sì, ed è difficile quando dimentichi cosa sia la luce e cosa devi fare. Ma se ricordassi, cercherei solo di andarmene.

D: *Bene, cosa intendi per la Luce?*

K: Solo portare più di me stessa in questo corpo umano.

D: *Intendi dire, la parte che è nell'aldilà? (Sì) Significa che non entra tutto nello stesso momento?*

K: Sì. Solo piccole parti, ma non sembra che ne arrivino abbastanza a quelle altre persone per aiutarle a cambiare i loro modi d'essere.

D: *Ma non possiamo costringere nessuno a fare qualcosa.*

K: Io no, ma dovrei vivere abbastanza bene da fargli vedere che c'è ancora un modo migliore di vivere.

D: *Quindi la Luce è ciò che sei dall'altra parte?*

K: È più l'energia di Dio. È così potente che non la portiamo tutta nel corpo. Ma hanno bisogno di portarne più di quanta ne portino ora.

D: *Katrina ne sta portando di più? (Sì) Sta facendo un buon lavoro anche se la gente non la ascolta.*

K: Allora non sta facendo un buon lavoro.

D: *Ma come farai a farti ascoltare dalla gente?*

K: Semplicemente vivendo una vita migliore. Più di ogni altra cosa, basta aiutare tutti coloro che ci circondano. Se riescono a vedere qualcuno che riesce a guarire e a vivere una vita più sana, allora si sveglieranno e ascolteranno.

D: *Ma non stanno ascoltando.*

K: Non molto... non ovviamente.

D: *Ma Katrina aveva dei problemi fisici molto strani, vero?*

K: Sì, la gente pensava che sarebbe morta, ma non è successo. È diventata sana e a quel punto hanno iniziato a prestare attenzione. Perfino i suoi medici non capivano.

D: *Parliamole di questo. Ha detto che aveva quella strana paralisi al viso e agli occhi. Di cosa si trattava?*

K: Ha dovuto rallentare molto e ricordare perché era qui. Stava facendo troppe attività, troppe cose diverse, troppo in fretta. Parcheggiava troppo in fretta, si muoveva troppo velocemente, così ha dovuto rallentare e tornare in contatto con se stessa.

D: *Un modo un po' drastico per farlo, non è vero?*

K: Sì. Gli amici, cercare di dipingere, prendersi cura degli animali, prendersi cura di altre persone... troppo. Il suo obiettivo non era solo essere un'insegnante. Il suo obiettivo era di vivere bene, non importa come lo facesse.

D: Quindi è successo tutto per farla rallentare? (Sì) Esatto e rimase paralizzata. Non poteva vedere. Non poteva parlare.

Sembrerebbe un modo drastico per attirare l'attenzione di qualcuno, ma a volte è quello che serve se non si presta attenzione. Il SC disse che quando Katrina andò dai medici peggiorò solo le cose. Non sapevano cosa c'era che non andava, così la trattarono nell'unico modo che conoscevano: con i farmaci. "Le medicine in realtà peggiorarono le cose. Le impedirono di guarire. Le impedivano di pensare e meditare, per un po' rendendola come uno zombie". Sua madre dovette venire a vivere con lei durante quel periodo per prendersi cura di lei. "Lei ha sempre creduto nel non chiedere aiuto e fare tutto da sola. Ma quando chiese aiuto ai medici, non andò troppo bene. Le medicine erano troppo forti. Se non avesse fatto nulla, sarebbe guarita, ma le medicine peggiorarono la sua condizione". Katrina si fece operare agli occhi in quel periodo, ma l'operazione non aiuto' molto.

D: Disse che dopo l'operazione agli occhi non riusciva a svegliarsi. Cosa era successo in quel momento?
K: Erano di nuovo i farmaci. Le diedero troppo anestetico. E lei pensò di nuovo di andarsene. Era andata molto, molto lontano e non voleva tornare.
D: Perché non riusciva più a comunicare?
K: L'attacco al sistema nervoso. I rivestimenti dei nervi erano danneggiati. Ha danneggiato i nervi del viso, degli occhi e della bocca.
D: I farmaci?
K: Non originariamente. Era l'aspartame, la salute generale e lo stress. Ma soprattutto lo stress. Continuava a divorare se stessa. Aveva semplicemente troppo stress. Non stava vivendo nel modo in cui aveva accettato di venire a vivere. La sua vita era troppo caotica... troppo superficiale. Volevamo attirare la sua attenzione, ma con tutto il resto è andata troppo oltre.

Il SC lavorò su questo problema e corresse il danno ai nervi, al viso e agli occhi. Poi dissero che il resto del suo corpo era in ottima forma. Aveva smesso l'aspartame, mangiava bene e meditava molte volte al giorno. Lo stress era stato alleviato. Poi il SC diede alcune informazioni interessanti riguardo alle cisti. Katrina disse che aveva una cisti sulla spina dorsale.

K: Non è sulla spina dorsale. È vicino alla schiena ma non sulla spina dorsale. Potrebbero essere residui di vecchi farmaci oppure parte dei farmaci dell'ultimo intervento chirurgico. O il cibo che mangia con tutti gli additivi e le sostanze chimiche. Tutta questa merda che la gente mangia e che non costituisce buona salute deve andare da qualche parte. Tutto sta roba che è nel suo corpo viene ricoperta con una ciste.

D: *Si accumula all'interno della ciste?*

K: Lei medita sempre per far uscire tutte le tossine dal suo corpo, quindi questo è un modo per farle uscire.

D: *Quindi è questo che fa. Si accumula lì, come nelle ghiandole linfatiche. Però nelle ghiandole linfatiche scorre attraverso il sistema, vero?*

K: Credo di sì, se non causa il cancro. E poi si forma una ciste tutt'intorno, così non ti fa male.

D: *La ciste si forma intorno a qualsiasi veleno che non appartiene al corpo.*

K: Ma lei medita sulle cisti per tirarle fuori. Quella ciste deve aprirsi e ripulirsi.

D: *Quindi la ciste si aprirà da sola?*

K: L'ha fatto due volte. Va tutto bene finché non introduce qualcosa di velenoso nel suo corpo.

D: *Lo chiedo perché la stessa cosa è successa a me sulla mia schiena. Quindi si sta liberando dei veleni? (Sì) Non è molto piacevole quando si aprono però.*

K: No, non lo è.

D: *Ma questo è un modo per scaricare il sistema.*

K: Abbiamo tutti delle cisti in noi che rimangono lì. Sono bloccate. Ecco cos'è una ciste, ma lei vuole che escano.

D: *Però' se stanno accumulando veleni, non danneggiano il resto del corpo? (No) Quindi in questo senso hanno uno scopo positivo?*

K: Già.

D: *Allora quando si aprono, va bene?*

K: Si spera che la ciste possa sparire, dissolversi e scomparire quando non sarà più necessaria. Non le piace il modo in cui appare o come

si sente. Ma se riesci a tenerla, non c'è bisogno di toglierla. Se sai cosa stai tenendo nel tuo corpo.
D: *Altrimenti, di solito, i medici le vogliono aprire.*
K: E poi può esserci un'infezione.
D: *Quindi, finché non sta causando alcun danno o procurando dolore, basta lasciare che il corpo si prenda cura di se stesso? (Esatto)*

Questa fu una buona notizia per me. Avevo una cisti sulla schiena da più di 20 anni. Scoppiò tre volte ad intervalli di molti anni. Non è molto piacevole quando succede e il medico voleva tagliarmela. Ma ora con queste informazioni capisco che la ciste ha una funzione importante e le permetterò di fare il suo lavoro.

K: Ora può solo preoccuparsi di portare la luce e condividere la luce, invece di tutte le cose per cui si stressava prima. Ora è in salute, e persino il suo dottore non riesce a credere che non abbia bisogno di prendere alcun farmaco.
D: *Un'altra delle sue domande era relativa alla paura. Ha paura di così tante cose. Da dove viene tutta questa paura?*
K: Da tutte quelle volte che è venuta ad aiutare altre persone a passare all'aldilà o ad attraversare i loro periodi spaventosi. Ha visto solo il peggio dell'umanità, non le parti buone.
D: *Entrava quando quella persona stava vivendo brutti momenti.*
K: Esatto. Inoltre guarda il telegiornale che le ricorda continuamente tutte quelle cose. Non ha bisogno di preoccuparsi, è al sicuro. Ma empatizza troppo con tutte le persone che stanno attraversando tutte quelle difficoltà e le ricorda.
D: *Però' quella è la loro vita, non è la sua. (Esatto) Lei può avere compassione, ma non deve accumulare su di sé i loro drammi.*
K: Sì. Può offrire una mano quando la gente ne ha bisogno, ma se offri l'aiuto a qualcuno che non lo vuole, possono tirarti giù. Lei deve ricordarselo. Lei è al sicuro, se solo potesse ricordarlo, si sentirebbe più in pace e potrebbe inviare più luce alle persone che ne hanno bisogno. Ma la paura impedisce che questo accada. Non le succederà nulla. Dovrebbe viver a lungo in questa vita.

Katrina voleva una spiegazione per un'esperienza insolita che le era accaduta una notte del 1991. Molte persone l'avrebbero interpretata come un "attacco psichico", così ero interessata a ciò che il SC avrebbe detto al riguardo. Disse che stava dormendo quando improvvisamente venne svegliata da un essere nella sua stanza che le saltò addosso e iniziò a colpirla sul petto. All'inizio pensò che fosse un attacco sessuale. Poi pensò che la stesse uccidendo perché non riusciva a respirare.

D: *Puoi dirle cosa è successo?*
K: Quell'uomo è entrato e le è saltato addosso. Lei voleva andarsene di nuovo, una parte del suo corpo sembrava spegnersi e lui è entrato per aiutarla.
D: *Vuoi dire che sarebbe semplicemente morta di morte naturale o qualcosa del genere quella notte?*
K: Non lo so. Non riusciva a respirare, lui stava cercando di farla respirare o di impedirle di andarsene, ma lei si è svegliata e lo ha visto.
D: *Non avrebbe dovuto? (No) Era solo uno degli esseri che fa il proprio lavoro?*
K: Sì. Era un volontario. Era un volontario, come noi siamo volontari in questo servizio. Ma non sapeva che lei l'avrebbe visto e si sarebbe spaventata così tanto.
D: *Lei disse che d'avere la sensazione che lui la stesse tirando e colpendo sul petto o qualcosa del genere.*
K: Lui si estese dentro di lei per stringerle i polmoni, per farla respirare. All'inizio pensava fosse un attacco sessuale. Pensava che lui la stesse uccidendo, perché non poteva respirare.
D: *Le nostre guide o guardiani sono sempre con noi. Ma lui non mi sembra la stessa cosa.*
K: Non era un guardiano. Lei non l'ha visto né prima, né dopo. Persone, altri esseri, la guardano costantemente. Sono sempre presenti, invisibili, quindi qualcuno deve averlo chiamato. Che sia stata lei o qualcun altro. Qualcuno l'ha chiamato per aiutarla.
D: *Altrimenti sarebbe stata una morte naturale durante la notte?*
K: Probabilmente.
D: *C'era qualcosa nella sua vita in quel momento che la spinse a volersene andare?*

K: No, eccetto che era molto interessata agli angeli, agli ET e voleva essere lì dove erano loro, invece di trovarsi in una vita umana. Essere umani sembra richiedere così tanto tempo, che si estende sempre più a lungo.
D: *Ma sai che se te ne vai in anticipo, non risolvi alcun problema.*
K: Cavolo, se lo so! (Risate)
D: *Perché poi devi tornare e fare tutto di nuovo, no? (Esatto) Ecco perché hanno riattivato il suo corpo. Ma a causa della paura ha pensato che fosse qualcos'altro.*
K: Pensava di essere attaccata.

È sorprendente come una cosa così semplice possa essere spiegata quando si rimuove l'aspetto della paura. Naturalmente, Katrina non aveva modo di sapere che sarebbe potuta morire durante la notte senza l'intervento di questo essere. Ritengo che questo potrebbe spiegare molti dei cosiddetti: attacchi psichici che la gente dichiara d'aver sperimentato. Osservate le cose con una mente aperta e potreste trovare una prospettiva completamente diversa.

K: Lei pensa che il suo tempo stia finendo, perché ha 68 anni, ma vivrà a lungo.
D: *Sessantotto non è niente. (Risata) Io lo so.*
K: È morta in anticipo così tante volte che le sembra un tempo lunghissimo. Non ha bisogno di qualcuno che la tenga in vita. Si prende cura di se stessa. Ha solo bisogno di qualcuno con cui condividere la gioia e la missione. Potrebbe bruciare più intensamente se fosse più gioiosa e meno timorosa. Per tenere un piede in ogni vita. Vivendo una vita umana con cui le altre persone possano relazionarsi. Più spirituale, in modo che possano sapere che anche loro sono in grado di farlo. Lei deve essere presente e mostrarglielo, altrimenti non hanno un modello di riferimento. Quindi lei deve rimanere!
D: *C'é un'altra domanda che voleva fare. Mi ha detto che stava camminando intorno al lago, quando qualcosa come un campo energetico l'ha colpita. Fu così forte che quasi la scaraventò a terra. Cos'è stato?*
K: Giusto. Questa è la quantità di energia in arrivo che lei dovrà imparare a gestire. Tutti noi stiamo portando dentro sempre più energia ed è incredibilmente potente. Fu solo una piccola

esplosione d'energia per mostrarle come ci si potrebbe sentire. Lei ha bisogno di amplificare la propria energia.

D: *Questa è l'energia che ci aiuterà ad andare nella Nuova Terra?*

K: Sta scaricando maggiori quantità del nostro sé superiore in noi.

D: *Perché avete detto che non entra tutto alla nascita?*

K: Esatto. Man mano che diventa sempre più sana, noterà sempre più energia entrante. E se lei riuscirà a gestirla, continuerà ad accadere fino a quando ci sarà sempre più luce ed energia entranti.

D: *Ma può essere spaventoso quando questo le fa perdere l'equilibrio. Disse che nessun altro sembrava reagire a quell'energia.*

K: Esatto. Ma fu abbastanza forte da mostrarle che è reale e non mera immaginazione.

D: *Da dove viene l'energia?*

K: Dal nostro sé superiore: da Dio, al nostro sé superiore. Come un imbuto, giù fino in noi, in tutte le diverse parti di noi. Quando ha sentito questo, probabilmente anche altre parti della sua anima l'hanno sentito.

D: *Questo succede anche ad altre persone?*

K: Probabilmente. Potrebbero non sentirlo in quel modo, come un "campo di forza". Potrebbero sentirlo in altri modi, ma, sì, dovremmo tutti portare una maggiore quantità del nostro sé superiore quaggiù.

D: *Questo aiuta con i cambiamenti nelle vibrazioni e nelle frequenze?*

K: Non è come spostarci su una Nuova Terra, piuttosto è portare più di questa energia giù, su questa terra per amplificare le energie di tutti coloro che sono qui.

D: *Questo è ciò che sto cercando di capire. Sento che stiamo ascendendo alla Nuova Terra.*

K: Ma non stiamo solo salendo. Sta scendendo e noi stiamo salendo. È come portare il Paradiso giù sulla terra e la terra su in cielo allo stesso tempo. Non c'è separazione. L'energia deve andare in entrambe le direzioni. Non abbandoneremo la terra e andremo in alto. Stiamo portando l'energia verso il basso in modo da poterci muovere verso l'alto. È come salire le scale. È come abbassare le scale verso il basso, verso di noi. Saranno in grado di salire. Ed è luce. È energia. Sono vibrazioni. Immagino che sia anche il DNA. Il nuovo DNA non potrebbe funzionare, se non alzassimo i nostri livelli d'energia. Non servirà a molto in quei corpi, senza abbastanza energia spirituale. A volte è una vertigine. A volte sembra persino una malattia. È come troppa energia, troppa elettricità che ci attraversa.

D: *Perché le è stata mostrata quella vita di un indiano?*

K: Lei tende a percepire gli esseri umani come selvaggi, incapaci di cambiare. Ha bisogno di sapere che l'unica cosa che conta è che faccia la sua parte; loro possono cambiare e lo faranno.

D: *In quella vita è davvero fuggita da tutto.*

K: In molte vite è scappata e si è arresa. Così questa volta deve rimanere! Restare e godersela!

Messaggio Finale:
Fa parte del contratto essere sani. (Il contratto che firmiamo quando entriamo una vita umana). Non è che alcuni lo sono altri no. Fa parte del contratto, perché significa che si sta vivendo bene con la terra e questa è l'intera ragione per cui siamo qui. La gioia non può esserci se le persone sono malate. È importante per tutti.

Due casi consecutivi di un marito e una moglie del Quebec che finirono in vite parallele o realtà alternative. La donna (che era venuta a causa di un cancro al seno e in attesa di un intervento chirurgico) passò attraverso tre vite. Nella prima, era una guaritrice indiana o indigena in una tribù in una foresta. Raccoglieva erbe nella foresta e faceva pozioni per aiutare la gente. Quando ho cercato di portarla avanti ad un giorno importante, disse che c'era la guerra e tutti correvano, urlando. Naturalmente, pensai che stesse parlando della guerra tra tribù. Ma quando parlò di aerei tedeschi che sorvolavano e lanciavano bombe, capii che aveva fatto un salto in un'altra vita. Soprattutto perché non riuscivo a pensare a nessun momento durante nessuna delle guerre in cui i tedeschi avessero sganciato bombe su alcuna tribù native. Naturalmente, potevo sbagliarmi, però mentre facevo domande, mi descrisse che ciò stava accadendo in una grande città della Francia dove la gente correva e urlava. Molti erano stati feriti. Lei era un'infermiera che lavorava in un ospedale vicino. Si unì ai medici e agli altri dell'ospedale correndo fuori e cercando di aiutare i feriti e portandoli dentro. Man mano che la guerra peggiorava, non avevano abbastanza provviste e medicine, ecc.. La situazione divenne molto triste e scoraggiante. Quando la spostai in avanti ad un giorno importante, giaceva in fin di vita all'interno dell'ospedale. Non era ferita, ma si era ammalata. Era così scoraggiata e disillusa dall'orrore e dalla morte intorno a lei che si ammalò e decise di morire per fuggire. La spostai in avanti pensando che sarebbe passata al lato degli spiriti o che sarebbe tornata in questa vita. Ma vide se stessa come un ragazzino che giocava con altri bambini. Questo sicuramente non andava bene perché lei è una donna. Mentre parlava di quella vita, era un medico e si vedeva come un chirurgo che eseguiva operazioni al cuore. Tutte e tre queste vite seguivano uno schema comune: la guarigione. Questo era ciò che il subconscio stava cercando di far trasparire, che lei era uscita dal sentiero e che avrebbe dovuto guarire, specialmente usando l'energia nella sua vita attuale. Poiché ora aveva 58 anni (nata nel 1950 - questa seduta è stata fatta nel 2008) le ultime due vite non si adattavano, se consideriamo che le nostre vite proseguono in modo lineare. La vita dell'infermiera poteva andare se si fosse trattato della prima guerra mondiale, ma non so quanti aerei tedeschi abbiano sganciato bombe in quella guerra. Potrebbe anche essere stata la seconda guerra mondiale, se fosse morta negli anni '40 e fosse tornata rapidamente. Ma l'ultima vita del chirurgo non si adattava affatto, amenoché non prendiamo in considerazione l'idea delle vite parallele. Secondo la quale stiamo vivendo diverse vite simultaneamente e non ne siamo consapevoli perché creerebbe troppa confusione.

Quando lavorai con suo marito il giorno successivo, anche lui descrisse delle vite insolite. La prima era semplice e tipica: un giovane uomo che viveva in una comunità isolata di capanne in una foresta vicino all'oceano. La storia non giunse ad un giorno importante, così lo spostai attraverso il tempo e lo spazio per trovare qualcos'altro che fosse appropriato. Si ritrovò a camminare per strada a Las Vegas, guardando le luci, la gente e la confusione. Tutto era abbastanza moderno. Era un giovane di circa 18 anni, venuto da casa, in una piccola città dell'Alabama su un autobus. Vagò dentro e fuori i casinò giocando alle slot-machine e cimentandosi al Blackjack e a 21, dopo aver osservato per vedere come si giocava. Presto si annoiò e alla fine tornò nella sua stanza d'albergo. Il giorno dopo fece un giro per Las Vegas, poi tornò a casa in autobus. Aveva avuto la sua grande avventura e si rivelò essere l'unica cosa insolita che avesse mai fatto. Tornato nella piccola città dell'Alabama, visse a casa con sua madre e suo padre, lavorando in un negozio di scarpe. Mentre lo portavo avanti, non succedeva nulla di insolito. Solo una vita normale e noiosa. Alla fine i suoi genitori morirono e lui continuò a vivere in casa. Non si sposò mai e visse una vita solitaria. Quando morì, da vecchio, non aveva realizzato molto e l'unico viaggio lontano da quella zona, rimase nella sua mente come la sua unica grande avventura. Tutto questo era totalmente fuori dal carattere del mio cliente. In questa vita era nato e cresciuto in Giamaica. Aveva lasciato casa in tenera età per viaggiare e lavorare sulle navi in molti paesi stranieri. Visse in molti paesi, ebbe una miriade di lavori e alla fine si stabilì in Quebec dove incontrò e sposò sua moglie di oltre 40 anni. Ora era un rispettato supervisore per una società di computer. La cosa principale che voleva conoscere era il suo scopo. Voleva di più, specialmente per sua moglie: più soldi, una bella casa, ecc.. Dopo la vita descritta, lo spostai di nuovo in avanti e lui si vide in un aeroplano con altre quattro persone tutte vestite con tute da paracadutista, che si preparavano a saltare fuori dall'aereo. Era molto eccitato e per niente spaventato. Quando venne il suo turno, saltò dall'aereo senza esitazione e descrisse l'euforia della caduta libera prima che il suo paracadute si aprisse.

Anche questo era confuso. Pensai che la vita dell'uomo nella piccola città, forse fosse una realtà alternativa invece di una vita parallela. Era chiaramente totalmente opposta alla sua vita attuale. Forse era per mostrargli che le cose sarebbero potute andare molto peggio perché quell'uomo non ebbe mai sogni (tranne il viaggio a Las Vegas) ne' mai ne' segui alcuno. E questo era quello che poteva succedere se ora non avesse seguito i suoi sogni. Forse la scena del paracadute era il subconscio che cercava di dirgli, attraverso la simbologia, che poteva fare il salto. Poteva correre il rischio ed entrare nella vita che voleva. Che non era pericoloso e che poteva fare il salto, il balzo, e sopravvivere. In effetti, sarebbe stato persino eccitante ed esaltante.

Queste, però', sono solo miei congetture. Fu insolito avere due persone che descrissero vite che chiaramente non avrebbero avuto senso se osservate dal punto di vista lineare o dalla nostra normale percezione di cosa siano la reincarnazione e le vite passate.

SEZIONE 2

NUOVE PERCEZIONI ENERGETICHE

CAPITOLO SETTE
L'ESPERIENZA D'ESSERE
L'ENERGIA TOTALE

IN RETROSPETTIVA, È INTERESSANTE CHE QUESTA SESSIONE EBBE LUOGO appena una settimana prima della famigerata data del 21 dicembre 2012, quando il mondo sarebbe dovuto finire. Sapevo dalle mie ricerche che sarebbe stata la fine del vecchio, l'inizio della fine. Avevo scoperto che ci sarebbe stato un afflusso d'energia in quel momento che sarebbe stato un culmine, non una fine. Sarebbe stato abbastanza forte da spingerci nella nuova dimensione. Mentre stavo trascrivendo la registrazione di questa seduta, mi resi conto che fu un uomo a sperimentare questo nuovo fenomeno. Ovviamente non era una tipica regressione ad una vita passata. Quando Taylor venne da me, aveva molti problemi fisici. Era su una sedia a rotelle anche se lavorava nell'edilizia. Inoltre aveva una colite ulcerosa, una povera digestione, diarrea costante, artrite alle spalle, collo, schiena, mani e ginocchia. Voleva riportare il suo corpo ad una salute ottimale, era molto interessato alla sua crescita spirituale, voleva espandere la sua coscienza del cuore e avere un continuo contatto cosciente con il suo Sé superiore. Inoltre insegnava musica.

Quando Taylor entrò sulla scena era notte. Si trovava in piedi tra alberi di cocco, stava osservando l'oceano e ammirando i toni di blu profondo. Vide se stesso come un polinesiano maschio con un corpo forte, sano e robusto. Chiesi se era solito andare là fuori di notte.

T: No, sto cercando qualcosa.
D: *Hai detto che vedi dei toni blu?*
T: Sì, sono ovunque.
D: *Da dove vengono?*
T: Dappertutto.
D: *È normale?*
T: No, sembra essere qualcosa di naturale. Capisco. È una sensazione. La sensazione d'essere in pace. Quei colori sono tutt'intorno. È una sensazione. Una sensazione di essere in pace. Quei colori

sono tutt'intorno a causa delle sensazioni che sto provando. Sono connesso con la natura in cui mi trovo.

D: Ma dicevi di cercare qualcosa?
T: Sì, è come se stessi cercando la risposta ad una domanda.
D: Spiega cosa intendi.
T: Penso che sto cercando... sto cercando la mia anima. E sto cominciando a chiedere: "Che cos'è questo?". Sto guardando più a fondo nella mia vita. Sono stato un uomo molto fisico, forte e capace, però ora sto cercando. Mi sono sentito bene nella mia vita. E sono in pace. Sono soddisfatto. Una vita ottima e sono felicissimo. Sono completo e ora mi sto guardando "dentro".
D: Senti che è ora del prossimo passo?
T: Si sento una chiamata naturalmente.

Volevo sapere di più della sua vita prima di esplorare ulteriormente questa chiamata. "Sono un fornitore. Sono un cacciatore e raccolgo. Mi prendo cura delle persone nel villaggio".

D: Quindi ti prendi cura delle famiglie degli altri nel villaggio?
T: Sì, sono uno di quelli.
D: Altri fanno la stessa cosa?
T: Sì. Sono molto felice. Ho una famiglia e dei figli. Sono così felice che non c'è più niente da raggiungere fisicamente, quindi sto cercando... (fece una pausa).
D: Quindi è come se non ci fossero più sfide? Possiamo dirlo così?
T: Sì. Tutti sono in paradiso.
D: L'intero villaggio è felice?
T: Sì... nessuna sfida... sì. Abbiamo raggiunto la "felicità", tutti.
D: Quindi senti che non c'è più niente da raggiungere?
T: Sì, conosco il mio ruolo. Ci si sente così. C'è armonia.
D: Ma non è abbastanza?
T: Sì. C'è la mera sensazione di soddisfazione e felicità, così comincio a dire: "Sto sentendo sentimenti che mi chiamano". Sono felice, ma mi sta succedendo qualcosa di più al di là della mia comprensione. Mi sento soddisfatto. Sento la gioia. Stiamo ballando. Stiamo giocando. Tutto va bene! Ma poi, c'è questa chiamata interiore. Che cos'è questo? Cos'è?
D: È arrivata all'improvviso o hai iniziato a sentirla gradualmente?

T: Gradualmente. La sentiamo tutti. Ma ora comincio a chiedermi: "Che cos'è?".

D: *Così gli altri nel villaggio sentono che c'è altro oltre a quello che stanno facendo?*

T: Sì. Siamo nei nostri cuori e sentiamo questa presenza.

D: *Di solito quando le persone trovano la felicità, pensano che sia tutto quello che c'è.*

T: Sì, è cosi. E' stato cosi anche per noi! (Risate)

D: *Pochissime persone arrivano a quel punto in cui non c'è più niente da raggiungere e sono felici.*

T: Sì, è raro ma ci siamo arrivati. Non solo io ma tutti noi. Non so cosa stiamo cercando, ma siamo tutti in questo posto. Non so se lo sanno ancora.

D: *Mi hai detto che senti una "presenza". Cosa intendi?*

T: Come se qualcosa si prendesse cura di tutti noi. C'è calore intorno a noi. E c'è calore quasi come se qualcuno stesse badando a noi... sorvegliandoci.

D: *Una persona?*

T: No. Come un Creatore. Ohhh, è davvero bello! Una presenza invisibile come se fosse ovunque nell'aria. È una qualità. È davvero bello.

D: *Dicevi d'essere consapevole di questo da qualche tempo?*

T: Sì, ma non così tanto come ne sto diventando consapevole ora. E' innegabile, comincia a sentirsi come se... prima era invisibile, ma ora è come se non fosse più invisibile. Lo sento. Lo sento sul mio corpo... qualunque cosa sia.

D: *Hmm... vuoi dire che sta cominciando a prendere più sostanza?*

T: Sì, è ovunque. È esattamente quello che sto sentendo. Come la nuvola... quando senti la nuvola intorno a te. È nebbia dal basso, ma quando ci sei dentro, ti rendi conto che c'è più di quanto tu possa aver immaginato, quindi sta assumendo più sostanza, sì.

D: *Quindi sta notte che sei seduto là fuori a guardare l'acqua, lo senti di più?*

T: Questa notte sto dicendo: "Chi sei? Voglio saperlo. (Dolcemente) Voglio conoscerti! Ti sento. Ti percepisco. Stai interagendo con noi! Che cosa sei? Sai cosa stai facendo. Ti ascolto, ti sento. Ti vedo. Voglio sapere di più".

D: *Stai ottenendo delle risposte?*

T: Sì. Sta comunicando: "Sono tutt'intorno a te. Sono il tuo stesso essere. Sono dentro a tutte le cose. Sono la sostanza della creazione che si muove ovunque e in ogni cosa. Sono lo spirito che si muove attraverso tutte le cose. Questa è un'altra qualità di cui tutto è fatto. E voi avete ascoltato la mia chiamata. Io sono la Sorgente della vostra vita. Sono il respiro della vita. (Dolcemente e sottovoce) Il vento che soffia..." E sento di non aver bisogno di sapere esattamente cosa sia. Mentalmente, voglio sentirlo. Voglio parlare con lui. Mi sembra che le risposte non siano tanto cercare di risolvere un problema, quanto semplicemente comunicare: "Ciao, ci sei". E non è "Ciao!". È un modo diverso. Sento che sto andando oltre me stesso.

D: *È una bella sensazione?*

T: Oh, sì! Ma è insolito, perché ora vedo e sento quella sensazione. Sto cominciando a scomparire. (Risatina) Ora comincio a sentire che sono QUELLO! E sto scomparendo, ma non è così. Sto solo cambiando la mia comprensione di chi sono.

D: *Questa è una cosa positiva, no? Se è quello che vuoi?*

T: (Rise) Sì, ma ho un po' paura. Perché è diverso. Al di là di tutto quello che avrei potuto... non capisco niente... non lo so. E mi sento a mio agio con la paura, ma è lì. Ho fiducia. È oltre me e deve andare oltre me. Solo così posso fidarmi. Andare oltre è l'unico modo per fidarsi. Qualcosa ben oltre me, sa cosa sta facendo e io non ho bisogno di saperlo. Ho solo fiducia. Questo è tutto quello che devo fare, devo solo fidarmi e aprirmi.

D: *Ti dice che c'è qualcosa che vuole che tu faccia?*

T: No, non ho bisogno di fare nulla. Sta solo accadendo.

D: *Voglio dire, vuole che tu usi questa informazione o questa sensazione per qualcosa?*

T: Sì. Fidati che c'è un'interazione intelligente tra il mio senso di me stesso e la vita micro cosmica.

D: *Ma vuole che tu abbia questa informazione per aiutare il villaggio?*

T: Sì. Suggerisce che dovrei espandermi in questo... dispiegarmi in questo risveglio. Di lasciarmi esplodere in tutto ciò che pensavo d'essere. Di fidarmi, avere una relazione con esso ed essere proiettato nell'infinito. Ed imparare con esso quando mi lascio andare. Lo incarnerò quando comunicherà con me e sarò in grado di trattenerlo. Camminerò tra la gente, loro sapranno e apriranno le porte per tutti noi. Non sento di dover farli cambiare. È solo che eravamo felici. Ma c'è di più. C'è di più. Possono saperne di più se scelgono di farlo. Non è un'imposizione. Ma se vogliono saperne di più, lasciandomi aprire la relazione col Creatore, possiamo andare oltre, grazie alla scelta personale di ciascuno. Ma noi stiamo cambiando. Stiamo per andare in un posto nuovo.

D: *Lo senti?*

T: Ci sono dentro. Ci sono dentro nel mio corpo. Le mie cellule stanno scomparendo. È come se fossi vapore. Lo sento. Lo sento e sento che ha a che fare con il liberare. Si tratta di essere liberi. Si tratta di liberarci. Siamo tutti liberi di scegliere. È un dono gratuito.

D: *Dovresti insegnare agli altri come farlo?*

T: Se lo desiderano. Ma devo permettere loro di fare la scelta piuttosto che essere io a cercarli.

D: *Così lo stai sperimentando, poi tornerai nel tuo corpo? Andrai avanti e indietro o cosa?*

T: Sì. Sapevo di poterlo fare.

D: *Sarai in grado di dire agli altri come farlo.*

T: Sì, facilmente.

D: *Andrai avanti e indietro per un po'. Puoi controllarlo in questo modo, vero?*

T: Sì, e non sono solo io. È LUI. Lo fa LUI. Lo sta facendo. Io non faccio nulla, sono solo presente. Fa tutto lui. Mi dà le istruzioni per essere nello spazio in cui ho bisogno d'essere e poi fa tutto il resto. Sto facendo meno. Sta facendo di più. Sto ricevendo. Mi sta riempiendo. Mi fa vedere. Non so dove sto andando. So solo di diventare: "espansione". Conosco solo l'espansione. Tutto il mio corpo si espande in vapore, si espande nel cielo e in quello spazio sto "raccogliendo"; poi posso tornare in una formulazione e mantenere lo spazio. E poi essere con i miei amici, le persone che amo semplicemente e permettere a LUI di scegliere perché ha una relazione anche con loro, anche se non so cosa. Non ho bisogno di saperlo. Lo sta facendo LUI. Sarà una condivisione tra di noi. Sarà qualcosa che condividiamo insieme. Sarà MERAVIGLIOSO e lo capiremo. Lo capiremo. Mentre apriamo i nostri cuori insieme, stiamo aprendo i nostri spiriti insieme, le nostre anime.

D: *Le altre persone del villaggio noteranno qualcosa di diverso in te?*

T: Alcuni avranno paura e altri saranno euforici. Abbiamo avuto la pace, quindi questo creerà un po' di confusione.

D: *Un po' di cosa?*

T: Di rimescolamento. (Risate)

D: *Ma pensi che sia il momento, o qualunque cosa sia, pensa che sia il momento di muoversi in un'altra direzione?*

T: Sì. Se questo accade, è l'unica cosa che può accadere. È l'unica scelta. È chiaro come il cielo. Abbiamo raggiunto la pace del cuore. Abbiamo raggiunto l'amore del cuore. Abbiamo raggiunto la comunione, la comunità, la cooperazione, la gioia di condividere, ma ora c'è di più. Siamo pronti per di più. Ma per questo di più, non tutti sono pronti. Vedo solo che non tutti capiranno. Eppure è quello che sono ora. Deve essere usato. Sì, lo modellerò dal mio cuore, qualunque sia il desiderio del mio cuore.

D: *Però stavo pensando, se la tua vita è così tranquilla, non ci sono molti cambiamenti che tu voglia fare, giusto?*

T: Sì, ci sono cambiamenti perché ci sono nuove scoperte da fare.

D: *Che tipo di scoperte?*

T: Beh, cos'è il blu? Cos'ha da dire il blu? Ora conosciamo l'arancione. L'arancione è quel caldo bagliore. L'amore che nutre di una madre, la famiglia, un caldo bagliore tra due amanti. È quel caldo bagliore della vicinanza. Il blu... può avere un aspetto freddo ma diventare più scuro. Può cambiare. Che cos'è? È misterioso. Non lo conosciamo. È il "non visto". Calda è la luce che vediamo. Cosa dice ora "l'invisibile"? Sì, il cambiamento è buono.

D: *Sei l'unico nel villaggio a fare domande?*

T: Comincio a vedere che anche altri lo fanno. Vanno nel bosco, nella giungla, tra gli alberi e guardano quel tono blu. È indaco... crepuscolo. Si divertono. Ora stanno andando più in profondità.

D: *Sembra ottimo. Eppure per la maggior parte delle persone questo sarebbe il massimo: solo essere felici.*

T: Sì, è il massimo. Ma ci inganna. Sempre, sempre, sempre questa intelligenza ci porta al nuovo. Non c'è fine. E questo è uno di quei momenti in cui tutto il gioco cambia e tu dici: "Oh, mio Dio! È sempre così. Non c'è un muro e quella è la fine. Abbiamo capito l'arancione, ma c'è ancora di più dell'arancione. C'è di più. C'è sempre di più, sempre. Non abbiamo nemmeno bisogno di fare qualcosa. Viene da noi. Ci chiama! Non ho fatto niente. Mi ha chiamato LUI.

D: *Ma avresti potuto rifiutare.*

T: Oh, sì, potevo. E mi stavo interrogando ed ero tranquillo. Pensavo: "Cosa c'è? C'è qualcosa che manca?". E poi ho continuato ad ascoltare.

D: *Pensi che sia come un'evoluzione naturale?*

T: Si, sempre.

D: *Perché hai detto che non c'è una fine. È solo un cambiamento costante.*

T: Sì, credo che sia la natura della vita. Non sono io. È LUI.

D: *Quindi questa è una scoperta importante di quella notte, vero? (Sì) E la userai in positivo, vero?*

T: Sempre. È quello che sono. Sono tutto questo. È per il positivo perché siamo tutti noi. Siamo tutto questo! È quello che siamo. È l'unica scelta.

D: *Questa è una bella rivelazione.*

Decisi allora che era il momento di farlo avanzare verso un giorno importante, anche se non avevo idea di dove sarebbe finito. Gli chiesi cosa stava vedendo.

T: Non vedo altro che luce. All'inizio vedo il Sole. Ora sono dentro di esso. C'è solo luce tutto intorno.

Normalmente questo è ciò che alcuni sperimentano quando muoiono e lasciano il loro corpo. Allora chiesi: "Hai lasciato quella vita?

T: No, sono ancora lì se lo desidero, ma mentre sono lì, sono solo luce... il Sole.

D: *Puoi essere in due luoghi contemporaneamente?*

T: Sì... di più. È difficile da descrivere. Sono sull'isola, guardo il Sole e ne sono semplicemente inondato. Quindi sono anche nel Sole, mentre sto ancora camminando con la gente, con i miei amici.

Anche altri l'hanno descritto allo stesso modo quando sono con Dio, la Sorgente.

D: *Come ci si sente ad essere nel Sole?*

T: Luminoso... rilassato. C'è un continuum che mantiene un ciclo. Ciclo, ciclo, ciclo, dare, dare, espandersi, fluire, essenza, luce, vivere, vivere, vivere, potere, libertà, libertà, pace, chiarezza, calore... formicolio. È la sensazione di essere arrivati. Sei arrivato! Non c'è nessun posto dove andare. Non c'è niente da fare, o acquisire. (Risate) Ma è energia, energia pura! E si muoverà con il vento. Se vuole muoversi, si muoverà. Se non vuole, rimarrà ferma.

D: *Come se quello fosse il posto definitivo dove andare? È questo che vuoi dire?*

T: Non so se lo è, ma so che in questo momento mi sento come se fossi pura luce.

D: *E gli altri del villaggio? Hanno già raggiunto questa sensazione?*

T: Il bagliore sta cominciando a... sì... anche loro stanno brillando... alcuni di loro. Sembra che stiano brillando come il fuoco, una luce all'interno dei loro corpi. Qualcosa sta brillando da dentro di loro. La sua bellezza è come... fiamme. È corallo, pesca. E' incandescente. Sono incandescenti. È come una lampada dentro un essere umano. Brilla verso l'esterno.

D: *La maggioranza di loro lo sta facendo, riesci a vederlo?*

T: Li sto guardando. Alcuni di loro sono ancora scuri. Alcuni sono illuminati. Così sembrano un essere umano incandescente, una specie di piccolo essere umano, con un sole che brilla attraverso di loro. E alcuni sembrano essere più scuri, come un nero... di un colore più verso il nero. Come un albero.

D: *Quindi non sta succedendo a tutte le persone?*

T: No e non succederà a tutti.

D: *Quindi devi continuare ad andare avanti e indietro in questo modo o cosa?*

T: Non vado più avanti e indietro perché siamo lì. Siamo passati attraverso un cambiamento.

D: *Cosa vuoi dire? Spiegami.*

T: All'inizio mi ha spinto ad andare oltre la mia percezione di chi sono e ho risposto alla chiamata. Portami fuori. Mi spingerò oltre. Fallo con me. Non lo so. Mostramelo. Mi ha cambiato. Siamo entrati nelle persone. Anche altri sono cambiati. Altri hanno ascoltato, sentito, spinto oltre e cambiato. Si sono aperti oltre se stessi.

D: *E la tua famiglia?*

T: Sono lì. Non tutti... alcuni di loro... alcuni di loro. Non tutti. Mia madre? Sì.

D: *Allora sei andata in quest'altro luogo?*

T: Sì. Beh, quest'altro luogo siamo noi.

D: Cos'è successo ai vostri corpi fisici quando eravate in quest'altro luogo sull'isola?

T: Sono ancora gli stessi. Sono solo molto più luminosi. (Risate) È come passare da una roccia ad un sole splendente! (Ridendo più forte) Così le altre persone sembrano proprio rocce sedute lì. In piedi, ferme.

Questo suonava molto simile alla descrizione presentata in "They Walked With Jesus" (Inedito: Coloro che Camminarono con Gesù) quando descrivono la folla di persone riunite per ascoltare Gesù. Sembravano pile di carbone, inconsapevoli del diamante nascosto dentro di loro.

D: Alcuni degli altri che non sono cambiati?

T: Sì, non vogliono cambiare. Ma tutti gli altri sì. Sono così luminosi!

D: Sono proprio curiosa. Se si cambia così, succede qualcosa al corpo fisico?

T: Sì, però è ancora lì. Ma è bellissimo! È modellabile. È come un contorno. È come se ci fosse un'enorme luce che brilla. È bellissimo! È come l'interno di una papaia! È come se prendessi una papaia e la guardassi dall'interno. Il guscio esterno della papaia è la forma del corpo, ma immagina che la carne della papaia brilli di luce pura, proprio come la luce del sole. Ma vedi ancora il rivestimento esterno e brilla al di fuori della pelle della papaia. Si vede la pelle della papaia ed è modellabile. Le persone possono fare quello che vogliono. È un modo diverso di comprendere la vita. Abbiamo un modo completamente nuovo. Non ci stiamo sforzando di analizzare le cose. Tutto ciò che dobbiamo sapere viene a noi. Ci sta insegnando che stiamo amando un modo nuovo di vivere. È un permettere. Nulla deve essere fatto. Sei in movimento se hai bisogno di essere in movimento. Se hai bisogno di essere fermo, sei fermo. È una libertà. È solo espansione... lasciare andare.

D: Ma continuerai a vivere la tua vita nel corpo come prima?

T: Sì, ma sarà diverso.

D: Voglio dire, tu eri in un corpo, provvedevi al cibo e ti prendevi cura della famiglia. Questo continuerà?

T: Sì, ma in un modo nuovo... in un modo nuovo, nuovo. Sì, ci sarà ancora il prendersi cura, il provvedere, ma sarà dall'informazione. Ci saranno modi più sottili di provvedere ai nostri corpi. Attraverso l'amore reciproco, nutriamo i nostri corpi. Attraverso altri modi ci nutriamo. Non c'è bisogno di andare a cacciare! È un nuovo modo. E' una nuova energia. Assorbiamo energie come nostro nutrimento.

D: *Quindi continuerete a vivere in entrambi questi luoghi? (Sì) Sembra bellissimo, ma è solo diverso.*

T: Sì, è solo diverso. È un modo più elevato di comprendere la vita. Non è davvero così diverso. È solo una modalità più elevata, più raffinata.

La descrizione della sua vita non sembrava cambiare, così ho pensato che dovevamo andare all'ultimo giorno della sua vita e scoprire come fosse morto. Ma lui disse: "Non sono sicuro che ci sia un ultimo giorno di quella vita".

D: *Il corpo fisico?*

T: Non sono sicuro che ci sia una caduta del corpo. Penso che sia solo un continuum. Ora si può cambiare la forma. È come se fossimo luce. Cambiamo la luce come vogliamo. Il corpo è luce quindi... non vedo una morte in questa vita! Vedo solo che, se voglio essere qualcos'altro, mi trasformerò in esso.

D: *Ti trasformi in esso? (Sì) Piuttosto che fare a meno del corpo.*

T: Sì, c'è così tanta vita in questo corpo. È eterno. Abbiamo dovuto allungarci per arrivarci. Ci siamo. Semplicemente cambiamo. Vogliamo andare su un altro pianeta? Ci andiamo. Siamo come sciamani! Cambiamo forma. Perché c'è una combinazione di energia luminosa nel corpo. Quel corpo di luce può essere riorganizzato. Siamo energia. Siamo pura energia. La vita ci ha insegnato che siamo pura energia. Siamo diventati. Abbiamo danzato con la vita. Abbiamo sentito la chiamata. Siamo diventati la luce. Siamo diventati pura energia. Diamo solo forma all'energia. Se vogliamo plasmare noi stessi in un albero, semplicemente plasmiamo noi stessi in un albero. E quando non vogliamo la forma di un albero, allora cambiamo. Se vogliamo modellarci in una roccia, lo facciamo. Se vogliamo modellarci in un pianeta, lo facciamo. Ci rendiamo conto che siamo energia, quindi ci rendiamo conto che questa energia è. Esiste. È. Quindi non vedo una fine. Vedo solo energia. Ora la fine è: cosa vuoi spostare? Come vuoi modellare la tua energia ora? C'è un cambiamento da questo posto. Come volete cambiare? Come volete riadattare le vostre molecole? È così entusiasmante! Potreste diventare un tramonto! E poi potete entrare di nuovo in un corpo.

D: *Meraviglioso! Puoi fare tutto quello che vuoi. C'è un grande potere in questo.*

T: Eh, sì, e viene dal cuore.

D: *Ma il corpo non c'è più. Non c'è più nulla di solido? O hai detto che puoi semplicemente rimodellarlo?*

T: Esatto, adesso sono il tramonto sopra l'acqua di fronte alla nostra casa. (Rise) E non sono solo io. Tutti siamo appena diventati un tramonto.

D: *Bello, bellissimo. Tutto è possibile. Tutto ciò che devi fare è desiderarlo. (Sì) Questo è meraviglioso, meraviglioso! (Sì) Sei consapevole di parlare attraverso un corpo fisico?*

T: Adesso, sì.

D: *Quando stai parlando con me? (Sì) Ma avete anche accesso a quel potere, vero? (Sì) Possiamo chiedere se possiamo usare quel potere? (Sì) Possiamo usarlo attraverso il corpo fisico di Taylor? (Sì) Perché voi potete realizzare qualsiasi cosa, vero? (Sì) Forse è per questo che Taylor deve saperlo?*

T: Sì, e fa anche parte dell'educazione della "Nuova Via".

D: *Quindi vorresti dire che ci stiamo muovendo tutti verso questo? (Sì)*

Mi venne in mente che usare questa energia, sarebbe stato il modo più semplice per aiutare con i problemi fisici di Taylor. "Vorremmo usare questo potere nel corpo di Taylor per fare alcuni cambiamenti. Il corpo di Taylor è fuori equilibrio in questo momento, vero?"

T: Sì.

D: *Ci sono diverse cose fuori equilibrio e questo potere che ora ha scoperto può sistemare tutto, vero?*

T: Sì, certamente! Può fare qualsiasi cosa! Incredibile! Non c'è niente che non possa fare.

Gli chiesi di fare una scansione del corpo e di vedere su cosa bisognava concentrarsi per iniziare. Anche se non avevo invocato il SC, sapevo che questo potere poteva fare lo stesso lavoro. Iniziò dando attenzione alle gambe di Taylor.

T: Ha bisogno di tornare alle gambe. Sono rocce come le persone. Quindi porta il calore del bagliore nelle gambe. Lo sto facendo, come lo sto vedendo e immaginando ora, e lo stanno riscaldando. Ci si sente proprio come sembra. Ci si sente come una pietra vulcanica che brilla nel fuoco. Va dai piedi alle ginocchia. Ora sta salendo fino alle cosce.

D: *E le ginocchia? Potete riparare il danno lì?*

T: Assolutamente! Ed è fatto! Le sta riscaldando. Le sta sciogliendo. Sta dando vita alle rocce che erano lì.

D: *Meraviglioso, meraviglioso! Sta correggendo le ginocchia? (Sì) Vogliamo che Taylor sia in grado di usare di nuovo le sue gambe.*

T: Sì, sì. Si sta riscaldando. Sì, la vita sta tornando in loro. Erano addormentate.

D: *Questo è un'ottima metafora. Ora è il momento di svegliarle perché possano fare il lavoro che devono fare.*

T: Sì. (Malinconico) Hanno solo bisogno del bagliore della luce dell'amore di Dio, il Creatore, per essere notate. Io vi vedo lì. Vi porto il bagliore. State dormendo. Di cosa avete bisogno? Ecco, vi riempio di calore. Vi riempio con il calore della creazione e le energie fuse del Sole, della vita stessa.

D: *Taylor ha già imparato le lezioni che deve imparare, quindi non ha più bisogno di preoccuparsi, vero?*

T: No, non ne ha bisogno. Ha ricevuto il messaggio. Ha completato gli studi. Ha ascoltato. È libero di riceverci e ottenere la sua attenzione. Noi abbiamo la sua attenzione. Lui sa che deve solo ascoltare. Sarà in grado di piegare le ginocchia. Sarà in grado di raddrizzarle. Sono così, perché sono state inattive. Ora sono attivate. Si stanno attivando. Stanno tornando alla vita. Si stanno svegliando. Sono state via per un po'. Stanno tornando alla loro stessa consapevolezza. Sono state di pietra. Ora stanno diventando esseri luminosi. Ora la vita ritorna in loro.

Ho osservato il SC lavorare in questo modo molte volte. Dicono che usano energia, di solito l'energia di luce bianca che portano nel corpo per completare il lavoro. Taylor disse: "Fa così CALDO lì dentro! È come un vulcano!"

Il SC continuò: "Erano morte, ma stanno tornando alla vita! La sonnolenza, la morte si sta risvegliando in una luce eterna... bagliore, Sole. Le ossa, i muscoli si stanno riscaldando. Stanno tornando alla vita. È così semplice! Avranno bisogno di esercizio. Lavorerà molto diligentemente, ricostruendo e rafforzando felicemente i muscoli. Il rafforzamento dei muscoli, il calore nelle ossa e il calore nel sonno. (Amano lavorare di notte, quando il soggetto dorme e la mente cosciente non può interferire). Sì, il continuo risplendere le ravviverà e poi le cellule danzeranno e tutto si libererà da lì".

Poi si misero a lavorare su tutte le parti del corpo di Taylor dove aveva avuto problemi. Le sue anche dove aveva subito un intervento chirurgico e una sostituzione dell'anca in metallo. "Le anche sono state operate lì. Le rafforzeremo. Si riconfigureranno. Si rafforzeranno e staranno bene. Non se ne deve preoccupare. È una cosa temporanea. È temporanea perché saremo in grado di rimodellarle. Quando diventeremo energia, rimodelleremo questo... anche il metallo. Tutto è possibile. Ora ci muoveremo e daremo forma all'energia. Dirigeremo qui e là se è necessario. Fonderà il metallo per renderlo più forte. Se ci sono punti dove sente il metallo un po' più debole, lo riscalderemo e lo rafforzeremo. La cartilagine dell'anca che è andata persa può essere rigenerata. Sarà necessario riconfigurare l'energia del corpo su un'altra "intera" scala. Questo richiederà un po' più di tempo, ma è possibile. Succederà. È una realtà. Ci vorrà un po' più di tempo a causa del metallo e a causa della comprensione della sua coscienza, in relazione allo sperimentare la vita in questo mondo materiale e comprendendo se stessa come energia. Quindi ci sarà un'educazione. Un insegnamento. Sta imparando mentre cambiamo, come abbiamo fatto sull'isola, mentre ascoltavamo il "blu", il mistero. Quindi questa è l'educazione e ci siamo già passati. L'abbiamo già fatto. Quindi c'è un apprendimento. Così il corpo si dissolverà, andrà in un tramonto, tornerà e ci saranno nuove anche, per esempio. Saranno d'osso. Non saranno più di metallo. Saranno cartilagine. Sarà completamente come il Creatore intendeva che fossero, perché il Creatore le rimodellerà".

Volevo che il SC si concentrasse sugli altri problemi fisici, ma mi fermarono: "Te lo dirò, ma prima vorrei dire qualcosa sulle anche. C'è qualcosa che vorrei condividere, che i fianchi hanno subito un cambiamento in questo momento. Lo stanno attraversando proprio ora, stanno attraversando una riformulazione. L'energia si sta ripotenziando. C'è calore lì. Si sta solidificando. Sta diventando molto forte, un corpo solido. Sta diventando rigenerato, ricostruito. Si sta trasformando e l'energia ora è proprio come quando siamo diventati luce. Si sta muovendo da sola! Io sto solo guardando. Sta salendo lungo le gambe fino ai fianchi e si sta rafforzando, rafforzando, rafforzando, guarendo, guarendo e guarendo. Trasformazione positiva, restauro, rigenerazione. È come una forza vitale che si muove in tutto il corpo. Lo sto solo osservando".

Molte volte, quando stanno lavorando su una guarigione seria, il cliente rimuove la coperta perché sente il calore. Quando escono dalla trance sono sudati, i loro vestiti e il letto sono bagnati. L'energia che viene usata crea calore mentre svolge le sue funzioni. Hanno spostato questa meravigliosa energia curativa in tutto il corpo di Taylor, in tutti gli organi. Aveva molti problemi nel suo corpo, c'era da fare così tanto lavoro. In questi casi è meglio che il SC faccia una scansione del corpo, in modo che possa coprire tutto in una volta, piuttosto che andare di organo in organo. "Tutti gli organi stanno guarendo. Stanno cambiando. La luce di Dio Creatore vive in questo corpo in ogni molecola. Sa cosa fare. Sta riconfigurando ogni cosa. Come l'essere che sono nella vita polinesiana, semplicemente anch'io mi espando. Mi espando e divento Lui ed Lui mi chiama. Sta chiamando, parla in questo corpo e lo sta facendo. Sta dirigendo un'intelligenza. Sono aperto a ricevere l'espansione nella grazia assoluta, del ringiovanimento totale, del benessere perfetto".

D: Perché anche le cellule hanno un'intelligenza. Ogni parte del corpo ha un'intelligenza.
T: Assolutamente! È come un movimento! È come una colata di lava che va dai piedi verso l'alto. E questa spazza via tutto. C'è un percorso. Luce, amore, Sorgente. (Forte Risata) Non devo fare niente! Tutto quello che devo dire è: "Sorgente, sono qui!" Sono pronto per lo scopo che hai per me. Ti amo! Sono aperto a ricevere la tua trasformazione di me per essere e dare forma al tuo intento. Qualunque cosa tu desideri che io sia. Si sta muovendo. Lo sento ovunque. Attraverso ogni cellula, ogni molecola. E stanno vibrando. (Rise) Stanno brillando come piccole braci ardenti e c'è luce e vita e amore e gioiosa celebrazione! La vita è gioiosa! È il

nostro naturale stato d'essere. È assolutamente gioia insormontabile! Così ricevo tutto questo.

Mentre lavoravano chiesi quale fosse lo scopo di Taylor. Questa è ciò che chiamo la domanda "eterna" che tutti vogliono conoscere. Ora che avrebbe avuto un corpo completamente nuovo, cosa avrebbe dovuto farne?

T: Lo scopo di Taylor è incarnare l'innocenza dell'amore e ricevere da questo luogo l'innocenza dell'amore: l'interazione diretta con il "Tutto". Amare rivelerà in ogni momento l'amore per gli altri, l'amare stesso, esprimere amore.

D: Bene, cosa vuoi che faccia nella vita? Che tipo di lavoro?

T: La sua più grande gioia. Lui sa già cos'è. Lui è qui come espressione di trasformazione. Questa espressione che abbiamo comunicato è il suo scopo. È multidimensionale. È la trasformazione di una forma in un'altra, passando dalla densità, all'energia. E luce. Siamo noi che ci ricordiamo di essere luce per avere la massima libertà. E si esprimerà in ogni modo dentro di lui alla sua chiamata, la sua musica e rimodellerà la realtà con il suono. (Taylor aveva insegnato musica.) Questo è diverso. Insegnerà la musica dell'anima dentro all'essere, non più con uno strumento ma sullo strumento del vostro essere. La nuova musica siamo NOI che cantiamo le nostre canzoni di vita! (Esplose in un risata) Sarà in grado di creare qualsiasi cosa con quello che conosce, con il suono, la luce e l'amore. Gli ho dato le chiavi dell'universo della creazione! Non ha nemmeno bisogno di andare a cercare perché verrà tutto da lui! E non lo farà per se stesso. La sua più grande gioia sarà esprimere liberamente se stesso, come espressione di me. Sarà con i suoi amici e lentamente li scioglierà dalla sua malattia, come la solidità della nostra comprensione, della coscienza che è "bloccata". Il suo scioglimento del corpo è un riflesso che dentro di lui dice: "Tu sei pura energia!". Insegnerà la musica dell'anima. E' uno con la Sorgente e quando uno è della Sorgente, verrà l'energia. Diventeremo Uno come pura luce. Insegneremo alle persone dicendo: "Qual è il tuo più grande sogno?" E loro diranno: "Ok, ora creiamo le frequenze con l'essere". L'essere dirà solo ciò che loro vogliono e lui li aiuterà a manifestare completamente nella loro vita. I loro sogni più inauditi e mentre insegna questa musica, mostrerà loro come farlo. Hanno il pennello per creare questa vita in qualsiasi modo. Possono vivere ovunque. Possono essere qualsiasi cosa. Noi possiamo ricostituire tutta la loro vita in ogni cosa. Non c'è nulla d'impossibile. Tutto è possibile. Questo metodo attraverso le sue lezioni qui e attraverso ciò che capisce con la musica, sarà un pennello che ridipingerà tutta la realtà. Tutto quello che devono fare è iniziare. Però, dagli un po' di tempo, perché il tempo è necessario per sintonizzarsi, per vedere ciò che vogliono essere. Perché ciò che sperimentiamo è ciò che siamo. Mentre trattengono quell'energia, essa sarà poi vista da dentro di loro. Lo vedranno fuori di loro quando saranno pronti. Ma tratterranno l'energia per vederlo. Desidero che lui risvegli le persone alla realizzazione che sono Uno con il Creatore. Lo vedranno nella loro direzione mentre fanno delle scelte e le vedono prendere vita. E ad un certo punto cominceranno a realizzare che sono quella luce incandescente, questi esseri diventeranno Soli e mi conosceranno.

D: *È questa la via che stiamo percorrendo ora, la via del futuro?*
T: È la nostra via. Questa è la nostra via ora! Questo è il nostro presente.
D: *È questa la Nuova Terra di cui continuiamo a parlare?*
T: Tutto questo riguarda la Nuova Terra!

Chiesi di più riguardo al progresso della Scansione del corpo e della guarigione. "Il corpo sta tornando in vita come se fosse morto. Era lontano. Era ignorato. Era dolorante. Era incosciente. Ora è vivo. Ora la coscienza è qui presente. Ha ricevuto la chiamata. Ora ad ogni livello è fatto. C'è un completo ripristino della salute ad ogni livello. Le lezioni sono state apprese. Lo spirito in questo corpo conosce il suo scopo. Sa anche come comportarsi qui. Parte del problema era non sapere come comportarsi con certezza. Ogni mattina, quando si sveglia, ci saranno dei cambiamenti. Ogni mattina quando si sveglierà, sarà un nuovo corpo in cui si risveglierà. In questo momento mentre parliamo, in ogni secondo sta sentendo un nuovo corpo. Sta rinascendo in ogni momento. In ogni momento c'è un nuovo corpo. Questo è solo l'inizio ed ora lo educheremo".

CAPITOLO OTTO
IO SONO TE!

DUE CASI SEPARATI CHE EBBERO LUOGO A DISTANZA DI UN ANNO l'uno dall'altro, in due luoghi molto diversi, ma con un filo conduttore comune. Questa è una delle ragioni per cui trovo teorie e concetti che altri ricercatori non trovano. Il fatto é che assisto molte centinaia di persone da tutto il mondo. Come risultato posso raccogliere pezzi di un gigantesco puzzle e quando si incastrano, formano un nuovo e stimolante quadro. Per me è sorprendente quando vedo che tutto comincia ad aver un senso.

Questa seduta ebbe luogo nella mia stanza d'albergo mentre stavo viaggiando e partecipando a conferenze nel 2008. Anna era principalmente interessata ad un incidente di "tempo mancante", accaduto a New Orleans. Lei lo associava agli UFO o ad un possibile scenario di abduzione. Questa era l'unica cosa che voleva esplorare. Dopo l'intervista iniziale Anna andò in bagno. Al suo ritorno, anch'io andai in bagno prima d'iniziare la seduta. Quello che vidi mi fece trasalire, cosi la chiamai in bagno per farglielo vedere. Lì, in mezzo al pavimento, c'era un'enorme pila di carta igienica. Sembrava che qualcuno avesse srotolato quasi mezzo rotolo e lo avesse ammucchiato al centro del pavimento. Avevo messo un nuovo rotolo sul supporto, che sembrava non essere stato toccato. Le chiesi se la carta fosse lì quando era in bagno, e lei disse di no. Non c'era nulla. La cosa insolita era che non sembrava provenire dal nuovo rotolo, quindi da dove veniva tanta carta? E come era apparsa così rapidamente tra il momento in cui lei era uscita e io ero entrata? Così, entrambe avevamo la sensazione che qualcosa d'insolito stava per accadere durante la seduta. Cosa, non ne avevo idea. Ma era ovvio che i gremlins erano di nuovo al lavoro.

Quando la seduta ebbe inizio, la riportai a New Orleans, in tarda nottata (verso le 11) della data specificata e le chiesi cosa stesse vedendo. Lei, suo marito Chad e la loro amica Jacqueline erano per strada nel quartiere francese. Le prime impressioni che ebbe furono di odori sgradevoli. "Il quartiere francese ha un odore orribile! Fetore... fa caldo... molto caldo... questo peggiora l'odore".

D: *Da dove pensi che venga l'odore?*
A: (Sussurrando) La gente. Non c'è gente, ma l'odore... l'odore rimane.
D: *Dove state andando?*
A: Stiamo andando fuori. Non sappiamo nemmeno dove. Stiamo solo andando a fare una passeggiata.
D: *L'odore non ti dà abbastanza fastidio da tenerti lontana da lì?*
A: Mi dà sempre fastidio. Lo trovo riluttante, ma abbiamo detto a Jackie che saremmo andati. Cominciamo a camminare, Chad ci indica la strada e ci spostiamo al 711 di Bourbon. Ma non ci sono persone. Non c'è nessuno da nessuna parte. La strada è vuota, niente gente.
D: *Di solito è così?*
A: No. Il 711 Bourbon è un ristorante, un grande cortile e un grande bar al piano superiore. Ma non c'è nessuno... nessuno. Non vedo personale di servizio è molto strano. È un posto grande e... nessuno. Restiamo lì per un po' e poi ce ne andiamo. Non c'è niente! Ci infiliamo fuori dalla porta e usciamo. Andiamo al Dragon's Den. C'è sempre qualcosa al Dragon's Den.
D: *Cosa vedi quando arrivi lì?*
A: Nessuno... vado di sopra. La porta è chiusa. Non è mai chiusa. C'è un cartello... dice "Biglietto D'entrata". Qui, non ho mai pagato per entrare prima d'ora. Non ha senso. No, non pagheremo per entrare. Torniamo indietro per le scale, tutti e tre. Ce ne andiamo! Andiamo avanti. Fuori dalla porta a destra e c'è solo un edificio accanto, quello che è all'angolo. Quell'edificio è una stazione dei pompieri e non vediamo nemmeno i pompieri. Nessun pompiere... nessuno... nessuno. Attraversiamo la strada... da Charlie's.
D: *Ci sono delle macchine in giro?*
A: (Sussurrando) No. Non c'è nessuna macchina.

Qualcosa di simile, è successo in altri casi che ho investigato. Sono riportati in "The Custodians" (I Custodi, inedito), dove non ci sono persone o auto in giro. I miei clienti lo chiamano "Dead sound. Ai confini della realtà". Molto inquietante. Ci si sente sempre come se si fosse entrati in un'altra dimensione o come se si fosse tra due dimensioni, dove tutto vibra ad una frequenza diversa che ti rende invisibile. Questo fenomeno è di solito associato in qualche modo alle esperienze ET, come se fossero in grado di fermare o manipolare il tempo e lo spazio.

A quel punto Anna vide la prima persona. "Un tipo carino alla porta del "Checkpoint Charlie's", di fronte alla stazione dei pompieri. Portiere... faccia carina e amichevole. Sorride. Attraversiamo la strada, ma non entriamo. (Confusa) Non c'è gente... non c'è nessuno. È strano... nessun barista. Vogliamo solo andare a casa. Nessun divertimento... è noioso... noioso. Vogliamo solo andare a casa, ma ci sediamo. Fuori dal Checkpoint Charlie's... ci sediamo... su un paio di gradini. Ci sediamo lì. Annoiati... così annoiati".

D: Poi cosa succede dopo?
A: Sono nel mio appartamento ed è giorno.

Quindi è lì che è venuto a mancare il tempo. Volevo scoprire cosa fosse successo durante quel periodo di tempo, così la portai indietro a quando erano seduti sui gradini. Le ho chiesto di vedere cosa accadde dopo e lei disse: "Non lo so. Ho un vuoto." Questo la sconvolse, così le parlai, spiegando che ricordare non sarebbe stato un problema. Che era il momento di scoprire cosa fosse successo. Poteva diventare l'osservatrice se voleva e potevamo andare avanti lentamente. Ci sono voluti diversi tentativi perché sembrava essere bloccata sui gradini e incapace di portare avanti la scena. Poi la mia persistenza diede i suoi frutti. "Vedo delle luci. Luci attraverso il vetro. Ecco la scalinata. Sull'insegna c'è scritto "Checkpoint Charlie's". Ci sono finestre di vetro sull'edificio. E vedo una strana luce attraverso il vetro... si muove. Che cos'è? Non possono essere luci d'auto".

D: Cosa fai dopo?
A: Sono così entusiasta. So che sta per succedere qualcosa. Ho una sensazione dentro di me di entusiasmo. (Lentamente) C'è una luce. Non ho paura. Sento Jacqueline. Sento come se dicesse: "Che cazzo è quello?" (Sussurrando) Non vedo la sorgente della luce. Non capisco la fonte da dove proviene al luce. Sento che ci

stiamo muovendo verso la luce e poi mi sento illuminata. È una bella sensazione. Non riesco a vedere da dove provenga. (Sussurrando) Mi muovo verso la luce o è la luce che si muove verso di noi? (Iniziò a piangere.) Felice! Così felice! Amore... sento amore. Bellissimo! Bellissimo! Bellissimo!

D: *Dove sei quando senti questo amore?*
A: Sul bordo di un cratere. Accanto a lei. In piedi accanto a lei... ti teniamo a braccetto. Sento un tale amore. Non ricordo di essermi mai sentita così prima.

D: *A chi sei accanto?*
A: A lei! È più alta di me. Sembra essere perfetta... proporzioni perfette, corpo perfetto, capelli perfetti e pelle perfetta. Sento che lei mi ama. Sono entusiasta. Mi sento come una bambina...come una bambina felice. Mi sento come una piccola, come una bambina, molto infantile. Così entusiasta!

D: *Cos'altro vedi oltre al cratere?*
A: Un grande edificio di metallo giù nel cratere, non sembra molto profondo. Poco profondo. E non ho paura. Non ho paura.

D: *Questo è un bene. Cos'altro vedi oltre all'edificio?*
A: Mi guardo intorno in cerca di persone o macchine, ma non vedo niente.

D: *Solo voi due?*
A: Io e lei, ora c'è gente dietro di noi... sembrano parecchi... un piccolo gruppo tutti ammucchiati... un po' strano. Sono dietro di noi. C'è solo un edificio... una grande recinzione di metallo intorno... un grande edificio di metallo con grandi luci sopra, come dei fari. Le luci sono proprio sopra l'edificio. E le stelle sono così belle. Sto guardando tutte le stelle davanti a me.

D: *Questa donna in piedi accanto a te, quella che è così perfetta, chiedile chi è?*
A: Sono curiosa. (Sussurrando) Mi piacerebbe sapere chi sei. Lei sta dicendo: "Io sono te!". (Anna ora stava piangendo).

D: *Perché questo ti commuove?*
A: Come se mi fossi trovata. (Continuava a piangere emotivamente.) Sono io.

D: *Chiedile di spiegartelo, in modo che tu possa capire.*
A: Per favore, aiutami a capire chi sei. Lei dice di essere me. (Piange di nuovo.) È così bella... perfetta... e dice: "Anche tu".

D: *Questo è vero perché anche tu sei perfetta. Perché vuole che tu lo sappia?*
A: Per raccogliere. Sta dicendo: "Tu devi radunare....Per radunare gli altri. Radunare gli altri per prepararsi. Noi stiamo arrivando. Per preparare la nostra venuta". Mi sta dicendo di non avere paura.
D: *Cosa vedi?*
A: Molte luci che si muovono in alto. Luci... che si muovono avanti e indietro come una danza... stanno danzando. "Non avere paura, Anna. Ti stanno solo scannerizzando".
D: *Perché ti scannerizzano?*
A: Perché? Per essere regolata. (Rise) Sei tu ora, Anna. Ora sei tu. (Cominciò a piangere incoerentemente.) No, non li rinnegherò. Loro sanno che non sono pazza. Mi ricorderò, lo so e lo dirò. Lo dirò a tutti. Dirò a tutti quelli che mi ascolteranno quanto sei bella.

Anna stava diventando molto emotiva, così chiesi alla persona bella e perfetta se poteva parlare con me al posto di Anna. Lei accettò e la voce cambiò.

D: *Anna ha passato diversi anni a cercare di capire cosa fosse successo quella notte. Puoi dirglielo in modo che possa trovare soddisfazione?*
A: Molte volte è stata con noi.
D: *Ha sentito un grande amore come se sapesse di essere già stata lì, vero?*
A: E' sempre con noi.
D: *Hai detto che è stata con te molte volte. È vero?*
A: L'ha sempre saputo. Lei è me. Lei è noi. Ha sempre fatto fatica... ha sempre creduto d'essere adottata. Noi ti amiamo. Noi vi amiamo. Anna, non avrà più dubbi. (Un'altra voce strana) Non fare più domande. Questo è il momento. È ora che Anna si faccia avanti e prenda il suo posto. Basta con la vergogna. La gente crede ad Anna. E la ascolteranno. Ascolteranno.
D: *Cosa vuoi che lei dica alla gente?*
A: Che noi siamo amore. Noi siamo l'amore.
D: *Chi siete, così lei saprà cosa dire? Siete un essere, uno spirito o cosa?*
A: Dimensioni diverse... dimensione.

D: È lì che è stata portata quella notte? Era sulla Terra o in un'altra dimensione?
A: Dimensione.
D: Sei nell'altra dimensione? Hai detto di essere lei, quindi sei un'altra parte di lei? Ho capito bene?
A: Hai capito bene.
D: È un'altra parte di lei in un'altra dimensione? (Sì) Quando la gente pensa agli UFO o agli ET, immagina astronavi fisiche e alieni. Giusto?
A: È la stessa cosa.
D: Chad è stato portato in un posto diverso da Anna, ne sai niente?
A: Io parlo solo con lei.
D: Ma tu l'hai portata in questo posto nell'altra dimensione, così che potesse incontrarsi con te. Giusto?
A: (Adesso sembrava che fosse Anna a parlare.) Per poterla vedere... per poter vedere te e loro... la mia famiglia. La mia famiglia... questa è la mia famiglia. La mia famiglia... (Sussurrando) quelle luci... la mia famiglia. Le luci sono la mia famiglia. Io sono te. Tu sei me.
D: Anna è venuta in un corpo fisico. Ha dovuto lasciare la luce e la famiglia?
A: Una parte di lei l'ha fatto.
D: Si è offerta volontaria per venire? (Sì) So che ci sono molti volontari che vengono, vero? (Sì) È per questo che non ricorda molto della sua infanzia?
A: Tutto è cambiato. Lei è cambiata. Anna è cambiata. Altre Anna sono venute dopo.
D: Successivamente, nel fisico è entrato molto altro di lei?
A: Molto di più. Quasi completamente diverso.
D: Perché è successo in quel modo?
A: Così che lei potesse gestirlo.

Anche questo è stato uno schema ripetitivo nelle mie sedute. Mi hanno detto che a volte l'energia dell'anima in arrivo è così diversa (a causa della sua provenienza) che sarebbe impossibile per l'intera energia di quell'anima entrare nel feto prima o alla nascita. Sarebbe troppo forte. In molti casi la madre può sperimentare aborti spontanei, fino a quando la frequenza energetica non viene regolata alla quantità corretta, perché il feto (e molte volte la madre) non può gestire l'alto afflusso d'energia. In questi casi solo una parte dell'energia viene messa nel neonato alla nascita. Man mano che il corpo cresce, sempre più energia dell'anima in arrivo può entrare e integrarsi. Naturalmente, nessuno mai riconosce questo fenomeno a livello cosciente.

D: *Ha a che fare con il corpo fisico?*
A: Tutto dentro... tutto dentro. Sembra la stessa. Diversa, molto diversa. Molti cambiamenti hanno avuto luogo... molti cambiamenti della Terra... molti.
D: *È stata una cosa graduale o è successo quella notte?*
A: No, no, no... per lunghi periodi.
D: *Hai detto che doveva cambiare in modo che lei potesse gestirlo. Cos'è che deve gestire?*
A: La paura. Terribile paura.
D: *Da dove viene la paura?*
A: Nel grembo materno... dentro la madre.
D: *Oh, prima che lei nascesse. La paura veniva dalla madre o da lei?*
A: I dottori hanno cercato di farla abortire. La salute della madre. Hanno cercato di fermare la gravidanza.
D: *Cosa c'era che non andava con la salute della madre?*
A: Avvelenamento del sangue nelle gambe. Abortire il bambino o amputare.
D: *E Anna provava questa paura perché era dentro l'utero?*
A: Lo sapeva.
D: *Cosa accadde?*
A: L'ho portata due mesi prima. La madre era molto malata.
D: *Quindi Anna aveva molta paura perché era esposta a tutto questo e in quella fase era quasi tutto nella sua struttura cellulare. Giusto? (Sì) Avete lavorato con lei per estrarre la paura dalle sue cellule e dal suo sistema?*
A: Adattamento. Ecco a cosa servono gli aggiustamenti. Lei è come l'energia del tempo [ambientale]. Lei deve usarla. Deve usare gli elementi. Diventarne un tutt'uno.
D: *Saprà farlo?*
A: Ha molta paura... molta paura... di raccogliere.
D: *Di cosa ha paura?*
A: Di ciò che sta arrivando.
D: *Cosa sta arrivando?*

A: La Terra sta cambiando. Molto sta per arrivare. Un cambiamento... un grande cambiamento... un grande cambiamento. Lei deve raccogliere gli altri. Molti... noi stiamo arrivando... in molti.

D: *Chi sta arrivando?*

A: Le abbiamo mostrato. Il cielo pieno... pieno... ovunque guardi... circondato... pieno completamente... nessun cielo, solo astronavi. Noi stiamo per cambiare. Un cambiamento... un grande cambiamento.

D: *Perché il cielo è pieno?*

A: Per raccoglierci.

D: *È per questo che lei deve raccoglierli?*

A: La stanno aspettando.

D: *Questo significa che non tutti andranno?*

A: Molti... no.

D: *Solo alcune persone saranno prese fisicamente?*

A: Sì. Presi. E quelli che non lo saranno, lo sapranno. Molti lo vedranno. Non c'è molto tempo. Sento che non ho più tempo! (Sconvolta) Aiutatemi!! Aiutatemi!!

D: *Aiuterai Anna a sapere cosa fare?*

A: (Esclamando) Sono così felice! Sono così felice che inizi ora! (Risollevata) Tu la stai aiutando!

D: *Dicendole queste cose adesso?*

A: Tu l'hai ricevuta.

D: *Così la sto aiutando a capire. È questo che vuoi dire? (Sì)*

Anna aveva un'altra domanda, pensava che ci fosse qualcosa nel suo braccio. "Anna ha sempre bisogno di prove".

D: *C'è qualcosa nel suo braccio?*

A: La sua propria entità. E' lei e non lo è. Come è lei e non è lei. Noi la guidiamo.

D: *Ha qualcosa a che fare con gli adattamenti che vengono fatti nel suo corpo?*

A: Sì. È l'informatore della verità. Tutta la conoscenza immagazzinata.

D: *In quella piccola cosina?*

A: (Sussurrando) Non è piccola.

D: *Sembra minuscolo ai raggi X. Il dispositivo ha accesso a tutta la conoscenza. È questo che intendi?*

A: Tutta la conoscenza.

D: *Dovrebbe farlo rimuovere?*
A: Anna non lo rimuoverebbe mai. Però ci ha provato una volta.
D: *La gente non capisce bene a cosa servano. Ma è importante che rimanga lì per la salute del suo corpo e per gli adattamenti. È vero?*
A: Per coloro che ascolteranno.
D: *Ma tu la aiuterai dandole suggerimenti e intuizioni, così saprà cosa deve fare?*
A: E' iniziato.

Sembra che (e l'entità lo confermo') quando le persone pensano di essere state portate a bordo di un'astronave, non è sempre cosi. Molte volte vengono portati in un'altra dimensione. Dissero che durante la notte erano in comunicazione con Anna, mentre lei dorme e questo sarebbe rimasto costante. Per loro, è sempre meglio e più facile fare questo lavoro di notte, quando la mente cosciente non può interferire e non ricorda.

Il secondo caso fu un architetto che venne dal Canada fino al mio ufficio in Arkansas per vedermi. La sua curiosità lo stava portando ad esplorare la metafisica, cercava disperatamente il mistero della vita. Sapeva che doveva esserci di più nella sua vita e in qualche modo gli mancava, non sapeva cosa fosse. Voleva andare al livello successivo, qualunque fosse. Io certamente non sapevo di cosa avesse bisogno, ma sapevo che il SC gli avrebbe dato tutto ciò che era appropriato che lui conoscesse.

Durante la seduta, Greg osservò una vita molto mondana e semplice, come pescatore su un grande veliero. Tutto stava procedendo normalmente (e senza intoppi) finché non lo spostai ad un giorno importante e lui vide qualcosa di insolito nel cielo. Non sapevo se fosse collegato alla vita passata che stavamo esplorando o se fosse saltato in un'altra vita. Non mi era chiaro a questo punto, ma volevo seguire ciò che stava vedendo.

G: Vedo qualcosa nell'aria, nel cielo. Sulla destra... qualcosa di rotondo. È come l'argento. Molto grande, ora il sole si riflette su di esso ed è sospeso lì nel cielo.

D: *Cosa pensi che sia?*

G: So cos'è. È una specie di astronave. Mi sto solo chiedendo cosa ci faccia lì e se avrò la possibilità di salirci sopra. Voglio salire. Osservo e basta. Non si muove. Ce ne sono due. Ce n'è uno più scuro dietro. È più spigoloso... più grande... molto più grande. Mi sembra di fluttuare nello spazio guardandola. Sono curioso voglio conoscere la più grande. Mi piacerebbe salire su quella.

D: *Che aspetto ha quando ti avvicini?*

G: Metallico... perché ha l'aspetto di alluminio metallico? Ci sono ondulazioni e altre cose. Ha delle finestre. Ora sono molto vicino. Ci sto solo fluttuando intorno. È molto grande. Si apre una porta, quindi entro. E dentro è pieno di luci colorate.

D: *Cos'altro vedi oltre alle luci?*

G: C'è una grande stanza piena di persone sedute su queste sedie dallo schienale alto. Non riesco a capire cosa siano queste persone o come siano vestite. C'è uno con una veste bianca in piedi dietro le sedie.

D: *Vuoi andare in quella stanza dove ci sono le sedie?*

G: Sì. Voglio sapere chi sono. Ora sono in piedi davanti a loro. L'uomo dalla veste bianca mi fa delle domande, ma non riesco a capire cosa dice.

D: *Conosci quest'uomo?*

G: Non ho paura.

D: *Cosa ti sta chiedendo?*

G: Mi sta chiedendo perché sono lì. Non lo so. Questo è quello che gli dico... non lo so. Sta aspettando la mia risposta. Gli chiedo chi è. Lui dice: "Chi pensi che io sia?". Ma non ho risposte. È difficile. Gli dico che mi piacerebbe sapere chi è. Credo che abbia detto: "Io sono te!"... ma la mia mente si mette in moto qui. Gli dico: "Come posso essere te?". Lui dice: "Puoi essere me solo quando puoi credere di essere me".

D: *Cosa ne pensi di questo?*

G: Non sono a mio agio, perché lo vedo al di là di me, più grande di me. Io mi sento meno di lui, quindi lui non può essere me.

D: *Perché no?*

G: Beh, non sarebbe lassù, vestito di bianco.

D: *Perché ti senti inferiore a lui?*
G: Non lo so. Perché tutta questa gente è seduta su queste sedie?
D: *Chiedigli di darti qualche informazione in più su dove siamo e cosa sta succedendo.*
G: (respiro profondo) Siamo in un posto che ho progettato io. Mi dice che ho creato tutto questo.
D: *Cosa vuole dire?*
G: Che ho creato questa astronave per incontrare me stesso. Quindi devo aver creato l'astronave come luogo d'incontro, ma siamo in aria. Siamo in aria.
D: *Chiedigli: perché l'hai creata?*
G: Per andare oltre a dove sono... andare oltre a dove ero... non semplicemente per fluttuare a mezz'aria e guardare.
D: *Per trovare più risposte, vuoi dire?*
G: Molto di più... trovare molto più che risposte... per conoscere. Per conoscere tutto. Per sapere molto di più.
D: *Può aiutarti a trovare queste informazioni?*
G: Sì, può. Ora mi è familiare. Sono in piedi accanto a lui. Tutti sono vestiti di bianco.
D: *Cosa vuol dire che ti è familiare?*
G: Ho sentito la sua voce e conosco la sua pelle. Ha questa pelle interessante. (Sconcertato) È costantemente liscia. Ha una certa forza. Mi conforta vedere la forza nella pelle. Il suo viso è calmo e la sua voce è calma.
D: *Ma lui dice di essere te? (Sì) Ha detto che tu hai creato questo luogo d'incontro. Lui dove è quando si trova nel suo mondo?*
G: Nella mia mente! Sono con lui nella mia mente, quindi... ma è molto reale... i dintorni sono molto chiari, così ho creato... questa è una bella stanza. Scintilla con miriadi di colori e brilla con miriadi di luci che escono da ogni parte.
D: *L'hai creata per poterti incontrare con quest'altra entità?*
G: Sì. Non so se ho creato tutto questo. No, non ho creato tutto questo. Sono stato aiutato.
D: *Chi ti ha aiutato?*
G: Lui.
D: *Anche lui ha pensato che fosse il momento d'incontrarvi?*
G: Sì, mi ha accolto. Sapeva che stavo arrivando e così tutte le persone sedute su queste sedie. Anche loro hanno aiutato. Tutti stanno aiutando a creare questa stanza e i colori che cambiano

continuamente. E io posso muovermi liberamente. Mi muovo come voglio, mi sto muovendo in verticale. È bellissimo.

D: Chiediamogli perché sta succedendo tutto questo?

G: Perché lo voglio. Da dove vengo io, non è molto bello. Non me ne sono accorto, finché non ho attraversato la porta dell'astronave. I colori... la varietà... è la bellezza della varietà. Posso pensare tutto quello che voglio e posso far entrare e uscire i colori dalle pareti. Queste vesti di bianco... posso adattarle in qualsiasi modo io voglia. E posso spostare queste persone sedute su queste sedie in posizioni diverse. Da dove vengo io non era male. Solo non è così colorato... non è così dinamico. E fluttuavo in giro da solo. Non ero solo, ma ero solo. Fluttuavo in uno spazio. C'era della luce, poi ho creato questa astronave. Credo di averle create entrambe. Una era come una nave pilota e poi c'è questa dietro che è quella in cui sono entrato.

D: Quando fluttuavi nello spazio, avevi un corpo?

G: Non lo so. Ero solo consapevole di me stesso e potevo muovermi a piacimento. Posso muovermi molto facilmente.

D: Scopriamo di più a proposito. Lui è più consapevole di quello che sta succedendo rispetto a te?

G: Penso che lo sia, sì, e lo sono anche alcune delle persone sulle sedie. Ne sanno più di me. Mi permettono di spostarli a piacimento. Non ho idea del perché me lo lascino fare. Sembra che stiano ridendo.

D: Forse ridono perché capiscono più di te. (Entrambi iniziamo a ridere).

G: Sanno che non ho intenzione di far loro del male. No, non posso far loro del male. Sono al di là dell'essere danneggiati da me, quindi mi lasciano spostare queste sedie nello spazio. Divertente!

D: Vediamo se riusciamo ad ottenere qualche risposta dall'uomo con cui stavi parlando. Vediamo se può dirti cosa sta succedendo.

G: Mi sta insegnando come usare la mia mente e il mio intento. Mi sta insegnando a controllare il desiderio, perché posso rovesciare le sedie, ma scelgo di non farlo. Perché non voglio ferire nessuno, anche se so che non possono essere feriti. C'è un modo per farlo e loro sanno che amo farlo.

D: Intendi, usare la tua mente?

G: Sì. Con loro posso creare qualsiasi tipo di schema io desideri, ma devo farlo in un modo che sia compatibile con loro. Ed è questo che lui mi sta insegnando.

D: *Volevi imparare ad usare la tua mente?*

G: Sì. Sembra che mi piaccia, quindi sì, devo volerlo. Sento che quando sono lì, sono in un luogo designato; e sto imparando processi creativi che non conoscevo prima.

D: *Vedi se può spiegarti questo processo in modo che tu possa ricordare.*

G: È un qualche tipo di manipolazione. Ho il potere di manipolare e devo imparare come, altrimenti sono fuori controllo. Non è una questione di forza. È l'apprendimento d'un modo d'essere. Quando sposto le sedie, queste rispondono al movimento del mio corpo, quindi devo imparare in che modo essere in maggior controllo del potere che ho.

D: *Qual è lo scopo d'imparare a muovere le cose?*

G: Per il piacere di farlo e per non danneggiare nulla. Li fa ridere, quindi è divertente. Penso che mi stia insegnando in modo che io possa fare tutto da solo. Sono felici insieme. Se sto fermo tornano alla loro posizione di seduti sulle sedie. Con la stessa espressione di quando sono entrato, ma posso influenzare il loro modo di sentire da come mi muovo. Vuole che impari a controllare il mio potere.

D: *Hai potere?*

G: Apparentemente. Sembra che io stia imparando che ho potere.

D: *Se non è controllato, può creare problemi?*

G: Sì. Può creare problemi e ferire le persone. Non ho questo desiderio.

D: *Cosa vuole che tu faccia con questo potere?*

G: Vuole che insegni loro come farlo da soli. Smettere di stare insieme e fare quello che faccio io, in modo che non siano così dipendenti l'uno dall'altro, perché lavorano solo in gruppo. Possono creare la propria felicità.

D: *Hai detto che lui dice d'essere te. Cosa intende dire con questo? Può spiegartelo in modo che tu lo capisca?*

G: Se può trattenerlo nella mia testa, perché non sento di essere lui. Non sento di essere lui, ma una parte di me dice di sì.

D: *Stiamo cercando di capire. C'è qualcos'altro che vuole mostrarti o dirti?*

G: Vuole mostrarmi come usare la luce. Può creare musica con la luce e diverse vibrazioni. Posso far entrare e uscire queste bacchette. Ogni bacchetta ha una melodia diversa, grazie a loro posso creare accordi e cicli musicali. Ci sono posizioni infinite, lui mi sta mostrando come farlo. Ogni ciclo ha un colore diverso e ogni colore ha un suo tono. Colori e toni non sono separati. È un tono colorato. Suono con loro, è molto divertente. C'è un senso di benessere... un senso di felicità.

D: *Chiedigli se sa qualcosa di Greg, che è vivo sulla Terra in questo momento?*

G: Mi conosce bene.

D: *Diciamogli che Greg vuole aprire la porta un po' di più per imparare di più. (Una delle sue richieste durante l'intervista).*

G: Sì, sta aprendo di più la porta. Mi sta mostrando cose che non sapevo di poter fare. Fidandomi di me stesso... è più che fiducia. È come se dovessi farlo e poi lo conosco e poi funziona, però è tutto nuovo. Non è solo la mente. È una parte di me che è più grande della sola mente. È la mia interezza. È la totalità in me. È il Tutto di me. C'è un tutto di me che sta facendo questo. Ecco perché è così facile fare tutte queste cose contemporaneamente, perché ci sono molte parti di me consapevoli di ogni cosa simultaneamente. Sono tutte parti di me e sto imparando. Posso farle individualmente o posso farle tutte insieme, ma sono tutte me.

D: *Perché vuole che tu lo sappia?*

G: Per essere completo. Lui sa che voglio essere completo. Vuole che io sia completo.

D: *Questa era una delle domande di Greg, come può diventare completo?*

G: Questo è quello che vuole dirmi. Sono al livello successivo.

D: *Quello è il livello successivo?*

G: È un livello. Sapere che tutto ciò che sono influenza tutto il resto, quindi ho bisogno di sapere chi sono. Devo essere consapevole che ogni movimento crea un'increspatura [un effetto]. La luce è la mente. La luce è nella mente. Posso farlo con la mia mente. Quindi devo usare tutto di me in una sorta di armonia perché tutto funzioni, ed è quello che sto facendo.

D: *Questo significa che Greg nel suo corpo fisico può influenzare anche molte altre cose?*

G: Lui può. Solo che non ci crede. Lui è molto potente. E ha bisogno di imparare che tutto ciò che fa e dice ha effetto sulle persone intorno a lui. Ha bisogno di capire il potere che ha su di loro. Non si rende conto che influenza tutti quelli che lo ascoltano e non capisce... ma lo capirà. Ha bisogno di sapere che è amato eternamente senza paura. Può andare avanti. Ha bisogno di saperlo. Ha bisogno di vivere come chi è veramente in altre dimensioni. Ha bisogno di andare avanti e non fermarsi davanti a niente... non trattenersi. Sta imparando, ma ha bisogno di saltare. Ha bisogno di saltare. Di fare un salto.

D: *Cosa intendi per salto?*

G: Oltre la paura di ciò che pensa la gente... oltre la paura dell'opinione altrui... oltre la paura di ogni cosa in questo mondo. (Dolcemente) Non avere più paura e tutto ti sarà chiaro. Greg è un insegnante. Ha bisogno d'insegnare e di guarire. Quando non avrà più paura, tutto gli sarà chiaro. Non essere schiavo della paura.

D: *La paura è un'emozione umana molto forte.*

G: Sì, ma ci si può divertire mentre s'impari. Questo è ciò che l'uomo in bianco stava insegnando. Greg è un guaritore. Lui lo sa. Ha una capacità innata di guarire. Solo che non ha ancora imparato ad usarla. Le sue parole sono curative per alcune persone. Deve insegnare la libertà della mente... la libertà di non avere paura. Semplicemente essere privi di paura, sarebbe la più grande guarigione. Aiutare la gente ad uscire dalla propria paura. Il mondo è ad un punto folle, ma un punto bellissimo allo stesso tempo. C'è così tanta bellezza per aiutare i guaritori a curare i feriti. La gente è schiava del proprio pensiero... della propria paura. Schiavi di ciò che pensano di credere, che non è affatto dove dovrebbero essere. Ma amarli per uscirne, non per dettar loro legge. Lui è troppo bravo a dettare legge. Ha bisogno di lasciar andare. Deve smetterla... basta con i confronti. Alla gente non piace. Vede la verità e la affronta. Non è bene farlo troppo spesso... è molto raro che funzioni. Amare... l'amore è il miglior confronto. Hanno bisogno d'essere attirati verso la luce come i bambini. Sarà diverso per ogni situazione, ma da un punto di compassione... da un punto di uguaglianza, come stare accanto all'uomo in bianco e scambiare idee. Non minacciare mai più. La sua paura gli permetteva di minacciare, perché vedeva senza amore. Sii naturale... sii gentile e allontanati se non vieni ascoltato. Lascia la vita in pace. Presenta solo le opzioni di vita. Si può vivere nell'oscurità e si può vivere nella luce. Si può vivere come si vuole e anche questo va bene. C'è sempre una scelta. Deve smetterla di fare Dio. Quello è solo l'ego in lui. Deve solo essere se stesso e poi il resto seguirà.

D: Ha detto che vuole tutta la conoscenza.

G: È così. Non sa che non può averla tutta, ma la vuole. Va bene, perché lascerà andare, ma ha bisogno di andare avanti. Deve arrivare gradualmente.

D: Quindi questo è il primo passo?

G: Sì. Questo è un buon passo. Deve essere in grado di usare le varie parti di sé in modo gentile e simpatico, come ha fatto con le sedie e la musica. Animeremo le opzioni e faremo ridere la gente mentre lo ascoltano. È bravo nell'animazione. Può farlo con la musica e con i cartoni animati. Può farlo con la sua arte. Può farlo con la sua mente. Può farlo con le sue parole e dovrebbe usare tutto questo per far ridere la gente mentre ascolta la storia dell'universo... rendere la luce seria. Ci deve esservi luce, deve essere gentile e poi deve ritirarsi e lasciarli.

D: In questo modo non li affronta. Sta solo raccontando una storia e lasciando che si facciano un'idea da soli.

G: Esattamente. Non ha bisogno di dire alle persone che non c'è una fine. Questo li spaventa. Ha bisogno di ascoltare le persone. Ha bisogno di chiedere loro quello che hanno bisogno di sapere invece di dire loro ciò che lui pensa debbano sapere. È troppo per la maggior parte delle persone. Ascolta e di loro cosa hanno bisogno d'imparare. Te lo diranno sempre, ma solo se ascolti.

Messaggio finale:

Impara a fidarti. Impara a fidarti e basta. È molto importante per lui. Non speculare mai più. È una perdita di tempo. Hai quello che ti serve sapere. Ora fidati e basta.

SEZIONE 3

VITE DELL'ALTRO MONDO

CAPITOLO NOVE
IL TRASPORTATORE

REGINA SI TROVO' ALL'INTERNO DI UNA GRANDE ASTRONAVE quando entrò in scena. "Credo che sia di metallo grigio, ma ho la sensazione che non sia veramente di metallo. Ci sono porte che si aprono e si chiudono automaticamente". Si sentiva un po' a disagio, come un pesce fuor d'acqua. "Non credo di appartenere a questo posto, però non ho paura. È come una tensione nervosa. Sento che ci sono persone nell'altra stanza. Posso vederle. Non so perché, visto che non ci sono finestre, ma ci riesco".

D: Che aspetto hanno?
R: Hanno una forma strana. La prima impressione che ho avuto è stata che intorno alle loro teste ci fosse del bianco. Non è che posso vederli...solo...
D: Sentirli? Sarebbe forse un modo migliore per dirlo?
R: Sì, è una parola migliore.
D: Guarda in giù. Vedi che tipo di vestiti indossi?
R: Non lo so. Sembrano un po' a brandelli, come se avessero dei buchi, come se fossero stati in un incidente o in un... non so.
D: Vecchi vestiti a brandelli, vuoi dire?
R: Sembra quasi un'uniforme... non sono vestiti normali, un po' strappati per qualche motivo. Non ho la minima idea di dove mi trovi.
D: Lo scopriremo. Hai qualcosa ai piedi?
R: Una specie di stivali da lavoro, ma tutto è dello stesso colore: grigio. Quando dico uniforme, sembra più una tuta, ma mi sembra di aver avuto una specie di incidente ed è per questo che è strappata.
D: Solo i vestiti sono danneggiati o lo è anche il corpo?
R: Penso che il mio corpo sia stato ferito ma non sento alcun dolore. Posso vedere attraverso la parte strappata, ma non è come per le persone. Posso vedere che... (parlò da sola, un po' confusa) ossa o qualcosa del genere... è tutto dello stesso colore però. Non è come se fosse pelle e sangue e cose del genere.

D: *Vuoi dire che quando l'uniforme è stata strappata, si è danneggiato anche il corpo?*
R: Sì, e credo che in questo posto dovrei essere in grado di ripararlo.
D: *Il tuo corpo è maschio o femmina?*
R: Non lo so... forse più maschio, però mi sembra molto androgeno.
D: *Guarda le tue mani, che aspetto hanno?*
R: Non sembrano mani. Penso che funzionino come mani, ma sono più... sono più squamose. Io ho le dita. Voglio dire, funzionano come dita, ma non sono molto belle. Non credo di essere una persona.
D: *Hai un'impressione di come appaia il tuo volto?*
R: Hmm, penso d'essere una di quelle persone. La mia testa è quasi luminosa. Sembra molto strano, ma è più di forma ovale ed è semplicemente luminosa. Non so se ci sono occhi o altro. Sembra esserci solo luce.
D: *Quindi è diverso. Ma deve essere fisico se si può ferirlo.*
R: Non mi fa male, però...
D: *Voglio dire danneggiato in qualche modo?*
R: Danneggiato, ma non fa male. E' un po' come se fosse entrambe le cose. Sembra che abbia una parte fisica. Ho visto qualcosa di scuro nella tuta, ma le teste sembrano tutte bianche.
D: *Come ti sei danneggiato? Non devi sperimentarlo, ma puoi osservarlo. Che cosa è successo?*
R: Sembra che un trasporto si fosse schiantato o si fosse scontrato. Un trasporto si è scontrato. Ci sono tubi di trasporto. I trasporti si muovono tra un luogo e l'altro. Non so perché sia un tubo, ma è un tubo. È un trasportatore che va in un tubo. È come (fecce il rumore di un fischio) ed è sparito. Ed è successo qualcosa. Non sapevano se l'avrebbero recuperato, ma l'hanno recuperato. È piuttosto triste.

Avevo bisogno di capire questo trasporto prima di poter dare un senso a quello che era successo.

D: *Vuoi dire che eri in qualcosa che passava attraverso i tubi? Com'era quello che passa attraverso i tubi?*
R: Nessuno ci pensa. Semplicemente "swish" (fece il rumore) e vai.
D: *Non devi essere in una macchina o altro?*
R: Vuoi dire un trasportatore.

D: *Quindi trasporta semplicemente tutto il tuo corpo? (Sì) E c'è stata una collisione?*
R: Non è un corpo, ma è il nostro modo. Quando vogliono andare veloce, semplicemente vanno nel trasportatore.
D: *Quindi vi porta in altri posti?*
R: Uhhh, grandi distanze.

Pensavo che fossero in un veicolo o in una macchina o qualcosa del genere e venissero trasportati attraverso dei tubi. Ma sembrava sempre più come se non fosse necessario alcun veicolo. Come se l'intero corpo venisse trasportato (un po' come in StarTrek).

D: *Cosa è successo per causare una collisione? Vuoi dire che si è scontrato con qualcos'altro?*
R: Sì. Era nei tubi. E non so come sia successo, ma è stato un brutto incidente e non lo sapevano. Ci hanno recuperati, ma... fuori da questo posto.
D: *Hai detto "noi". Eravate più di uno?*
R: Ce n'erano altri. Non erano molti, poche persone. Ma non vedo gli altri. Non so se sono persone. Qualcosa è andato storto ed è stato difficile per loro... la risposta per loro era al limite di ciò che "non sapevano fare", ma fanno molto e così ci hanno ripresi.
D: *Hai detto che era al limite? In che senso?*
R: Al limite della loro capacità di conoscere per farci tornare. Era difficile e complicato, ma era ciò che avevano.
D: *E poi vi hanno portato in qualche modo a questa nave su cui siete ora? E pensate di essere venuti qui perché possano riparare il vostro corpo? Vediamo cosa succede.*
R: È come se stessero lavorando su qualcun altro e io stavo solo aspettando che lavorassero su di me. Ed è come se ci fosse un gruppo di altri esseri.
D: *Ti portano da qualche parte per poter lavorare su di te?*
R: È solo dall'altra parte di quel muro.
D: *Dimmi cosa vedi quando ti portano lì dentro.*
R: C'è un tavolo e ci sono un sacco di quei muri automatici. Forse dieci e il tavolo.
D: *Quindi non conosci queste persone, ma sono proprio come te?*

R: Non credo che siano proprio come me, ma siamo compatibili. Stanno facendo qualsiasi cosa tutti assieme. Non è un'operazione manuale. È come se lo pensassero. Usano il pensiero.

D: *Quindi non devono usare nessun attrezzo o strumento?*

R: No, non useranno strumenti. Fanno solo (dei clic). C'è solo luce. Ci sono solo fasci di luce. Non sapevo che sarebbe successo, ma ora sto migliorando. Ero solo sdraiato sul tavolo, ma ora sono in piedi. Ci sono fasci di luce e diversi colori di luce. Inizia dalla testa e poi scende. Raggiunge la testa e scende fino in fondo. Hanno colori diversi che continuano a cambiare. E questi altri esseri stanno in piedi in cerchio ad osservare. C'è come una macchina di luce in alto e inviano i loro pensieri a questa macchina.

D: *Amplifica il pensiero?*

R: Penso di sì.

D: *Come ci si sente quando la luce ti attraversa?*

R: Ci si sente bene. In un certo senso riorganizza tutto. Mi sento più... non so... come se fossi più alto, come se mi avessero rimesso insesto. Non fa male. È solo una sensazione di relax.

D: *E sai in quale parte andare a fare le riparazioni.*

R: Penso di essere stato un dottore.

D: *Parlamene. Perché lo pensi?*

R: Penso di aver fatto lo stesso tipo di cose. Ecco perché non credo che mi dia fastidio quello che stanno facendo. Ma quello che stanno facendo... nel complesso, è molto perché capiscono come... è come riordinare la vita. Capiscono come far funzionare di nuovo le parti. Non solo metterci un cerotto, ma sanno come ripristinarlo. Non solo coprirlo, ma sanno davvero come aggiustare le cose. Aggiustare non è la parola giusta.

D: *Andare al nocciolo della questione? (Sì) Dove fanno le riparazioni. Quindi se sei uno di loro e sai come farlo, allora hai molta conoscenza di come usare la mente?*

R: Sì, ce l'ho. Quando sono stato ferito.

D: *Ma se sei un medico, dove lavori? Com'è il posto dove lavori e dove vivi?*

R: Andiamo su diversi pianeti. Andiamo in posti diversi... energia... pensa più chiaramente (parlando a caso) sostenere il pianeta Terra. Facciamo molto. Lavoriamo anche in altri posti, ma in questo momento stiamo lavorando sulla Terra.

D: *Ma quella non è la vostra casa. Non è il luogo da cui avete avuto origine? (No) Avevate un pianeta natale?*
R: Sì. Abbiamo un pianeta natale. Solo che non ha i problemi che ha la Terra. Si è già evoluto ad una coscienza di benessere che è sempre presente. Quindi abbiamo la possibilità, l'opportunità di andare sulla Terra in questo momento per poter andare in altri posti.
D: *Così quest'altro posto dove avete iniziato, si è evoluto fino a che non avete bisogno di tornare indietro?*
R: Possiamo tornare lì. È lì che c'era questo fornitore necessario. Siamo tornati lì. Possiamo quando vogliamo.
D: *Dove vivi ora, a bordo della nave?*
R: Ora sono a bordo di questa nave perché ho dovuto farmi riparare. Non potevo fare tutto da solo. È stato un lavoro molto esteso. C'era bisogno di più energia. Altrimenti, avrei potuto farlo da solo. Questa non era affatto una situazione normale. Loro non sapevano nemmeno se potevano farlo. Ci hanno provato e ci sono riusciti.
D: *Ma il posto dove saresti stati normalmente... era una astronave?*
R: No, non proprio. E' una galassia diversa. Un posto diverso, ma in realtà tutto è più piccolo di quanto pensiamo. Quindi non è. Ecco dov'ero. Ero in un posto diverso. Ho appena avuto questo incidente e mi stanno riparando.
D: *Ma dove normalmente fai il tuo lavoro, era un pianeta o un posto?*
R: Non un pianeta... un posto diverso, ma non fa parte della tua realtà, fa parte del tuo posto nel tempo. Ma noi possiamo spostarci tra i luoghi e il tempo. Lo facciamo con il sistema di trasporto. Ci sono posti sul pianeta che si possono spostare attraverso il tempo e lo spazio molto più velocemente e noi li usiamo.
D: *Sai dove si trovano?*
R: So dove si trovano e li usiamo perché è più facile e veloce farlo. È solo una comodità. Di solito non c'è niente che vada storto con quei trasporti, ma questo è stato un evento inaspettato.
D: *Dicevi che ora aiuterai la Terra?*
R: Molte entità per un lungo periodo di tempo sono venute ad aiutare la Terra. La Terra si sta evolvendo e siamo venuti molte volte e verremo molte altre volte. Ho bisogno di un po' di tempo per riorganizzare il corpo che sto usando e poi continuerò il mio lavoro.
D: *Così hai bisogno di un po' di tempo per riposare, in altre parole?*

R: Sì. Tempo per riorganizzarsi meglio per lavorare, perché il sistema del corpo si sta effettivamente riorganizzando in modo da poter fare il lavoro che deve fare.

D: *Quindi tu hai la capacità di farlo, ma in questo caso avevi bisogno di più energia e persone.*

R: Sì, questo lavoro richiedeva più persone. Era necessario per mantenermi in grado di funzionare.

D: *E ora sarai uno di quelli che aiuterà la Terra?*

R: Ho aiutato la Terra in passato. Sono venuto sulla Terra regolarmente. Ho avuto altri lavori, ma ora questo è il mio lavoro.

D: *Quando sei venuto sulla Terra prima, sei venuto in un corpo umano?*

R: Corpo di luce. Prima ero solo un corpo di luce. Questa volta sto usando il corpo di questa cosa.

D: *Quando sei venuto sulla Terra prima, ti sei trasformato in qualcosa o sei rimasto in un corpo di luce?*

R: Sono rimasto in una forma luminosa perché era più facile usare l'energia. Vedo che abbiamo usato dei punti che vi sono familiari: le piramidi. Usiamo piramidi per amplificare l'energia, nelle tue parole. Come la sintonizzazione con le persone che potete raggiungere in enormi progetti, vasti punti d'energia piuttosto che individualmente. Ci sono luoghi sulla Terra in cui potete stimolare masse di persone piuttosto che una persona alla volta.

D: *Quindi la piramide è uno di questi luoghi? (Sì) Veniva usata per influenzare molte persone, utilizza un amplificatore. Come ci riescono?*

R: Noi portiamo avanti l'energia. Le energie di luce che eravamo, vibrazioni più alte, amplificazioni e risonanze spirituali che possiamo... "amplificare" è la parola giusto. Amplificarle... proprio come voi trasmette la musica. Potremmo amplificare o trasmettere quelle energie e ci sarebbe sempre qualcuno che potrebbe riceverle. Alcune persone sono ricettori migliori di altri e così noi veniamo con un segnale. Siamo un segnale e poi trasmettiamo usando le piramidi. C'erano altri luoghi, ma questo è quello che mi è più familiare.

D: *La gente del mio tempo - forse sai di cosa sto parlando - alcune persone pensano che quelle fossero tombe. Non capiscono bene a cosa servissero.*

R: Erano un segnale. Erano amplificatori. No, non erano tombe. Ma ci sono altre piramidi che venivano usate e altri luoghi che venivano usati. Ce n'erano altre. E c'erano montagne che usavamo. C'erano alte montagne che venivano usate anche come piramidi.

D: *Per inviare questa energia? (Sì) Così l'energia era amplificata per essere usata sulla Terra?*

R: Sì, veniva usata per accelerare l'evoluzione del DNA.

D: *Della gente di quel tempo?*

R: Alcune persone... una delle ragioni per cui c'era così tanto conflitto sulla Terra, era perché alcune persone erano ottimi ricettori e altre no. Così potevano percepire e sapevano che erano davvero diversi. Creavano il conflitto. Non erano più gli stessi. Alcuni progredivano e altri no. Così si creava una crescita voluta, ma anche un "conflitto" voluto. Era come avere due specie diverse che non erano più compatibili.

D: *Così una era risentita verso l'altra mentre cominciava ad andare avanti?*

R: Non so perché avessero risentimenti, perché non potevano sapere quale fosse la differenza. Ma sapevano che c'era una differenza e questo creava intuitivamente un conflitto.

D: *Non sapevate che sarebbe successo?*

R: Non abbiamo davvero mai capito la portata del conflitto che avrebbe creato. Non credo che potessimo capire le conseguenze sapendo che alcune persone, sai... quando senti una canzone non devi scegliere di cantarne il ritornello. Questo è così, quando amplifichi un'informazione non devi scegliere di crescere con essa, quindi non c'è interferenza nel libero arbitrio. Però non credo che ci siamo mai resi conto della disparità che avrebbe creato negli esseri umani. La mancanza di crescita che si vede in alcune persone, rispetto all'evoluzione e la crescita di altre. Credo che abbiamo pensato che sarebbe stata una accelerazione superiore. E' stato diverso da quello che pensavamo, tuttavia l'evoluzione è stata importante e non ci fu nessuna manipolazione del libero arbitrio. È solo che alcune persone scelsero di crescere e altre no.

D: *Cosa è successo alla fine in quel periodo?*

R: Succede ancoraggi. La stessa cosa sta succedendo oggi.

D: *Ancora oggi state usando le piramidi?*

R: Si sono ancora in uso. Anche le montagne vengono usate. Ci sono molte montagne. Di solito vengono usati anche i luoghi che vedi con attività vulcanica.

D: Come si può usare l'attività vulcanica?

R: La risonanza crea l'attività vulcanica. Crea solo delle reazioni. La attività vulcanica è normale per il pianeta. È solo che quando hanno così tanta energia, quando state usando queste montagne, c'è una montagna... c'è un'entità che è consapevole nello Stato di Washington ed è un sito di ricezione continua. Le sue entità vengono regolarmente in astronavi. Sono attratti da essa e la risonanza costante di tutta quell'energia crea pressione. È come riempire una stanza con molta energia. Tanta, tanta, tanta e poi si espande, si espande, si espande ed è così che crea. Non considerano negativa l'attività vulcanica. È solo che la montagna o l'energia sta facendo ciò che era destinata a fare. Trattiene l'energia. Si espande. Si calma. Si contrae e si espande costantemente.

D: Quindi questo è uno dei vostri lavori, mantenere questa energia in funzione o cosa?

R: Beh, l'energia che si manifesta è il risultato del lavoro energetico, di quell'amplificazione. Sai come quando le persone sulla Terra parlano, conoscono il suono, ma non si rendono conto che non si possono sentire tutti i suoni. Con parola "suono" si sentirebbe effettivamente qualcosa, ma alcuni effetti vibratori che chiamereste "suono", sono al di là dell'udito delle persone di questo tempo. E così ci sono suoni di energia guaritiva, quella conoscenza d'essere espansi, ma non necessariamente tutti riescono a sentirli. Sono ancora lì in risonanza.

D: Quindi come lo usate? Cosa ne fate?

R: Ora sul vostro pianeta sta creando l'espansione della coscienza. Deve essersi verificato su altri pianeti ed è successo per un periodo di tempo molto lungo. Quindi sta creando questa espansione, ma non è sempre così facile per le persone, per gli esseri umani, crescere come dovreste. Si potrebbe pensare che l'espansione del pensiero renda la vita più facile, ma in realtà l'espansione del pensiero non rende necessariamente più facile la vita delle persone. C'è un sacco di cambiamento che procede di pari passo, così le persone stanno avendo un momento piuttosto conflittuale con tutto ciò che sta succedendo in questo momento; perché c'è così tanta amplificazione del suono, delle onde sonore, delle onde di pensiero, dell'insegnamento che sta andando avanti sul pianeta in questo momento. Viene scaricata così tanta energia che crea un cambiamento. Il cambiamento porta sempre incertezza.

D: *Quindi è questo che stai facendo ora? Questo è il vostro lavoro? Pensi che stia accadendo proprio ora?*

R: Beh, ci sono due di noi qui. C'è un corpo fisico e poi c'è una persona che era qui, ma sento che ora è diverso. Non lo so.

D: *Mi chiedevo se sai che stai parlando attraverso un corpo fisico. (Sì) Riesci a capirlo? (Sì) Però non ti dà fastidio saperlo, vero?*

R: No. Causa conflitti per questa donna, ma ci sta riuscendo abbastanza bene.

D: *Intendi quella che chiamiamo Regina?*

R: Esatto. Se la cava bene con l'idea che si è fatta. Sa cose che le altre persone non sanno grazie a questo. Non capisce perché la gente si comporta in quel modo. Lei è un essere energetico molto avanzato, in un corpo fisico che vive nella realtà fisica. Così le informazioni della sua mente provengono da un luogo diverso da quello del suo corpo, e questo crea un conflitto in lei. Non è sempre bello per lei. A me, non dà fastidio perché non sono veramente nel corpo fisico.

D: *Ma sei un aspetto di lei? È per questo che sei entrato, giusto?*

R: Siamo tutti aspetti dell'anima, ma sto ricevendo un download d'informazioni. Gli aspetti della Terra non sono gli stessi. Ha solo dei veli di coscienza molto sottili, quindi è molto facile per lei attingere agli aspetti di molte entità o esseri diversi e ottenere informazioni per muoversi tra le realtà. E a dire il vero, era un po' più avanti di se stessa ed era un po' più avanti delle informazioni che potevano effettivamente essere scaricate completamente sul pianeta, così si chiede quale sia il suo scopo. Come: "perché so tutto questo, quando non posso farci niente", ecco cosa le passa per la testa. E questo è solo perché quei veli sono così sottili che lei ha visto cose abbastanza bene in quel momento, ma mentre andiamo avanti, ci sarà di più. Ci sarà altro da fare e in realtà qualcuno deve avere l'idea cosciente perché possa essere trasmessa, quindi lei percepisce le cose in anticipo. Le raccoglie e poi è come un piccolo faro, ma non deve nemmeno dire nulla. Può stare ferma e come con una piccola torre radio le idee si diffondono nella coscienza generale.

D: *Ma sai che ogni volta che faccio questo lavoro riporto le persone ad una delle loro vite passate, nel modo lineare in cui percepiamo le cose. Per questo mi chiedevo perché tu fossi stato contattato, eri una delle sue altre vite?*

R: Nel tuo modo di pensare, è una realtà spazio temporale in cui lei ha camminato e in cui si collega inavvertitamente. Non capisce nemmeno consciamente cosa sta succedendo quando accade. Ci entra così facilmente che è come se fosse ad un passo dal vivere in due realtà... tre realtà. Così le realtà sgocciolano dentro e fuori, ed è per questo che è importante.

Ho pensato che fosse il momento di portare la seduta alla ragione per cui Regina era venuta da me. Aveva seri problemi fisici e pensavo che questo essere sarebbe stato perfetto per aiutarla a guarire. Siccome sapeva come usare e manipolare grandi quantità di energia, pensai che sarebbe stato in grado di aiutarla. Dalla guarigione avvenuta sull'astronave sapeva che usare questa energia per guarire era possibile. Così ho chiesto se avrebbe funzionato con Regina. "È un ostacolo dover continuare a fare tutte quelle iniezioni ed essere preoccupata per il suo corpo fisico. Non vogliamo questo, vero?"

R: No, abbiamo usato il suo corpo un po' troppo duramente. Questo non è sempre un bene.

D: *Cosa sta causando il diabete?*

R: Il suo cervello funziona ad un livello e il suo corpo ad un altro. C'è un conflitto. C'è conflitto anche solo nelle dinamiche fisiche che non sono facili per il corpo. Sto osservando.

D: *Nel mio lavoro la causa del problema di solito risale a vite passate o ad una particolare situazione nella loro vita attuale. Ma la sua storia non sembra rientrare in questi schemi.*

R: La sua storia non si adatta a questo. Lei è quasi come un "bambino in provetta", abbiamo scaricato informazioni in un corpo fisico ed erano davvero oltre la capacità di contenerle del corpo. La sua capacità di ricevere, di muoversi avanti e indietro, l'ha resa la candidata perfetta su cui fare esperimenti. Questo non sembra molto positivo, ma lei ha la capacità di spostare le montagne. Ha la capacità di pensare in modi che sono fuori dagli schemi umani. Ha un'abilità e ha già raggiunto risultati al di là della comprensione umana, quindi si è offerta volontaria per questo lavoro. Non è un errore. Questi download facevano parte dell'accordo; semplicemente erano troppe informazioni. Ha creato un conflitto su cui non possiamo davvero concentrarci, in parte perché la sua espansione è il nostro obiettivo primario. La sua espansione. Lei è come quell'antenna. Lei è come un bambino in provetta per i trasmettitori. E noi abbiamo scaricato e scaricato e scaricato, e spinto la sua capacità, spinto la sua capacità e spinto la sua capacità. Questo ha causato effetti fisici collaterali. Ora è un grosso problema. Poiché non viviamo in un corpo, penso che siamo insensibili agli effetti collaterali. Sapete che non viviamo in un corpo e di conseguenza non capiamo che può essere sovraccaricato. Non abbiamo niente, nemmeno parole empatiche per il suo corpo fisico.

D: *Ma ora capite che state causando un problema? (Sì) Così potete aiutarla? (Sì) So che lei lo apprezzerà. Lei deve vivere in questo corpo fisico.*

R: Noi vogliamo che viva a lungo, purtroppo non vede quanto sta facendo al suo livello. Proprio come te, ha molti libri da scrivere. (Risate) Sta solo ciondolando. Dovrebbe darsi da fare. Capiamo i suoi dilemmi nella sua vita e la sua preoccupazione per i suoi figli, suo marito e i suoi voti. Capiamo tutte queste cose della sua esperienza umana, ma ha altro lavoro da fare. Le abbiamo dato informazioni per molto tempo e lei sa cosa dovrebbe fare.

D: *Torniamo al suo corpo. Il diabete sta causando ogni tipo d'effetto collaterale. Dimmi cosa vedi guardando dentro il suo corpo.*

R: Il pancreas viene altamente influenzato dalle energie fluttuanti, questi corpi energetici sono influenzati da queste energie, anche tu hai un'esperienza simile. Non nella misura in cui succede a lei, ma senti l'energia come fa lei. Lei aveva chiesto in precedenza perché lo zucchero fosse alto e basso, alto e basso. Bene... anche la sua vibrazione oscilla agli estremi in simil modo. Alto e basso, alto e basso, alto e basso, quindi una cosa che aiuterebbe davvero, è continuare a meditare. Se fa del lavoro energetico per concentrarsi solo su... (si interruppe) ma il suo corpo lavora su alto, basso, alto, basso, alto basso, non reale... Non so come spiegarlo.

Disse che poteva lavorare sul pancreas e riportarlo alla normalità, ma doveva portare più energia per farlo. Chiamò altre persone perché venissero ad aiutarlo. Sono arrivati rapidamente. "Stanno esaminando il suo corpo per vedere se ci sono danni e ce ne sono".

D: Causati dal diabete?
R: Causati dalla fluttuazione delle frequenze. È proprio questo che ha danneggiato la capacità del corpo di controllare gli zuccheri. Sto osservando. Loro sono specializzati e io sono solo parte dei loro circuiti energetici. Stanno pettinando il suo corpo, aggiungendo la loro energia alla sua energia, in modo che il corpo abbia abbastanza forza per dirigersi da solo verso la guarigione. Il corpo stesso ha tutte le informazioni di cui ha bisogno per rimanere in perfetta salute. Ma poiché le energie fluttuano così tanto, a volte danneggiano le capacità interne, quindi in realtà ciò che stanno facendo è aggiungere colore, vibrazione e forza, questo è il modo migliore per dirlo. Energia è una parola a cui siete più abituati, ma quando pensate all'energia aggiunta, aumentate il potere di quell'energia. Ora stanno lavorando su un blocco proprio nel suo collo. E un blocco al centro della schiena che ha effettivamente bloccato l'energia. Ha rallentato parte dell'energia e la capacità del corpo di guarire. Quindi stanno rimuovendo i blocchi, i blocchi energetici in modo che il corpo possa portare più energia al cervello e ai diversi organi coinvolti, che sono tutti. Tutti sono stati colpiti, ma lei sta andando alla grande in questo corpo, che è uno strumento.

D: È uno strumento prezioso e vogliamo che continui ad usarlo. Quindi è stata brava anche con le fluttuazioni dell'energia?
R: Sì. Si è mantenuta di buono spirito. Quand'era stanca o malata era comunque positiva e andava avanti. Stiamo lavorando sulla schiena, il collo, il cuore. La funzione del cuore è stata ridotta e la stiamo uniformando, eliminando alcuni blocchi. Stiamo liberando il percorso verso gli occhi. Ha alcuni blocchi.

D: Diceva che le cellule degli occhi hanno queste rotture. Potete lavorare su questo?
R: Sì, e stiamo eliminando i puntini neri che vede. Stiamo operando l'aneurisma nell'occhio per liberarlo. La sua mascella le ha dato molto fastidio.

D: Mi avete detto in passato che a volte questo è dovuto al fatto che non è in grado di parlare di ciò di cui ha bisogno.

R: Questo blocco in realtà era più fisico per lei. Stava avendo effetti collaterali da farmaci che non aveva bisogno di prendere. Ma li ha presi per un po', sperando che migliorassero il diabete e aiutassero il pancreas, ma hanno peggiorato un po' tutto il resto. Gli effetti collaterali che soffriva erano principalmente dovuti al farmaco più che al diabete. Ora starà meglio. Stiamo esaminando tutto il suo corpo con il colore. Il colore è importante. Il suono è importante. È quasi come prendere un filtro e spazzolarlo attraverso il corpo... come in tre dimensioni.

D: *Mi ha detto che lo zucchero nel sangue era così alto che doveva continuare a prenderlo ad intervalli di poche ore, solo per sapere quali iniezioni fare.*

R: Sì, è stato incontrollabile e sto cercando di vedere se possiamo farlo guarire completamente. Dovrebbe notare una differenza. Dovrebbe sicuramente risultare dal test. E dovrebbe essere una dimostrazione per lei che esistono i miracoli, perché ne stiamo preparando uno tutto per lei proprio in questo momento.

D: *Mi mostrate miracoli ogni volta. So cosa potete fare. È bello lavorare con voi.*

R: Questa donna sa che ti ha visto lavorare bene con noi. Ha capito che si trattava più della tua capacità di lavorare con le energie superiori che con l'ipnosi. L'ipnosi è una parte, ma nel quadro più ampio delle cose, tu hai la capacità di lavorare con l'energia. Allo stesso tempo sono entrambi importanti, ma è un dono che hai. Tu scivoli... anche se forse non riesci a rendertene conto, scivoli verso altre realtà. Quando stai lavorando, non devi sapere ciò sta succedendo, ma le domande che fai, tutte le immagini che ricevi e molto di tutto questo è lavoro inter-dimensionale.

D: *Il mio lavoro è solo cercare di aiutare le persone.*

R: Ma è la tua energia che ti permette di farlo.

D: *Sto anche cercando di insegnare agli altri come fare a contattarvi.*

R: Sì. Stai facendo un buon lavoro. Davvero. Stiamo ancora lavorando sul pancreas e il pancreas sta rispondendo in modi che non sapevo essere possibili. Vuole guarire. Sta lavorando con noi, sta lavorando completamente con noi. Ha una propria coscienza separata dalla sua mente. Ha un suo piccolo universo lì. Ora sarà equilibrato e ci sono molte entità qui che lavorano per questo.

Stavamo arrivando alla fine della seduta e volevo essere sicura che avessero finito di lavorare sul pancreas. "Saremo vigili e continueremo il nostro lavoro sul suo corpo. Saremo più consapevoli e ci prenderemo cura del suo corpo, aiutandola e assistendola. Il pancreas è probabilmente migliorato dell'80-90%. Lei noterà una grande differenza. All'inizio eravamo un po' scettici sul fatto che avremmo potuto trasformare questo pancreas in un pancreas sano, ma sai cosa, lo vediamo tornare in piena salute. Quindi, anche se non è sotto ipnosi, possiamo continuare a lavorare con lei.

CAPITOLO DIECI
DIVORATORE DI MONDI

APRIL ENTRO' IN SCENA E SI TROVO' SUL PATIO DI UNA GRANDE e lussuosa struttura in pietra gialla. Si ergeva su una montagna sopra un oceano. C'erano dei pilastri che reggevano un baldacchino. Sembrava essere una residenza di lusso. Si vide indossare qualcosa come una tuta con maniche lunghe e pantaloni molto aderenti. Era fatta di uno strano materiale metallico, eppure era morbido come un tessuto. Sopra a questa tuta, indossava una tunica, bianca, corta e larga, con una cintura di stoffa dorata ai fianchi. L'intero abbigliamento le sembrò strano. Vide d'essere un giovane, maschio, molto alto, dai capelli lisci e neri. La sorpresa arrivò quando chiesi il colore della sua pelle. "Ha una sfumatura grigia. Non è verde, ma ha uno strano colore. Quasi come un marrone chiaro, ma con una sfumatura verde. Sono già stato in questo luogo, ma non vivo qui". Chiesi di darmi una descrizione più chiara di quel posto arroccato sopra il mare.

A: È come una residenza, ma un po' come un luogo di incontro. Come un quartier generale o dove le persone si incontrano. Ci sono persone che vivono lì, ma è più per le riunioni del consiglio, le riunioni strategiche.
D: *È per questo che sei lì? (Sì) Ci sono altre persone o ci sei solo tu?*
A: No, ci sono altri dentro. Alcuni sono fuori, altri sono dentro.
D: *Ti assomigliano?*
A: No. Ci sono razze diverse da posti diversi. Forme di vita diverse. Ci incontriamo qui. Ci sono alcuni il cui corpo non è umanoide. La mia faccia è diversa. Non è come una faccia umana normale.
D: *Mi stavo chiedendo questo. Cosa c'è di diverso?*
A: Non è rettile ma è corneo, un po' squamosa. Ci sono come delle escrescenze e picchi, non è liscia. E i capelli sono lunghi.

All'inizio pensai di parlare con un umano, ma ora mi era ovvio che questa creatura sicuramente non era umana. Descrisse i suoi occhi: "sono molto grandi e neri. C'è una doppia lente, una doppia pupilla.

Hanno una lente che copre, come una pupilla dentro una pupilla. È strano". Non sembrava che ci fosse un vero naso, ma c'era una bocca.

D: *Devi consumare qualcosa?*
A: Liquidi.
D: *Quindi non devi consumare cibo solido? (No) Ma hai detto che provieni da un altro luogo, forse da questo stesso pianeta?*
A: Da qualche altra parte. La maggior parte di queste persone sono venute da altri luoghi. Questo è un "raduno". È come una strategia per incontrarsi e pianificare.
D: *Vi riunite molto spesso?*
A: Non troppo spesso. Questa riunione è stata richiesta. È un incotro speciale.
D: *Quindi c'è stata una chiamata generale per incontrarsi lì? (Sì) Questo gruppo ha un nome? Ti sembra che vi siate riuniti in passato?*
A: C'è un consiglio. Ci sono diverse galassie coinvolte, diversi pianeti che sono coinvolti.
D: *La riunione avrà luogo all'interno di questo edificio?*
A: Sì, c'è un'area all'interno che è come l'Olimpo. E' come un incontro di - non dei - ma un incontro di esseri di mondi diversi.

Condensai il tempo e lo portai avanti alla riunione. Chiesi se ci fosse qualcuno al comando.

A: C'è una grande area, come un cerchio incassato con gradini e sedili dove siamo tutti seduti, c'è una piattaforma rotonda, rialzata al centro del cerchio. Una grande sfera olografica progetta un essere o una coscienza che sta gestendo la riunione.
D: *Quindi questa persona o essere è da qualche altra parte, viene proiettato da questa sfera olografica e voi siete in grado di vederlo.*
A: Sì, viene trasmesso. Questa non è l'unica riunione. Ce ne sono altre in corso simultaneamente. Riunioni in luoghi diversi a cui sta trasmettendo la stessa impostazione, quindi è una chiamata generale.
D: *Scopriamo di cosa tratta. Perché vi stanno riunendo tutti per una riunione speciale?*

A: C'è una specie di crisi o di emergenza che sta minacciando... direi, molti dei pianeti. È qualcosa che si muove nello spazio-tempo, attraverso l'universo e sta creando molta energia oscura, sembra che stia inghiottendo dei mondi interi. Come?

D: *Sa da dove proviene quell'energia oscura?*

A: Lo sa, ma non lo dice. È come una forza che in qualche modo è penetrata da un altro universo o qualcosa al di fuori del nostro spazio-tempo. È estranea. Non dovrebbe essere qui. Si sta diffondendo e mentre si muove, cambia i pianeti. Li rende oscuri ed è quasi come se li stesse mangiando. Sta consumando i pianeti che non sono forti nei loro campi.

D: *Sta influenzando l'energia di questi pianeti?*

A: I pianeti che sono ignari che non hanno un forte campo di luce intorno alla loro orbita. Vengono assorbiti o circondati o qualcosa del genere. Sono presi da questa energia. È come se la luce morisse sui quei mondi e quindi la luce deve essere rafforzata. E' come se ci fosse una chiamata: la luce deve essere rafforzata in questi altri mondi. È come un campo di forza, una cosa oscura. È come un essere gassoso, vivente che si sta alimentando.

D: *Quando assorbe il pianeta, influenza le forme di vita che sono sul pianeta?*

A: Li muta, li cambia e sembra che porti via la vita dal pianeta. Lascia queste stelle sterili e morte.

D: *Quindi qualcuno ha scoperto che questo stava accadendo?*

A: Sì, non capivamo cosa stesse succedendo, però alcuni hanno visto dei detriti. I pianeti che avevano vita ora sono cambiati e gli ci è voluto del tempo per capire cosa stesse succedendo. Non sapevano cosa stesse succedendo e quindi non sapevano come informarci. Ora dobbiamo avvertire i leader o i consigli sui loro pianeti. Per fargli sapere che questo fenomeno è là fuori, così che possano creare la strategia per illuminare i mondi in modo da poterlo deviare. Perché si nutre dei mondi deboli e lascia quelli forti.

D: *Questo significa che i mondi deboli sono più negativi?*

A: Sono meno evoluti. La loro luce è più debole. Sono inconsapevoli, disconnessi dagli altri. Posti dove ci sono conflitti; che sono fuori armonia.

D: *Cosa vogliono che tu e gli altri esseri facciate al riguardo?*

A: C'è un piano che i leader conoscono. E' come se fossimo emissari, otteniamo le informazioni da portare ai nostri mondi per poter unificare, educare, cambiare le frequenze in modo che diventino più forti, più luminosi, con un campo di luce più solido.

D: *Quindi come vogliono che lo facciate?*

A: C'è un'energia, quasi come una scatola. Come un'impronta olografica. Sembra che la parola giusta sia una "tavoletta". Quasi come un libro o una tavoletta dove a tutti vengono date le istruzioni giuste che dobbiamo riportare indietro con noi.

D: *Ti è stata data una di queste tavolette?*

A: Sì, ma è piena di frequenza. Sta ronzando, è pieno di elettricità, colore ed è come se fosse viva.

D: *Questo ti darà le istruzioni su ciò che dovresti fare?*

A: È ciò che devo riportare indietro e consegnare sul mio pianeta. Tutti ne ricevono uno.

D: *Andiamo avanti fino al punto in cui stai riportando le informazioni al tuo pianeta. Come fate a tornare sul vostro pianeta? Vedi te stesso mentre lo fai.*

A: C'è un vortice che si apre, come una specie di wormhole [un canale spazio-temporale] che hanno creato. Proprio come un wormhole, un'apertura in cui ognuno entra per ritornare al suo mondo.

D: *Quindi sa dove portarvi?*

A: Sì, uno alla volta.

D: *Andiamo avanti fino a quando sei arrivato sul tuo pianeta. Che aspetto ha quel luogo?*

A: Ci sono alte, alte guglie, come edifici alti e appuntiti che arrivano ad una certa altezza. È una città enorme, ma gira lentamente sulla superficie del pianeta. Non tocca la superficie. E' come se stessero estraendo, non estraendo, ma quasi come se ci fossero dei tubi simili ad aghi che vanno nel pianeta... sono collegati al pianeta. È come se il pianeta alimentasse energeticamente la città. La base non si muove, ma la città gira lentamente. Il centro ha dei piccoli picchi. Intorno ai bordi ci sono queste enormi guglie che salgono, e dell'energia viene generata tra questi picchi. Sembra un po' come quando si montano le uova o la meringa e c'è un picco sopra. Intorno ai lati sembra proprio così.

D: *Hai un lavoro o qualcosa che fai in quella città? Vediamo cos'è che fai.*

A: Sono un intermediario. Sono come una specie di corriere, una specie di collegamento.

D: *E hai riportato la tavoletta?*

A: Si. Alcuni di noi non ce l'hanno fatta. Sono stati attaccati. In qualche modo i wormhole di trasporto, sono stati interrotti o intercettati e non sono riusciti a tornare ai loro mondi.

Questo suonava simile alla sessione di Rebecca. Lo stesso tipo di teletrasporto, ma usando termini diversi.

A: È quasi come se questa energia oscura sapesse del nostro incontro e avesse impedito ad alcune persone di tornare indietro.

D: *Sembra una specie d'intelligenza.*

A: È un'intelligenza. È un'intelligenza superiore.

D: *Anche se è una forma negativa.*

A: Non la vediamo come negativa. La vediamo come una forma di vita che non appartiene a questo universo. E sta cercando di ritrovare la strada, ma si è persa e sta consumando. Sta facendo quello che fa ed è distruttiva nella nostra linea temporale.

D: *Quindi è confuso.*

A: Lo è.

D: *Non appartiene davvero a questa realtà?*

A: No. È solo ciò che è, ma sta distruggendo dei mondi. Nel suo ambiente naturale ci sono altre leggi fondamentali dove esiste, insieme ad altri come lui. E lì non sarebbe distruttivo. È uno spazio diverso, una realtà dimensionale diversa.

D: *Quindi in quello spazio esiste in armonia perché appartiene a quella dimensione.*

A: Esatto. Ciò che fa qui non è quello che fa là.

D: *Quindi tutto è fuori equilibrio. (Sì) Quindi cosa farà la tua gente per cercare di migliorare la situazione?*

A: Devono riunire le persone, rafforzare i loro campi, addestrare le persone, condividere le informazioni, educare le popolazioni e i mondi energeticamente, amplificando la forza in ogni essere. E questa tavoletta è come una tecnologia che attiva, emana un campo, allena la popolazione con un campo, amplifica la forza biologica e tutto inizia. È come se la radiazione, il bagliore, la bio-forza diventi più forte e consapevole. Ogni membro della popolazione è... sviluppano un senso di unità, come se tutti fossero

sulla stessa lunghezza d'onda, connessi e il campo del pianeta si rafforza. Cambia il campo del pianeta.
D: *Questo sarà in grado di allontanare l'altra energia.*
A: Non gli piace la luce. Si allontana dalla luce.
D: *Quindi dovete aumentare la luce delle persone e del pianeta?*
A: Questa cosa viene da un mondo oscuro. Non gli piace la luce.
D: *È davvero innocente. Non conosce la differenza.*
A: Non la conosce e l'unica strategia è rendere la luce più brillante. Devo aiutare a proteggere la tavoletta e ad attivare la popolazione in tappe. Non avviene tutto in una volta. Ci sono diverse fasi che devono aver luogo per non creare disarmonia. Dev'essere integrata, quindi c'è una linea temporale per l'aggiornamento delle forme biologiche.
D: *Quindi dev'essere un processo graduale. (Sì)*

Ebbi l'impressione che sarebbe stato un processo molto lungo e che l'entità sarebbe stata molto coinvolta nel suo sviluppo. Così decisi di lasciarlo lì a continuare il suo lavoro ed invocare il SC, in modo da poter ottenere delle risposte che riguardassero la vita fisica di April. Naturalmente, la prima cosa che volevo sapere era perché le era stata mostrata quella strana vita, e come si riferiva ad April. Il SC ha una logica diversa dalla nostra, ma tutto ha sempre senso quando mettono insieme le informazioni.

A: Lei ha il compito di portare la luce, di attivare la luce. Questo la mette alla prova. Ma non sta facendo il suo lavoro. Inizia e poi si ferma. Comincia e poi si ferma e comincia e poi si ferma.
D: *Ma nell'altra vita questa sembrava una sfida enorme, vero?*
A: Lo era e c'erano molte minacce.
D: *E' stata in grado di portare a termine la sua missione in quella vita?*
A: C'era un'interferenza. Lei non fu in grado di finirla. Qualcun altro ha dovuto farlo. Era rischioso per la forma di vita che aveva l'impegno dell'illuminazione. La sua forma di vita venne distrutta. C'erano quelli che volevano il potere e volevano fermare il risveglio. Avevano altri interessi e il corpo di quell'essere venne distrutto, ma non prima che il processo venisse trasferito ad altri.
D: *Così ebbe successo in quella parte del lavoro? (Sì) Ma questo com'è collegato a lei in questa vita?*

A: Ancora una volta le è stata data una tavoletta che è viva e ancora una volta le è stata data in custodia. Ha trattenuto il ricordo della incompletezza, del sentirsi in colpa senza capire che non era colpa sua.

D: *Era un lavoro importante.*

A: Era un lavoro importante che aveva dei rischi e lei era consapevole di questi rischi. Tutti lo erano, però c'era riluttanza da parte sua ad assumere quel ruolo nuovamente, perché ha la sensazione che questa volta non ci sia nessuno a cui passarlo.

D: *Cosa ne pensi?*

A: Lei è fuorviata. Ci sono altre persone a cui passarlo. Lei non sa che ci sono, ma ci sono. Ha una tavoletta vivente che deve essere trasmessa. Deve iniziare. Il processo deve iniziare. Lei è d'accordo perché l'ha già fatto in passato. Ma l'importanza del lavoro e la delusione di non essere in grado di mantenere l'integrità del processo l'hanno congelata e hanno creato un dubbio nella sua capacità, una sfiducia nelle sue abilità. È preparata, ma dubita di se stessa. Questo fa parte della condizione umana e lei ha ceduto più del previsto al programma della paura.

D: *Questa è una cosa umana.*

A: Inoltre ha preso un'ulteriore impronta del subconscio collettivo, per capire quanto sia profonda la paura umana.

D: *È qualcosa che deve superare.*

A: Sì, ma è radicata più profondamente di quanto ci si aspettasse.

D: *Bene, in quella vita si trovava in questo universo o un altro universo?*

A: È in questo universo. Non in questa parte, in un settore lontano dall'altra parte. È ancora in processo. Questo universo ha ancora questo "essere". È ancora perso e si muove attraverso l'universo. E sembra che ce ne siano uno o due altri esseri, che hanno trovato la loro strada in questo universo, quindi è un rafforzamento di mondi che devono essere spostati via.

D: *Essere spostati per stare nella loro energia.*

A: Sì, la luce. C'è un modo, una strategia. Perché c'è un'apertura per questi esseri, entità dove possono tornare alla loro dimensione. C'è un certo settore, dei mondi che devono essere illuminati quasi come un campo di atterraggio in grado di dirigere questi esseri più vicino al loro punto d'ingresso, affinché possano ritrovare la loro strada.

D: Come si sono persi in primo luogo?
A: E' stata una rottura nello spazio-tempo. C'era qualche altra energia che ha creato un'apertura, negli universi, nelle dimensioni, una fluttuazione di realtà.
D: È stato fatto inavvertitamente?
A: E' stato un esperimento che è andato male e non possono chiuderlo finché questi altri esseri non ritrovano la strada.
D: Quindi non possono continuare ad andare alla deriva?
A: No. C'è una forza direzionale d'illuminazione di un certo flusso di pianeti che può aiutare, non solo i pianeti, ma anche per reindirizzare queste forze, queste entità verso la loro dimensione.
D: Questo succede spesso quando le persone vogliono sperimentare o giocare con cose che non dovrebbero toccare.
A: C'è un'ignoranza che fa parte dell'evoluzione cosmica universale, in cui non c'è consapevolezza di altri regni dimensionali. Così, quando si compiono certe azioni, molto spesso si aprono aree d'esistenza sconosciute ed inaspettate.
D: Quindi è questo che ha causato il problema. Ma si suppone che April stia dando un certo tipo di conoscenza al nostro tempo. Questo è ciò che è venuta a fare. Non può uscirne, vero?
A: Non può e non vuole. Deve completare ciò che ha iniziato e non ha finito nell'altro mondo. Si è offerta ancora una volta di essere il corriere, l'intermediario. Il messaggero per portare questa forza vivente e rilasciare la sua energia qui in segmenti, per assistere gli altri che sono venuti anche per questo. Alcuni lo stanno facendo. Altri non lo stanno facendo.
D: Qui entriamo nella condizione umana. Li influenza. April sa che ha davvero bisogno di iniziare a fare qualcosa, ma sente che ha bisogno di spostarsi da dove si trova ora.
A: Deve muoversi. Ed è per questo che lo abbiamo reso deliberatamente scomodo, doloroso e traumatico per lei. Per assicurarci che l'integrità dello scopo non venga meno a causa di coloro che sono bloccati dalla paura.
D: Sospettavo che aveste qualcosa a che fare con questo. Farla arrivare al punto in cui deve spostarsi. (Risate) Conosco il vostro "modus operandi".
A: Sì. È stato tollerato per un po' perché c'erano cose che erano importanti per lei da capire. La fine è avvenuta qualche mese fa. Il compromesso e il conflitto in cui si è trovata, è stato accelerato

perché potesse allinearsi con una linea temporale maggiore. C'è una nuova disponibilità, per il suo lavoro e a qualche livello lei sapeva che sarebbe stata a rischio prima di questo. Questa entità l'ha protetta come le era stato chiesto di fare.

D: *Lei sente d'aver bisogno di muoversi, ma non sa dove andare. Potete consigliarla?*

A: E' importante per lei essere in alto, non essere isolata, ma essere circondata dalla natura, dagli alberi, dall'aria fresca. Essere a distanza praticabile da una piccola città. Non è nel suo interesse vivere in una città, di per sé. Il fattore di distrazione da altre energie nella sua sensibilità è troppo grande. Lei dovrebbe essere su una collina, da qualche parte sopra una città, non a livello di una città. L'elevazione dell'energia è importante per la sua chiarezza.

Suonava esattamente come dove vivo io, su una montagna fuori da una piccola città. Un posto dove posso ritirarmi e ricaricare le batterie dopo essere stata bombardata dalle energie frenetiche delle grandi città durante i miei viaggi in tutto il mondo. Ho un disperato bisogno di questo contrasto, di questo equilibrio. Dico che vivo in due mondi: i miei viaggi e la mia casa.

Continuarono a darle informazioni più dettagliate riguardo alla locazione dove spostarsi. "Colline, alberi, è protetta perché la natura, l'energia di questo pianeta, è da dove prende la sua forza. È profondamente legata a questo mondo, non tanto alla gente, ma alla Terra stessa".

A: Vuole una facile via d'uscita.

D: *Non c'è una via d'uscita facile, vero?*

A: Non c'è una via d'uscita facile, con ciò che lei deve completare. La via d'uscita facile è l'ignoranza. La via d'uscita facile è tornare a dormire. Lei non è qui per quello e quindi è una viaggiatrice. È una viaggiatrice non solo tra i mondi, ma nell'esplorazione scopre le sue abilità. Ha molti strumenti, ma il primo è quello di creare uno spazio nella sua mente, dove il lavoro può essere iniziato. Ora che ha visto la tavoletta vivente di questo altro mondo, sa molto chiaramente com'è fatta. E ciò che ha portato con sé, che non è una tavoletta materiale, ma è una tavoletta olografica, informativa, vivente e ora questa la terrà sulla retta via. Ha imparato molto e ora ha una comprensione maggiore della paura e dei suoi effetti paralizzanti.

Lavorammo sui suoi problemi fisici e il SC disse che il dolore persistente alla schiena e all'area pelvica, si sarebbe attenuato non appena avesse iniziato a fare il suo lavoro e ad andare nella direzione in cui era destinata.

A: Ecco perché è imperativo che la rimuoviamo da quell'ambiente prima che il suo corpo vada in cortocircuito con l'energia che sta uscendo da lei. Ora che ha più direzione, non ha bisogno d'essere motivata dal conflitto nel suo corpo. È un essere testardo e appassionato. E' abituata alle avversità, ma ha cercato d'essere simile agli altri per essere accettata. Non è così che funziona per lei. La sua accettazione arriverà esprimendo il dono che ha, non circoscrivendo i limiti degli altri. Rimarrà sorpresa, quando scoprirà ciò che la gente pensa di lei.

Il suo lavoro, come già sai, è parte dell'Onda (Le Tre Ondate di Volontari). E lei ha accettato troppo facilmente il programma d'insufficienza, di inadeguatezza che era perfetto per l'evoluzione umana, ma non per il potere che lei è e per la sua ragion d'esser qui. Ora noi la stiamo aiutando a cambiare marcia, in modo che possa fare un passo avanti. Lei ha la visione, il che è la ragione per cui questo particolare tempo del mondo è stato scelto per lei. Perché possa vedere che può essere fatto, che lei è parte di una squadra, una grande squadra composta da molti altri. Le riunioni del consiglio a cui l'abbiamo portata, sono ancora in corso simultaneamente. Sono ancora in corso perché sono nella dimensione universale e sta ancora avendo luogo. Questo è anche il motivo per cui la Terra viene attivata. E' il momento giusto, perché è sul percorso della luce nella direzione di questa entità.

Durante la trascrizione di questa seduta pensai che il nostro pianeta Terra è probabilmente uno di quelli a cui viene inviata energia per aumentare la luce. E' uno di quelli che aveva bisogno d'aiuto. Apparentemente il lavoro di certi volontari è quello di diffondere la luce per aiutare a sollevare la vibrazione del nostro pianeta, in modo che quella forza sperduta, errante, oscura si allontani.

Messaggio Finale:
Lei deve sapere senza alcun dubbio che è amata. È amata da molti esseri simultanei, dalla realtà simultanea che lei può essere in forma umana, ma lei è connessa a qualsiasi forma in cui si trova, che sta facendo questo lavoro. Anche se sull'altro mondo, l'altro corpo è visto come perso, in un mondo parallelo non è ancora successo nulla. Così è importante che lei sappia: la missione può essere compiuta e non è sola. È l'amore che l'ha portata qui. Abbiamo ascoltato le sue preghiere, la sua fame, le sue richieste, quando non riusciva ad accedere a se stessa. Non c'era una chiara capacità in lei, perché ha visto così tanti mondi e così tante cose che a volte le è difficile capire cosa lei sia e cosa lei non sia. Ancora una volta apprezziamo chi sei nella vita di esseri come lei, che vi fate avanti nell'elevazione della luce in questo mondo e su molti altri.

CAPITOLO UNDICI
PORTALI ENERGETICI

CAROL NON ATTESE FINO ALLA FINE DELL'INTERA INDUZIONE. Era già in una vita passata quando le chiesi di descrivere il posto meraviglioso [questo è uno dei passaggi della tecnica d'induzione che l'autrice utilizza durante le sedute]. Descrisse molti edifici bianchi e complessi situati in alto sulle montagne. Gli edifici erano costruiti tra le montagne, intorno ad una serie di cascate e circondati da molti alberi. Erano edifici molto alti con piccole finestre e tetti triangolari. Lei stava osservando la scena dall'alto, le chiesi se voleva scendere per poterla vedere meglio. "Cercherò un punto per atterrare. (Pausa) Ho trovato un posto, ma non riesco a scendere. Sento questa energia travolgente. Viene da dietro di me e da un lato di me. Penso che provenga dall'ambiente in cui mi trovo. Questo è un luogo molto sacro. Genera una forte energia".

D: Hai detto che ti piacerebbe esplorare, vero?
C: Sì, ma ho paura.

La rassicurai del fatto che fosse protetta e che poteva adattarsi all'energia in modo da non influenzarla.

C: Ora si sta scaldando ulteriormente, è molto forte. Molto più forte di ciò a cui sono abituata.

Alla fine si adatto' e trovo' un punto dove scendere. "C'è un luogo di fronte alla cascata, è fatto di cemento e piastrelle di ceramica grigia. Non c'è nessuno. È quasi come un giardino o semplicemente un posto per sorvegliare il terreno e la cascata. Non vedo nessuno. Dovrei risalire il sentiero verso gli edifici per vedere se c'è qualcuno. Mi gira un po' la testa. L'energia è un po' troppo forte". Le dissi che poteva adattarsi e che non le avrebbe dato fastidio per il breve periodo in cui eravamo lì. Iniziò a descrivere se stessa: "Il mio corpo è lungo, alto, grigio. Occhi grandi, orecchie piccole, niente capelli. Dita molto lunghe. Non riesco a capire se ho un sesso, ma il corpo è molto agile. Corpo molto forte, molto agile, veloce".

D: Quindi è un buon corpo. Hai detto che devi salire su per il sentiero?
C: Sì, salire il sentiero. L'unico modo per arrivare all'edificio principale.
D: Ok, andiamo lassù. Che aspetto ha quando ti ci avvicini?
C: (respiro profondo) Ooh... energia travolgente! Molto forte!
D: Che aspetto ha l'esterno dell'edificio?
C: Molto alto! Da dove mi trovo il lato dell'edificio sembra bianco grigio. C'è troppo vetro nero. (Fece un respiro profondo) C'è una porta.
D: Vuoi entrare?
C: Sto cercando di regolare l'energia. Apro la porta e vedo delle scale a spirale. Proprio su per le scale... è stato veloce, come se venissi guidato lì. Sì... Qualcuno sta salutando: "da questa parte".
D: Che aspetto ha la persona che sta salutando?
C: Sembra invisibile. Pura energia... pura, bianca energia.
D: Andiamo a vedere dove vuole portarti. Possiamo condensare il tempo molto facilmente. Dove vuole che tu vada? Cosa vedi?
C: Non vedo niente. C'è solo chiaro. È quasi come se stessi fluttuando verso l'alto e l'energia non fosse pesante. Ora è solo luce. Sembra che io non sia più nell'edificio. Fluttuo in alto verso le nuvole... una nuvola bianca.
D: Ora vedi qualcuno?
C: No, ma so che sono dietro di me. Mi hanno messo lì per sentirlo. Solo per me, ho fluttuato lassù per sentirlo. Ed essere semplicemente libero.
D: Puoi parlare con questa energia?
C: Vogliono che io sia lì... solo per sentire. Posso fare domande dopo averlo sentito. Sento chiarezza... pace mentale... nessun ostacolo... è troppo difficile. E l'energia mi avvolge il viso. Non so cosa significhi. Sto chiedendo, ma non chiedo a parole. Mentre le domande entrano nella mia mente, sto chiedendo telepaticamente di comunicare. (Pausa) Sto chiedendo della luce... di me che sono lì. L'energia mi sta ricoprendo. Mi sta proteggendo dal centro posteriore della mia testa, fino alla parte anteriore del mio viso. Mi stanno venendo le vertigini. Tutto è un turbinio. Mi sembra di muovermi avanti e indietro.

D: *Puoi chiedere loro perché vogliono che tu sperimenti l'energia?*
C: Per toccare... per guarire.
D: *Chiedi loro di spiegartelo.*
C: Sto cercando di regolare l'energia per fare la domanda. Per amare... per non avere paura di amare. (Risate) Ce ne sono due. Continuano a usare le mani. Vogliono che ruoti. Sono a mezz'aria, sto ruotando e cercando di adattarmi all'energia, e loro vogliono che ruoti. Continuano a dire con le mani, di ruotare in senso orario. Le mie braccia sono estese per ruotare meglio. (Entrambi iniziammo a ridere).
D: *Chiedi loro: "Dove siamo? Dov'è questo posto?"*
C: (Ridendo) Dicono: "Ciò che non sapete è che questo è del Divino. Questo è come un portale di ciò che hai chiesto". Un portale, un vortice dove entra l'energia. È dove l'energia viene trattenuta. È dove l'energia è immagazzinata, per cambiare, per trasformare e per essere.
D: *Cosa ha a che fare con gli edifici che Carol ha visto?*
C: Questo è dentro l'edificio. Il vortice, il portale è nell'edificio.
D: *Dove sono questi edifici? È un luogo fisico?*
C: Non posso descriverlo... non sono fisicamente in grado di andarci.
D: *Quindi non è un luogo sulla Terra? (No) Questo è l'unico modo che hai per andare lì?*
C: Esatto. Non puoi andarci fisicamente.
D: *Il corpo lungo e alto che Carol ha visto, possono spiegare cos'era?*
C: Quel corpo è stato usato per portarmi lì.
D: *È un corpo che Carol ha avuto in una vita fisica?*
C: Sì e no.
D: *Chiedi loro di spiegare. Sembrava fosse un corpo fisico.*
C: Sì, era fisico, ma venne coinvolto solo per guidare. Usato fisicamente per guidarla.
D: *Quindi stai dicendo che non viene più utilizzato? (Sì) Ma quel corpo sembrava un corpo strano. Lei esiste in quel corpo da qualche altra parte? (No) Era solo qualcosa che doveva vedere per venire qui? (Sì) Non avrebbe potuto venire come Carol?*
C: Avrebbe potuto, ma c'è troppa energia, è troppo forte.
D: *Questo è un portale dove l'energia viene immagazzinata?*
C: Sì. Un vortice. E' dove un vortice di energia entra e viene immagazzinato, tenuto per la trasformazione, per ciò che pensano sia necessario per voi.

D: *Quindi, quando verra' permesso alle persone di venire lì?*
C: (Rise) Basta chiedere! Hanno detto: "Basta chiedere!".
D: *Voglio dire, deve essere un certo momento della loro vita in cui hanno bisogno d'energia o cosa?*
C: No, ogni volta che ne hai bisogno puoi semplicemente chiedere.
D: *E puoi scaricare l'energia nel tuo corpo fisico o cosa?*
C: Lo fanno per una regolazione. Lo stanno facendo per aggiustare l'energia e la percezione. Il modo di pensare.
D: *Mi stavo chiedendo perché Carol doveva venire lì. È qualcosa di cui ha bisogno in questo momento?*
C: Sì e questo era un modo conveniente per portarla qui.
D: *Qual è lo scopo per cui riceve questa energia in questo momento?*
C: (Risate) Ci sono due di loro, prendono la mia testa e la mettono vicino alla loro e dicono:"Per essere uno di noi".
D: *Hai detto che l'energia era per trasformare e aggiustare. Carol ha bisogno di adattamenti?*
C: Sì. Aveva bisogno di sentire, di capire come sentirsi, come essere, come pensare correttamente... nel modo giusto. Ora si sta adattando.
D: *Quindi non era sintonizzata? (Sì) Questo è ottimo. Hai detto che hanno messo la sua testa a contatto con la loro e hanno detto che era una di loro?*
C: "Per essere come uno di noi".
D: *Cosa intendono con questo?*
C: Solo amore, puro amore.

Ora riuscivo a capire perché questo stava accadendo. Quando Carol venne per la seduta era molto depressa. Disse che tutto ciò che vedeva era il male nelle cose e nelle persone. Viveva a New York dove vedeva odio e comportamenti animaleschi. Aveva distorto la sua percezione della vita e delle persone. Potevo vedere che stavano cercando di riportarla a vedere il bene nelle persone. Questa era la ragione dell'adattamento. Dissero:"Ne uscirà. Doveva essere forte. Dopo l'adattamento ne uscirà con amore".

D: *Questo cambierà il suo modo di vedere le persone. (Sì) Perché c'è molto bene nelle persone, vero? (Sì) Anche in un posto affollato come New York. (Abbiamo riso entrambe).*

Quando Carol giunse sulla Terra, perse di vista il motivo per cui venne qui. Si fece prendere dal mondo, dal fisico, dalla negatività. Sapevano che aveva bisogno di un adattamento per rimettersi in carreggiata, per iniziare a vedere il mondo e le persone in modo diverso. Feci allora la domanda a cui tutti vogliono una risposta quando vengono per una seduta: "Qual è il suo scopo?"

C: (Ridacchiando) Essere. Esistere e godersi la vita.

Sembra semplice, me l'hanno detto molte volte, ma è ancora difficile per molte persone capirlo e applicarlo alla loro vita.

D: Disse di non essere felice e continua a voler tornare indietro, ma non sa dove dovrebbe andare. Semplicemente non le piace qui.

Quante centinaia di volte l'ho sentito dire? "Carol ha mai vissuto sulla Terra prima?" Avevo l'impressione che fosse uno dei volontaria.

C: Sì, molte volte.
D: Si potrebbe assumere che ci sia abituata, no?
C: Sì, ma questo è diverso. C'era un vuoto. C'è stata un'attesa o un vuoto, poi lei è venuta qui. Molte vite. Molte vite consecutive, poi in mezzo e lei è venuta qui.
D: Dov'era durante questo intervallo?
C: A studiare. Studiare per venire qui.

Per me era ovvio che si riferivano alle scuole sul lato dello Spirito.

D: Se c'è stato un intervallo, deve essere stata felice di averlo fatto.
C: Si, molto piacevole.
D: Perché è dovuta tornare se le piaceva studiare in quel luogo?
C: Per imparare qualcosa, per offrirsi volontaria e imparare qualcosa. Per relazionarsi con ciò che stava imparando.
D: Cosa c'è di diverso questa volta che ha scelto di venire qui?
C: E' più facile. Penso che sia più facile rispetto al passato e al futuro. Ora è facile rispetto a come sarà in futuro. In futuro potrebbe essere più difficile.
D: Lei non pensa che sia facile.
C: Oh, lo è.

D: *Ma in gran parte, è dovuto al modo in cui lei vedeva le cose, la sua percezione delle cose?*
C: Sì, ma quella l'abbiamo cambiato.
D: *Sì, questa energia farà una gran differenza. (Sì) Ora comincerà a vedere il bene e la bellezza. È tutt'intorno a lei. Solo che lei non lo vedeva. Giusto?*
C: Giustissimo.

Iniziai a fare domande dalla sua lista. Una era se dovesse andarsene da New York. Enfatizzarono sul fatto che doveva andarsene e che sarebbe stata più felice altrove, doveva solo uscire dall'energia di New York. Lavorava in un ospedale e stava raccogliendo l'energia negativa di quel posto come una spugna. Questa era una parte importante del suo problema, così le fu detto di lasciare quel lavoro. Voleva iscriversi ad un programma di veterinaria e lavorare con gli animali. Loro pensavano che sarebbe stata una scelta eccellente. "È molto influenzata dall'energia che si sprigiona dalle persone. Le stiamo dicendo di usare cautela, di essere consapevole e di proteggere".

Le diedero altri suggerimenti e poi iniziarono a lavorare sul corpo fisico. La maggior parte dei suoi sintomi erano causati dalla situazione lavorativa infelice e dalle troppe preoccupazioni. Furono in grado di rimuovere tutto questo. Le spiegarono che molti dei problemi che aveva col suo ragazzo e con i suoi genitori erano causati da vite passate. Doveva farsi forza, parlare ed esprimere i suoi sentimenti, in questo modo il karma andrebbe risolto. Prima di lasciare quel luogo pieno d'energia, chiesi se avrebbero dato a Carol un'altra iniezione d'energia d'amore e loro acconsentirono. Dal suo volto sorridente vidi che doveva essere una sensazione meravigliosa.

D: *Non andò in una vita passata. Avete pensato che fosse più importante portarla qui in questo luogo pieno d'energia?*
C: Sì. Lei conosce questo luogo. Ha già visto questo posto prima.
D: *Quindi era più importante portarla lì che in una vita passata? (Sì)*

E' importante anche per noi sapere che questo potente luogo d'immagazzinamento dell'energia esiste, così possiamo andarci se necessario, per ricaricare la nostra energia.

CAPITOLO DODICI
UNA SENTINELLA SOLITARIA

JUDY ENTRÒ IN UN AMBIENTE STRANO CHE aveva difficoltà a descrivere perché non assomigliava a nulla che conoscesse. Fece altrettanta fatica nel descrivere se stessa. Quindi, condenserò molto il contenuto di questa seduta, perché ci sono volute molte domande per determinare cosa stesse succedendo. Se il soggetto non entra in una normale vita passata, spesso fanno fatica a comprendere le circostanze. Ultimamente accade sempre più spesso. È qui che fare domande diventa un'arte, per ottenere informazioni senza influenzare il soggetto. Devo permetter loro di fornire qualsiasi informazione, il che è difficile se non c'è nulla a cui possano fare riferimento. È cosi che questo tipo di sedute acquisisce validità. Sarebbe molto più facile inventarsi una tipica vita passata (anche se so che nessuna di queste descrizioni può essere inventata sul momento) piuttosto che cercare di descrivere qualcosa di così insolito.

[Nota per il lettore: I critici accusavano spesso l'autrice d'indurre i pazienti a fantasticare sui contenuti delle sedute, quando lei si limitava ad indurre lo stato di ipnosi e fare loro domande].

Per prima cosa cercò di descrivere l'ambiente: gradini di cemento, con travi di metallo dietro ai gradini. "Sono tutti in cima a questi gradini e piccole piattaforme di cemento. Sono in piedi sulla piattaforma di cemento, ci sono dei gradini che scendono e altre piattaforme, con gradini che continuano per tutta la strada. Poi le travi nere in acciaio, una specie di griglia". Non era nel corpo, ma stava osservando se stesso in piedi su una di queste piattaforme. Indossava una tuta intera, aderente che gli copriva persino i piedi. "Un brutto color sabbia, quasi beige, marrone o grigio". Non poteva vedere il suo volto perché indossava un casco con una visiera. C'era anche una cintura con molte cose sopra. "La cintura è di metallo e qualche materiale bianco. Non è solo una cintura sottile. C'è 'roba' sopra. Sono contenitori ma non riesco a capire cosa dovrebbero essere. Intorno alla parte inferiore del casco, intorno al mio collo ci sono cose che sembrano proprio come quelle della cintura. Sono di metallo e queste cosine bianche. Il casco sembra essere attaccato alla tuta con questa specie di cinghia. Ma non è come i caschi da moto. È un po' informe, perché è rotondo in cima e scende dritto fino alle spalle. Arriva al collo in modo che la testa non sembri una palla. La visiera copre il viso ed è molto scura". Mentre lei si concentrò sul corpo, notò d'avere un aspetto maschile. Ma le dava fastidio: "Questa persona non sembra molto amichevole".

J: Non vedo nessun altro. Non mi piace molto questo posto. Ci sono tutte queste nuvole, ma forse è nebbia... nebbia bianca intorno. È quasi come se queste piattaforme fossero in mezzo al nulla. Sembra buio. Ho la sensazione di: "è la fine".
D: *Interessante. Senti di appartenere a quel luogo?*
J: Devo stare qui. Sto facendo la guardia a qualcosa.
D: *A quella stanza o cosa?*
J: Non è una stanza. È come se fosse appesa... non riesco a capire dove possa essere una cosa del genere. Non ha alcun senso per me. Ora vedo che c'è qualcos'altro. C'è una specie di edificio color sabbia laggiù alla mia sinistra. È quasi come se fossi in uno stadio e questi gradini scendessero. E a sinistra c'è un edificio che viene su. È un po' come il bordo di uno stadio. L'edificio è in pendenza verso il basso, con le scale che scendono.
D: *Quell'edificio ha qualcosa a che fare con te?*
J: Carino, l'edificio è quasi dello stesso colore dei vestiti che indosso.
D: *Questo luogo è all'esterno? Riesci a vedere il cielo?*
J: È all'esterno. Il cielo è nero o forse è notte. Non c'è nessun altro in giro.
D: *Non c'è nessun altro in giro e tu stai facendo la guardia a qualcosa? (Sì) A cosa fai la guardia?*
J: A questo posto. Sembra un avamposto o qualcosa del genere e mi sento come se fossi tutto solo, lì.
D: *Ma dicevi di avere la sensazione di non essere molto amichevole.*
J: No, penso che sia perché non sono molto felice di trovarmi qui. Sono lì perché devo stare lì.
D: *Ma se sei l'unico in questo posto, non ti senti solo?*
J: Non so se ho sentimenti del genere. Mi sento molto, come dire, automatico. Sono solo lì, con un aspetto burbero. Però non so chi potrebbe arrivare.

D: *Ma questo è il tuo lavoro... devi solo fare la guardia e vedere se arriva qualcuno? (Sì) Ma hai detto che avevi una strana sensazione, come se questo luogo fosse sospeso da qualche parte?*
J: Questo edificio è parte di tutta questa struttura. Non so se è sospeso o se con tutta questa nebbia bianca tutt'intorno... è notte. Sento freddo.
D: *Te ne stai lì e basta, o puoi muoverti da un posto all'altro?*
J: Posso muovermi. Ma devo stare qui per vedere se arriva qualcosa.
D: *Ti sembra di essere lì da molto tempo?*
J: (Sussurrando) Mi sembra di essere lì da sempre. C'è una parte di me che semplicemente "lo fa" e c'è anche una parte di me a cui non piace. Voglio che finisca.
D: *Quindi a volte viene della gente?*
J: Non erano persone. È successo qualcosa ed è per questo che sono lì... qualcosa di minaccioso. È qualcosa di nero e volante. Arriva da destra.
D: *Puoi vedere di nuovo quando è successo. Parlamene.*
J: È successo quando sono stato portato qui. È questa cosa nera con queste piccole luci sopra. È grande e arriva a gran velocità, velocissima si aggira dove mi trovo io. Devo sparare a questa cosa.
D: *Hai delle armi?*
J: Allora sì, le avevo. Non so perché sto lì e non ho niente in mano.
D: *Ma a quel tempo ce l'avevi?*
J: Sì. È una specie di pistola che fa una grande esplosione quando spara a questo cosa nera...è come un'imbarcazione. Sfreccia, velocissima ed è molto minacciosa. Non è grande.
D: *Perché senti di dovergli sparare?*
J: Perché è minacciosa, per questo posto, per me e inoltre è quello che dovrei fare. Proteggere.
D: *Cosa è successo quando gli hai sparato?*
J: C'è stata un'enorme esplosione e ho visto bianco, arancione e giallo. E' come se questa cosa nera si aprisse con un sacco di luci e finisse in pezzi.
D: *È già successo in passato?*
J: Sì, erano più grandi. Questo aveva piccole luci arancioni.
D: *Hai dovuto abbattere anche quelle più grandi?*

J: No, quello era prima. Venivano prima che io fossi sulla piattaforma. Non so dove fossi però. Erano molto più grandi quando venivano prima.
D: *C'erano altri esseri in quel momento?*
J: Sì, eravamo in molti.
D: *Tutti come te o avevano un aspetto diverso?*
J: Assomigliavano a me.
D: *Poi cosa è successo?*
J: Quando sono arrivati quelli grandi e neri con le piccole luci arancioni. Erano davvero grandi. Hanno distrutto tante cose. Ecco perché non riesco a vedere cos'è rimasto. Non è rimasto nulla. Ci sono solo i gradini e... (s'interruppe)
D: *Così quando sono arrivati hanno distrutto tutti gli altri esseri che erano lì?*
J: Deve essere così. Non è rimasto niente. Ecco perché sono tutto solo. Poi ho sparato a uno più piccolo, da allora non c'è stato più niente e sto qui ad aspettare.
D: *Forse nessuno di loro verrà più a disturbarti.*
J: No, non credo, ma non si sa mai.
D: *Ma tu non c'eri quando tutti gli altri esseri sono stati distrutti?*
J: Sì, c'ero. C'ero. Non stavo sparando.
D: *Come sono stati distrutti?*
J: È come se venissero spinti giù da qualcosa che proviene da questa grande astronave nera. È come una forza che li spinge giù e questo è quanto: sono finiti. Spinge e basta. Tutti questi corpi dappertutto. Sono ovunque! Non ci sono urla. È come se queste astronavi nere avessero questa forza di proiettare. Semplicemente abbatte le persone.
D: *Sono stati in grado di ucciderli o distruggerli in quel modo? (Sì) Cosa è successo a te, perché non sei rimasto ferito? Puoi vedere nuovamente cosa accadde.*
J: Ero in quella parte dell'edificio dove c'è la piattaforma. Ero lì dentro. La forza non mi raggiunse.
D: *L'edificio ti ha protetto? (Sì) Però gli altri erano fuori?*
J: Sì. Erano usciti tutti per difendersi. Io sono corso dentro.
D: *E hai visto cosa stava succedendo, ma non c'era davvero nulla che tu potessi fare per fermarlo.*
J: No, era troppo grande.
D: *Però dopo se ne sono andati?*

J: Sì. Però, poi, uno piccolo è tornato ed è stato allora che gli ho sparato. Si è aperto, è andato in pezzi ed è finito. Ora sto solo in piedi sulla piattaforma.

D: *E aspetti? (Sì) Sai perché sono venuti e hanno distrutto tutto?*

J: Questo è un vecchio, vecchio disaccordo. È vecchissimo. Ci hanno presi alla sprovvista, non li aspettavamo. Sono ritornati con quello piccolo, perché volevano vedere se era rimasto qualcuno.

D: *Sembra sensato. Ma hai detto che sei rimasto in questo mondo per molto, molto tempo. Che tipo di corpo hai? Pensavo che alla fine il corpo dovesse morire, no?*

J: Forse. Non sembra che io sia cambiato molto.

D: *Ora che sei nel corpo, puoi vedere di cosa è fatto? Cosa senti... come lo senti?*

J: Non sento niente, ma sembra una specie di umanoide, c'è anche qualcosa di non umano. È quasi come se si mettesse assieme un rettile, un insetto... e un umano.

D: *Tutti e tre combinati in qualche modo? (Sì) Devi consumare qualcosa per rimanere vivo?*

J: Penso che abbia a che fare con ciò che c'è dentro questo casco... quando me lo tolgo.

D: *Hai bisogno d'indossarlo?*

J: Il casco è sempre addosso. Ha a che fare con l'atmosfera. Il cibo in qualche modo entra attraverso la cintura, che ho intorno al collo e alla vita. Non c'è nessuna masticazione o attività del genere.

D: *In qualche modo viene assorbito, vuoi dire? (Sì) L'atmosfera era così prima che arrivassero queste astronavi?*

J: Ho sempre avuto questo casco addosso.

D: *Quindi c'è sempre stato un problema con l'atmosfera di questo luogo?*

J: Penso di sì.

D: *Quando vivevi lì, prima che succedesse tutto questo, avevi una famiglia?*

J: Non credo che abbiamo una famiglia. Ci sono solo tutti questi individui.

D: *Allora come vi siete riprodotti o replicati?*

J: Credo in un laboratorio.

D: *Prima che avvenisse la distruzione? (Sì) Hai detto di non avere molti sentimenti, ma ne hai abbastanza per sapere che non vuoi restare lì da solo.*

J: Sì, voglio che finisca.
D: *Però ti senti obbligato a rimanere lì e a fare la guardia al pianeta comunque?*
J: Non so cos'altro fare.
D: *Come ti senti nei confronti di quelli che sono venuti e hanno distrutto tutto?*
J: Non mi piacciono.
D: *Quindi hai dei sentimenti del genere.*
J: È anche istinto, protezione. Quando penso a tutti quelli che ho visto prima, che erano vivi allora, non sento tristezza. Non mi piace essere solo, ma non mi sento attaccato a nessuno di loro.

Conclusi che non saremmo stati in grado di imparare nient'altro, sembrava una situazione senza via d'uscita e sarebbe potuta andare avanti per una quantità incredibile di tempo. Così decisi di portarlo avanti ad un giorno importante, per vedere se sarebbe cambiato qualcosa in quella vita monotona.

D: *È un giorno importante. Cosa stai facendo ora e cosa vedi?*
J: C'è molta più luce. In effetti, c'è luce, sono seduto su quella piattaforma e mi sento come se mi stessi disintegrando... sciogliendo... morendo.
D: *Sei morto disintegrandoti?*
J: Credo di sì. Non l'ho mai visto prima. Sta accadendo, quindi non è rimasto molto, ma è sulla piattaforma ed è luminoso.
D: *Quindi pensi che sia ora per te di lasciare quel luogo? (Sì) Sei rimasto lì abbastanza a lungo? (Sì) E il corpo si sta disintegrando? (Sì) Ma questo non ti dispiace, vero? (No) Tu volevi uscire da lì. (Sì) Cosa succede? Ti dissolvi e ti sciogli?*
J: Sì, rimane un mucchietto di cose. Credo che sia il casco, ma è di colore diverso ora. Riesco a vederlo a colori ora. È color sabbia, con un po' di rosso, un po' di blu e un po' di giallo. Ci sono solo resti.

Questo è probabilmente ciò che accadde agli altri che erano morti su quel pianeta. Disse che dopo la distruzione c'erano corpi dappertutto, però era sempre solo e non si parlava di corpi. Probabilmente perché si erano disintegrati tutti. A quel punto lo spostai a quando era fuori dal corpo e poteva osservare la sua vita da una prospettiva diversa. Sapevo che da quella posizione saremmo finalmente stati in grado di ottenere delle risposte.

D: *Hai detto che era un posto strano. Era un pianeta? Ora puoi vederlo da dove ti trovi.*
J: Sì, era un pianeta.
D: *Cosa è successo con l'atmosfera?*
J: Ha a che fare con la nave nera. L'atmosfera era stata distrutta molto tempo fa, a causa delle rivalità tra questi due luoghi.
D: *Sono stati gli stessi esseri che distrussero l'atmosfera molto tempo prima? (Sì) Però non uccise tutta la gente?*
J: No, perché la gente si adattò. Crearono queste tute con questi caschi. Anche il loro stile di vita cambiò completamente. Furono creati tutti in un laboratorio.
D: *Chi li creava?*
J: C'era qualcuno proveniente dall'altro luogo della nera astronave, lui stava creando il mio tipo. Però c'era qualcosa che non andava.
D: *La persona che stava creando, che aspetto aveva?*
J: Aveva un aspetto umano. Non indossa un casco. Posso vedere che è umano.
D: *Ma dicevi che c'era qualcosa di sbagliato in quello che stava facendo nel creare quegli esseri?*
J: Sì. Era qualcosa che riguardava l'altro luogo, quello dell'astronave nera. A loro non piaceva ciò che stava facendo.
D: *Non gli piaceva che stesse creando questi esseri? (Sì) Perché stava creando esseri come voi? Aveva uno scopo?*
J: Sì. Voleva creare... è come un esercito... per essere in grado di combattere... il suo luogo d'origine.
D: *Per combattere la sua gente?*
J: Sì, e si tratta di potere.
D: *Stava costruendo un esercito? (Sì) È per questo che agli altri non piaceva? (Sì) Quindi sei stato più o meno costruito come un robot o qualcosa del genere? (Sì) Questo è il modo in cui anche gli altri esseri sono stati costruiti? (Sì) Eppure avevi un'anima, vero?*
J: Era qualcosa di vivo, sì.
D: *Questo doveva far parte del piano?*
J: Non poteva farci niente. Non credo che lo volesse, ma non poteva farci niente. È andata molto male.

D: *Stava creando dei robot. Non voleva che fossero vivi in alcun modo, vero?*
J: No, non lo voleva.
D: *Cosa vuoi dire con non poteva farci niente?*
J: È andato ben oltre ciò che sapeva fare. Non avrebbe dovuto farlo.
D: *Avevate la capacità di pensare, vero?*
J: Sì. Penso che volesse vedere fin dove potesse spingersi.
D: *Hai detto prima che il corpo sembrava essere una combinazione di diversi tipi? (Sì) Quindi non era meccanico, giusto?*
J: No, era in parte umano, in parte rettile e insetto.
D: *Quindi sapeva come combinare tutto questo per creare nuove tipologie di esseri? (Sì) Così quando li sviluppò, erano in grado di pensare. Era questo il punto oltre cui si spinse? (Sì) Dovette costruire ognuno di voi individualmente?*
J: No, utilizzò l'incubazione. È qui che entra in gioco la parte rettile. C'è qualcosa, quasi come uova, una specie di contenitore, li cresce lì dentro. Non deve fare nulla. Lui li combina.
D: *Mi interessa sapere come si sono replicati.*
J: Con qualcosa che inietta, che li fa crescere come rettili, come un serpente in un uovo. Ha questi contenitori e li inietta. C'è del plasma all'interno dei contenitori, lui inietta qualcosa in quel plasma. È vuoto, come uno schermo vuoto. Ogni volta che inietta, il contenuto si combina con il plasma e crea questa "forma".
D: *Ma allora è in grado di creare molte forme come quella?*
J: No, lo fa con ogni baccello.
D: *Ma hai detto che quello che stava facendo non era giusto. C'era qualcosa che non andava?*
J: Questo è quello che pensavano nell'altro posto e volevano fermarlo.
D: *Cosa intendeva fare con questi esseri che stava creando?*
J: Portarli nell'altro posto e distruggere ciò che avevano, così che lui potesse essere al potere.
D: *Quindi stava creando il suo esercito personale? (Sì) Pensi che avrebbe funzionato?*
J: Avrebbe potuto, ma le sue intenzioni non erano buone.
D: *Così sul pianeta da cui proveniva hanno scoperto cosa stava facendo? (Sì) E hanno mandato la nave nera a distruggere tutto?*
J: Sì. E sono venuti più di una volta.
D: *Per assicurarsi che fossero tutti distrutti?*

J: No, sono venuti la prima volta e hanno distrutto l'atmosfera. Ma lui l'ha fatta adattare.

D: *Questi esseri sembravano abbastanza resistenti. Potevano adattarsi, vero?*

J: È stato allora che introdusse il casco.

D: *Venne ucciso quando distrussero l'atmosfera?*

J: Non la prima volta con l'atmosfera. Ma la seconda volta, quando sono tornati e hanno ucciso tutti gli altri. Perché gli altri erano responsabili del suo sostentamento. Hanno fatto di tutto per eliminarli perché senza di loro, lui non poteva sopravvivere.

D: *Capisco. Questo è un modo strano di dirlo, ma lui era più o meno come un dio che creava tutti questi esseri. E loro lo consideravano un dio?*

J: Ci ha provato. Ci ha provato.

D: *Ha cercato di prendersi cura di loro in modo che lo adorassero come una specie di dio. (Sì) Però poi morì e tu eri l'unico rimasto lì. Come facevano a sostenerlo e a tenerlo in vita?*

J: Aveva progettato tutto in modo che l'atmosfera all'interno della sua abitazione e del suo laboratorio, gli permettesse di vivere. Creava il cibo che lo sosteneva.

D: *Quindi doveva consumare qualcosa?*

J: Esatto.

D: *Sembrerebbe proprio che fosse un genio!*

J: Lo era.

D: *Forse tutte le altre persone su quel pianeta avevano la stessa conoscenza di come fare queste cose.*

J: L'avevano.

D: *Erano tutti geni a modo loro.*

J: Penso che lui fosse molto, molto avanzato, nel luogo da dove proveniva. Pensava di poter fare qualcosa di diverso creando queste vite, finché non si rivoltò contro la sua stessa gente per poter essere al potere.

D: *Ma scoprirono cosa stava facendo. (Sì) Così ora ne sei fuori. Non devi più restare lì, vero? (No) Allora cosa farai adesso? Ora sei fuori dal corpo. Non sei più intrappolato lì.*

J: È una bella sensazione essere liberi. Mi sento molto leggero.

D: *Adesso vedi qualcun altro in giro? (Sì) Stai sorridendo. Deve essere bello vedere qualcun altro finalmente.*

J: Sì. (Con voce sollevata) Sono persone che conosco.

D: *Dall'altro posto?*
J: Da "sempre".
D: *Vuoi dire che li conosci da sempre?*
J: Sì. (Divenne emotivo) È fantastico.

Lo incoraggiai a parlarmene. Piangeva e cercava di parlare allo stesso tempo.

J: Non c'è sforzo. C'è solo un formidabile senso di pace! È semplicemente molto facile e conosco tutte queste persone! È molto luminoso. (Sussurrando) Sono tornato a casa!
D: *Com'è il posto dove sei tornato?*
J: È molto luminoso e rigoglioso. È semplicemente senza sforzo.
D: *Descrivimi gli altri esseri?*
J: Sono una specie di pura luce, ma posso ancora riconoscerli. (Emotivo)
D: *Ma dicevi di sentirti come se fossi tornato a casa? (Sì) Fu una vita strana, no?*
J: Molto strana.
D: *Sai che stai parlando attraverso un corpo umano in questo momento, mentre parli con me? (Sì) Questo è il corpo chiamato Judy, vero? (Sì) Perché Judy ha dovuto vedere quella vita?*
J: Limitazione. Aveva bisogno di sapere come ci si sente quando non si ha scelta.
D: *Nessun libero arbitrio, nessuna scelta?*
J: No, e tuttavia, allo stesso tempo, essere consapevoli di sentirsi intrappolati. E' una specie di spinta e trazione.
D: *Questa è una cosa importante da sapere per lei, vero? (Sì) Come si collega alla vita che Judy sta vivendo ora?*
J: Lei rimane bloccata da un senso di limitazione.
D: *Si sta limitando da sola? (Sì) Ovviamente, in quella vita non aveva nessuna scelta.*
J: E ora ce l'ha. Si limita con le sue credenze limitate. Ha dimenticato.
D: *Dimenticato cosa?*
J: Che lei è illimitata.
D: *Mi avete detto molte, molte volte che non ci sono limitazioni, vero?*
J: No, non ci sono.
D: *Vuoi dire che l'ha dimenticato? (Sì) Quindi si è messa delle limitazioni da sola? Ma è quello che fanno gli umani, no?*

J: Sì, ma non devono farlo, non più. Ha bisogno di ricordare che c'è un altro modo.

D: *Ce ne parli? Queste saranno ottime informazione per lei.*

J: Ha a che fare con ciò che crediamo di essere capaci di fare. Abbiamo enormi capacità. Molte di queste capacità non le usiamo. Le abbiamo usate in passato.

D: *In altre vite?*

J: In molte altre vite.

D: *Abbiamo usato queste capacità, vuoi dire?*

J: Sì. Ora hanno dimenticato. Non le usano. Ora creiamo vite basate sulle limitazioni. Accettiamo le limitazioni. Accettiamo così tante limitazioni. Però non è necessario accettare queste limitazioni.

D: *Ci facciamo prendere dalla cultura e da quello che la gente ci condiziona a credere.*

J: È questo che deve cambiare.

D: *Vuoi dire in questo momento in cui il nostro mondo sta cambiando? (Sì) Credo che si possa dire che molte persone sono ancora intrappolate nella stessa vecchia routine.*

J: Molti, molti, moltissimi.

D: *Vanno in giro come robot e zombie. Non comprendono ciò che possono davvero realizzare. (Sì) Dobbiamo uscire da questa routine, vero? (Sì) Se poteste parlare con loro, cosa gli diresti? Cosa diresti a Judy?*

J: Sei al sicuro. Nessuno ti farà del male ora, puoi alzarti e parlare.

D: *Come può superare queste limitazioni che si è imposta?*

J: Ha bisogno di ricordare.

D: *Ricordare cosa? Perché questa sarebbe un'informazione molto importante per la gente del nostro tempo.*

J: Meno resistenza. È come questo colore marrone. Sento questa resistenza. È come questo velo marrone che scende.

D: *Non c'è motivo di avere un velo lì, no?*

J: No. Ha bisogno di ricordare. Ha bisogno di ricordare da dove viene. Ha bisogno di ricordare quel posto. È venuta da quel posto. Il posto che è molto luminoso, privo di sforzi, e c'è tanto amore.

D: *Cos'altro c'era in quel posto?*

J: Appartenenza... è come il tutto!

D: *È lì che andiamo alla morte e ci dirigiamo verso il lato degli spiriti, o è qualcos'altro?*

J: È più grande. Ha passato così tanto tempo di questa vita sentendosi come se non appartenesse a questo mondo. Non era una di loro. Ma si è dimenticata di CASA. A casa non c'è appartenenza. Essere e nient'altro. Lei è lì!

D: *Ma lei ha scelto di venire qui sulla Terra in questo momento, vero? (Sì) Ed entrare in un corpo umano? (Sì) Perché ha scelto di venire qui ora?*

J: Per il presente, per questo tempo, per ricordare. Per questo tempo del "Risveglio". Gli "altri" sono qui per risvegliarsi.

D: *Ho una domanda sull'altra vita, prima che ce ne andiamo. Sembrava che fossero esseri fabbricati, non è vero? (Sì) Ma come ha potuto entrare una scintilla di vita, in quel tipo di corpo?*

J: Era una combinazione genetica.

D: *La sua anima era sicuramente in quel corpo. (Sì) Quindi possiamo entrare in qualcosa anche se è fabbricata?*

J: Prendendo il materiale genetico, sì.

D: *Quindi bisogna che sia coinvolto del DNA? (Sì) Se si crea qualcosa e l'anima è disposta ad entrare? (Sì) Ma non è stata una buona idea, vero? (Risate)*

J: Non è stata una buona idea.

D: *Sai che ho avuto altri casi in cui gli esseri erano come dei robot e tuttavia qualcuno scelse d'entrare in loro e fare esperienza.*

J: È possibile.

D: *E le persone che li crearono non capivano che c'era una scintilla di vita in loro.*

J: No, gli si ritorce contro.

Cominciai a far le domande della sua lista. Iniziai dai suoi problemi fisici.

J: In questo momento la sua forma fisica è stata aumentata. Cambiata. DNA e altre parti. Questo per migliorare la sua capacità di comunicare non solo con quelli con cui lavora su questo pianeta, ma per comunicare in un senso più ampio. Ci stiamo prendendo cura del suo corpo. Aggiustamenti, perfezionamenti. È tutto necessario in questo momento. Ce ne sono molti. Lei è solo una parte. Ci sono molti che stanno sostenendo cambiamenti e adattamenti.

D: *Mi è stato detto che lo stanno facendo anche a me.*

J: Sì, nessuna paura.
D: Mi hanno detto che fanno aggiornamenti costantemente. È questo che intendi?
J: Sì. Perfezionamenti.
D: Aggiustamenti per far funzionare il corpo come dovrebbe? (Sì) Non mi piace parlare di me stessa, però è questo che sta succedendo anche nella mia vita? (Sì) Perché le cose stanno accadendo davvero in fretta.
J: Tu diventerai un faro e la luce si diffonderà in lungo e in largo. Molti la vedranno e ne saranno attratti. E verranno da te come una falena va verso la candela. Se prima non erano consapevoli o interessati, ora vedono che vogliono farne parte.
D: Capisco. È per questo che ora c'è un interesse per i film con i miei libri?
J: Sì, ma stiamo parlando non solo dell'interesse per il tuo lavoro su questo pianeta, ma alludiamo ad altre forme di vita che sono attratte da te. Il lavoro sta attirando la loro attenzione. Diciamo: "Grande attenzione. Con la A maiuscola".
D: Quindi è per questo che il mio lavoro sembra che sia pronto ad uscire su larga scala? (Sì) Vogliamo entrare nella cinematografia e in una serie TV. (Sì) E stanno arrivando nella nostra vita persone a cui non avevamo mai pensato prima.
J: Comunicazione. Si tratta di piantare i semi, spargere i semi in largo e i media sono il modo per raggiungere molte persone.
D: Quindi per noi sta arrivando il momento in cui accadrà? (Sì) È passato molto tempo, ma mi avevate detto che ora tutto è accelerato, giusto? Quindi le persone che entrano nella mia vita in questo momento sono quelle che ci aiuteranno?
J: Sì e molte altre. Siete entrambi messaggeri.
D: Questo significa che stiamo facendo quello che dobbiamo fare e quindi niente può fermarci. (Sì) Nessuna limitazione. Niente può fermarci. Voi dite che è già successo, ma a noi piace avere dei segni tangibili. Nessun dubbio, però ci piace avere segnali fisici che qualcosa stia realmente accadendo.
J: Vi daremo dei segnali.
D: Ok. Non ci direte quali saranno questi segnali, vero? (Risate)
J: Questo rovinerebbe il divertimento!
D: È ciò che avete detto in passato: non sarebbe una sorpresa!

J: (Ad alta voce) Siamo insieme sulla stessa barca! Hai molta assistenza.

Messaggio Finale:
Lei è amata. Non ha paura di nulla, di nessun ricordo, di nessuna prova del passato. Sono solo questo: ricordi. Ora è il momento. Adesso è il punto focale, il presente. Quello che sei, quello che pensi. Nel momento presente è ciò che stabilite. Non trascinatevi dietro questo karma di cose inutili. Lasciate andare. Siamo molto contenti di lavorare in questo momento, a questo livello, con un potenziale così entusiasmante per questo pianeta. È un momento critico, ma sarete in grado d'essere efficaci solo se resterete in piedi e accetterete ciò per cui siete venuti.

Mentre stavo chiudendo la seduta, dissi che di solito invoco il SC, però sentivo che gli stavo già parlando. Mi è stato detto che NON avevo parlato con il SC. Alche risposi: "Beh, avevate tutte le risposte". E loro risposero: "Le abbiamo sempre".

CAPITOLO TREDICI
UNA COLONNA DI PIETRA

QUANDO JOAN SCESE DALLA NUVOLA SI TROVO' IN UNO STRANO ambiente. C'era il profilo delle montagne, ma una nebbia rossa bloccava il sole. "Oh! Ho appena visto un'esplosione di luce! È come se il sole cercasse di sorgere. Ma sotto la foschia rossa è tutto nero. Dove mi trovo è così buio. Sono circondata dal buio. Oh! C'è un altro flash. Non è luminoso come il Sole. Ma è sicuramente più chiaro dell'ambiente".

D: Pensi di essere in piedi in quella oscura nebbia di fondo?
J: Sì, sì. È tutt'intorno a me. È scura e pesante. Pesante, densa e torbida...
D: È come se il sole venisse oscurato?
J: Esatto. Non sono sicura che si tratti di distruzione o se sono al di sotto di qualcosa.

Quando le chiesi come percepisse se stessa, ricevetti una strana risposta. "Come una colonna di pietra". Le chiesi ulteriori chiarimenti.

J: Se mi guardo dall'esterno come se stessi guardando me stessa, la vedo di lato... e sembra una colonna di roccia alta e sottile. È una pietra di color marrone. Non riesco a percepire quanto sia grande perché la guardo di lato. C'è un senso d'energia... come se ci fosse dell'energia al suo interno.
D: Ne vedi altre così o sei l'unica?
J: Non vedo altro che gli strati scuri della montagna e la colonna.
D: Che aspetto o sensazione ti da il terreno?
J: Torbido, appiccicoso, stagnante. Come un pantano nerastro. Mi circonda. E io sono questa pietra alta e sottile. Sembra che non sia il suo posto naturale, come se qualcuno l'avesse messa lì.
D: Quindi non appartiene normalmente a quell'ambiente fangoso, a quella foschia? (No)

Si trattava di una risposta insolita, così decisi di approfondire l'argomento. La feci tornare indietro nel tempo per capire come giunse lì.

J: È semplicemente buio. Sento un rumore SWOOSH, di qualcosa che viene dall'alto e una materia grigiastra che va dall'alto al basso.
D: *Dove ti trovi quando succede questo?*
J: Sono nello SWOOSH.
D: *Che cosa significa? Che ti stai muovendo?*
J: È come essere trasportati nell'acqua, lungo un fiume, solo che è densa. Ma non è pesante come l'acqua.
D: *Io direi che se è densa dovrebbe essere anche pesante.*
J: È piuttosto una materia grigiastra. La consistenza è come quella di un olio denso. Ma non sembra denso. Direi che è un grigio scuro, grigio ardesia, non lucido. Non è solida (fece fatica a descriverla). Sto facendo SHOO verso il basso... e sta scorrendo. Questa sostanza... questo veicolo. È un veicolo.
D: *Vuoi dire che questa sostanza è un veicolo?*
J: Il grigio, sì.
D: *Anche se è una sostanza liquida, è un veicolo?*
J: Il grigio, sì.
D: *Non è solido come noi consideriamo ogni veicolo? (No) È più un veicolo di tipo liquido? (Sì) È molto grande?*
J: Non c'è nulla con cui confrontarlo per capire quanto sia grande. È solo uno SHOO! E ho la sensazione che la sua sorgente sia qui sopra, da qualche parte. (Fece un gesto con la mano).
D: *Come se venisse dall'alto? (Sì) Senti cosa potrebbe essere la sua fonte?*
J: Un oggetto nero, metallico, rotondo... rotondo come una palla di cannone. Ma è molto grande.
D: *Quindi il veicolo acquatico ha avuto origine all'interno di questo oggetto rotondo?*
J: Il veicolo è più grande della sorgente.
D: *E tu sei questo blocco di pietra?*
J: Non vedo la pietra.
D: *Allora come percepisci te stessa? Hai detto d'essere quello SWOOSH; sei in quello ora?*
J: Sto osservando lo SWOOSH.

D: Ok. Sto solo cercando di capire come sei arrivata in quest'altro luogo.

J: Ho solo la sensazione che forse... ora sono quel blocco e sto osservando la SWOOSH. Quindi forse ora sono in quel pilastro.

D: *Pensavo che questo SWOOSH fosse un altro veicolo e che fosse ciò che ti ha portato lì.*

J: Non percepisco alcuna connessione con questo.

D: *Senti qualche legame con l'oggetto nero rotondo?*

J: Posso solo vederlo. È solo un'osservazione distaccata.

D: *Quindi senti d'essere in questo blocco di pietra e guardi quest'altro che passa?*

J: Si è fermato per fare SWOOSH e sembrava che stesse rifornendosi di qualcosa. Non vedo dove stia andando.

D: *Quindi se sta facendo rifornimento. Allora non ha nulla a che fare con te?*

J: Esatto. Mi sento solo un osservatore.

A volte è difficile capire queste sedute. Ero ancora confusa su cosa fosse e come fosse arrivata lì. Apparentemente non aveva nulla a che fare con l'altro oggetto. Spesso è simile al lavoro di un investigatore, quindi continuai a fare domande. Ero determinata a scoprire tutto ciò che potevo su qualsiasi cosa fosse l'oggetto con cui stavo parlando.

D: *Mi hai detto che ti sei sentita come se qualcuno ti avesse portata dove ti trovi, lì, in piedi nel fango. Non hai avuto origine lì?*

J: No, esatto.

D: *Vediamo dove hai avuto origine prima che qualcuno ti portasse lì. Torniamo indietro e osserviamo il luogo in cui ha avuto origine il blocco di pietra. Puoi guardarlo e capire come sei arrivata in quel luogo.*

J: Fa parte di qualcosa di più grande... come colonne tolte da un bluff.

D: *Un bluff? Intendi dire che sono state estratte da una scogliera o qualcosa del genere?*

J: Estratte. E' una metafora per... gli strati di pietra che formano le scogliere e i diversi strati. E alcune rocce sono colonne di lunghi strati e io sono stata estratta da uno degli strati di pietra della colonna.

D: *Riesce a vedere come sei stata estratta?*

J: Semplicemente sono stata rimossa.

D: *Riesce a vedere chi o cosa ti sta estraendo?*
J: No, non vedo. È quasi come un'estrazione volontaria. Non vedo una colonna rispetto a qualcuno che viene con mezzi artificiali e la estrae.
D: *Quindi la colonna stessa voleva andare da qualche parte?*
J: Sì. È come se si allontanasse.
D: *Quindi è questo che è successo? Si è allontanata dalle altre rocce? (Sì) E poi ti ha trasportato in questo luogo nel fango torbido?*
J: Questo è il senso... (È difficile trovare le parole) Solo da lì a lì. Non c'erano altri veicoli o altro. È stato solo da qui a lì.
D: *Per tua volontà?*
J: È così. Volontà, sì.
D: *Perché ha voluto spostarti in un luogo diverso?*
J: Un punto di osservazione diverso. Un punto di vista diverso. Una percezione diversa.
D: *E sentivi di dover portare con te il blocco di pietra?*
J: È solo una parte del mio essere. Il nostro veicolo, forse.
D: *Sembra un luogo piuttosto strano da osservare, non è vero? È più buio dell'altro luogo, vero?*
J: Sì, lo è. E non so se sono sotto qualcosa o no. Non mi sento come se fossi circondata. Non sento d'essere circondata dall'acqua o dal fango. Ho la netta sensazione di essere separata dall'ambiente.
D: *Quindi stai solo osservando e guardando?*
J: Sì. L'ambiente. Osservare, non solo guardare.
D: *Quindi in qualsiasi momento può trasferirti in un altro luogo volontariamente? È così? (Pausa)*
J: Mi sento bloccata!
D: *Ti senti bloccata in questo luogo? (Sì) Sembra un luogo buio dove non succede niente.*
J: Non c'è movimento. È stagnante.
D: *Ma ci sono stati altri veicoli per un breve periodo.*
J: Si sono fermati lì, ma non ho la sensazione che abbiano contribuito molto.
D: *Comunque non avevano nulla a che fare con te. (No) Cosa fai con le informazioni mentre osservi?*
J: Le tengo.
D: *Nella pietra? (Sì)*

Non riuscivo a vedere se la conversazione avrebbe potuto andare da alcuna parte. Così decisi di portarla avanti fino a un giorno importante, anche se non riuscivo ad immaginare cosa potesse essere per uno statico blocco di pietra. Le chiesi che cosa stava succedendo e che cosa vedesse.

J: Sento che la pietra è ancora lì, ma la mia energia l'ha lasciata.
D: *Non volevi restare ulteriormente in quella pietra?*
J: Avevo finito. Il mio osservare era finito.
D: *Quindi era ora di andarsene?*
J: Esattamente. Però la pietra rimane lì.
D: *Cosa farai adesso?*
J: Sto solo fluttuando.
D: *Cosa ne pensi di essere quel blocco di pietra?*
J: Lungo... lungo e secco.
D: *Ogni vita ha una lezione. Cosa pensi di aver imparato dall'essere un blocco di pietra?*
J: Non importa quanto tu sia piccolo, tutto è un contributo.
D: *In che senso?*
J: Anche compiti più piccoli sono un contributo.
D: *Un contributo a cosa?*
J: Alla conoscenza - no, non alla conoscenza - al TUTTO.
D: *Anche se alcune persone non riterrebbero che fosse un contributo?*
J: Per il TUTTO lo è, sì.
D: *Sto cercando di capire. In che modo contribuisce al TUTTO?*
J: Espansione. Ogni esperienza espande e contribuisce al TUTTO. Dal compito più grande a quello più piccolo, tutto ha un valore e una ragione.
D: *Cosa consideri che sia il TUTTO?*
J: Il TUTTO? (Rise) La SORGENTE! Il TUTTO... terminologia... energia. È più di un'energia. L'eternità. L'Infinito.
D: *Anche se eri un oggetto statico, stavi contribuendo all'informazione totale? È questo che intendi?*
J: È qualcosa di più dell'informazione. Non è conoscenza. Non è informazione. Non mi viene in mente la parola. È più grande dell'esperienza, ma l'esperienza è la parola migliore.

Mi hanno detto innumerevoli volte che il nostro linguaggio è insufficiente per spiegare questi concetti. Spesso hanno difficoltà a trovare le parole giuste, quindi fanno del loro meglio con il nostro vocabolario limitato.

D: *Alcune persone pensano che ciò che stanno facendo sia poco importante ed insignificante?*
J: È assolutamente vero.
D: *Ma tutto ha uno scopo?*
J: Tutto contribuisce.
D: *Tutto contribuisce al "tutto"?*
J: Si al TUTTO.
D: *Ma ora che sei fuori da quella vita, cosa farai?*
J: Voglio solo fluttuare ed essere libera. Fuori da quella pietra. Non c'era movimento. Voglio solo respirare. Senza restrizioni. Voglio solo fluttuare... ed essere libera.
D: *So che ti stai godendo questo momento, ma andiamo avanti e scopriamo cosa succede. Dove andrai alla fine?*
J: Vedo una luce multicolore. Come un prisma, ma è come una nuvola e si muove. È una specie di bianco, verdino. No... non è l'aurora boreale, ma ha quel movimento ondulatorio. E ci sono delle venature colorate.
D: *Dove pensi che si trovi?*
J: È semplicemente così. Non ha un posto. Esiste e basta. Mi sembra di entrarci dentro. Mi sembra che sia così. È confortevole. È così e basta".

Non le sembrava che ci fossero altri con lei, ma si sentiva emotiva. "Come se piangesse, ma non un pianto negativo. Non voglio sentirlo". Mise la mano sulla zona del cuore, sul petto.

D: *Perché no? Hai detto che è una bella sensazione.*
J: Non è brutta, ma non sono sicura che sia buona.
D: *Perché non ti sembra che sia buona?*
J: Perché è triste.
D: *Perché ti fa sentire triste?*
J: Non lo so. È solo quello che sento.
D: *Beh, è qualcosa che non potevi provare come un blocco di pietra. Mi sembra un effetto positivo.*
J: È una sensazione... che è diversa dall'essere nella pietra. Non ho provato nulla. Nessuna emozione.

D: Rimani a lungo nei colori?

J: Ora mi sembra di esserci dentro più a fondo. Sono più circondata dai colori. La nebbia ondulante, verdina e bianca... non è nemmeno una nebbia. Sono completamente immersa in essa. Sono circondato. È una sensazione insolita, ma è una bella sensazione.

Dalla descrizione, sapevo che era tornata alla Sorgente o era passata al lato dello Spirito. A volte la descrizione sembra simile. Sapevo che alla fine avrebbe dovuto lasciare quel luogo, così la feci avanzare finché non se ne fosse andata e le chiesi cosa stesse vedendo in quel momento. Fece fatica a riconoscere e a descrivere a parole ciò che stava vedendo, perché non riusciva a capirlo. Dico sempre al cliente di fare del proprio meglio. So che quando iniziano a parlarne, diventa tutto più chiaro.

J: Non so cosa sto vedendo. (Ridacchiando) È quasi come essere in una caverna. Ma non c'è niente sopra la mia testa e non è un'entrata.
D: Cosa intendi con una grotta?
J: È buio. C'è luce, ma non è una luce intensa. Non è all'aperto.
D: Come si sente il tuo corpo?
J: Hmm, forse come un insetto. Forse è una formica che si alza su due zampe ma... più grande... molto più grande.
D: Come il corpo di una formica?
J: (Iniziò a fare dei movimenti con le mani, cercando di descriverlo) Sì, le zampe nere e sicuramente un corpo utile. Il corpo è sicuramente usato come un lavoratore, rispetto ad un umano. Ha sensi, sensazioni e vista. Questo corpo è strettamente legato alla sua funzione di lavoratore. È strettamente utilitaristico. Non ha altro scopo se non quello di svolgere il suo lavoro.
D: Ci sono altri come te?
J: Non vedo nessuno, ma mi sembra di essere al comando, come un supervisore. Però non vedo altri.
D: Come ti senti ora che sei lì?
J: Sono e basta.

Questa fu un'altra vita strana. Avrei potuto andare oltre, ma decisi che era giunto il momento di invocare il SC ed ottenere delle spiegazioni. L'aveva sicuramente portata in vite molto insolite, non ordinarie. Ero curiosa di sapere cosa significasse tutto questo, cosa avesse a che fare con Joan e al motivo per cui aveva richiesto questa seduta.

J: Il valore. Tutto è valore. Ogni cosa dell'esperienza umana, anche se viene etichettata come buona o cattiva, ha valore.
D: *Tutto questo dimostra come anche un blocco di pietra abbia coscienza? (Sì) E lei ha detto di essere l'osservatore. Era questo il suo compito come blocco di pietra?*
J: Era un accordo, non un lavoro.
D: *Disse anche d'essersi trasferita dal luogo in cui era nata, a quest'altro strano luogo... volontariamente, credo. È così che è successo?*
J: Solo per scelta.
D: *Quindi si è trasportata da un luogo all'altro? (Esatto). Ma è rimasta bloccata nel secondo luogo.*
J: Era necessario. C'era bisogno di lei. È stato necessario.
D: *E quegli strani veicoli che vide? Puoi spiegare qualcosa al riguardo? (Pausa) Non sembravano affatto veicoli terrestri.*
J: Fu una sottrazione. Una trasmutazione d'energia dall'ambiente. Fu una trasmutazione. (Fece fatica a spiegare).
D: *In quel luogo oscuro? (Sì) Fai del tuo meglio mi interessa sapere cosa significa.*
J: Qualcosa è necessario e viene fatto per necessità. Sta trasmutando.
D: *Quindi stava cambiando l'energia oscura in qualcos'altro? È questo che intendi?*
J: È come respirare. Tu inspiri e questo espirava. Stava trasmutando il respiro. Era un processo di eliminazione dei prodotti di scarto di quel pianeta.
D: *Era questo che causava gli strati... il prodotto di scarto?*
J: Era stato distrutto.
D: *Il pianeta è stato distrutto?*
J: È stato corrotto e distrutto. Il suo stato naturale fu distrutto.
D: *L'ha visto in strati di nero e rosso. Questo ha qualcosa a che fare con la distruzione?*
J: Sì. La parola migliore è "inquinato", ma era molto più che inquinato. Era stato distrutto.
D: *Qualcuno o qualcosa l'ha distrutto?*

J: Non so se sia stata una volontà interna o esterna.
D: Ma stava accadendo qualcosa per distruggerlo?
J: No, non doveva essere distrutto.
D: Hai detto che il suo stato naturale è stato distrutto.
J: È come lo stato naturale della Terra. Non è la Terra, ma è come se lo stato naturale della Terra fosse stato abusato, distrutto e inquinato.
D: Al punto da distruggersi?
J: Esiste ancora, ma l'energia deve essere trasmutata. Ha bisogno di essere pulita... ripulita.
D: Quando è stato distrutto, c'erano degli esseri viventi lì?
J: Credo di sì, ma non necessariamente esseri in senso fisico.
D: Una forma diversa?
J: Sì, non energia fisica.
D: Solida?
J: Esatto. Era un'energia cosciente. Un'energia individuale, consapevole, come popolata dall'energia consapevole degli individui.
D: Hanno contribuito alla distruzione? Hanno causato l'inquinamento?
J: Sono stati mal consigliati. È un po' come ciò che sta succedendo sulla Terra: le persone sono fuorviate dai comportamenti dell'avidità altrui. Però loro non sono riusciti a riconoscerlo in tempo.
D: Quindi hanno finito per distruggere tutto sul pianeta? (Sì) E lei è andata lì per osservare ciò che stava accadendo?
J: Per osservare lo stato della post-distruzione.
D: Quindi l'altro veicolo rotondo, la palla di cannone nera, stava dirigendo quest'energia per aiutare a trasmutare l'energia negativa?
J: Per distruggere... l'energia distruttiva... esatto.
D: Quindi doveva essere trasmutata in un'energia normale? (Sì) La trasmutazione è avvenuta attraverso questo veicolo rotondo?
J: È stata facilitata dal veicolo.
D: Quindi ci sarebbe voluto molto tempo per riportare il pianeta alla normalità, non è vero? (Sì) Quindi questo era uno dei compiti di quel veicolo?
J: E la colonna doveva osservare i progressi.
D: C'erano degli esseri a bordo o all'interno di quel veicolo?

J: Esseri automatizzati. Facilitavano l'operazione.

D: *E il suo compito era solo quello di osservare e assorbire la conoscenza e le informazioni? (Sì) Pero' poi è andata in un altro luogo dove c'erano molti colori e ha detto d'aver sentito una strana sensazione nel suo corpo. Dove si trovava il luogo con i colori ondulanti?*

J: È uno stato d'inizio, ma è troppo limitante. Quindi era uno stato d'energia. Uno stadio del primo stato.

D: *Ho avuto clienti - non voglio metterti le parole in bocca, ma - ho sentito parlare di uno stato simile, in cui sono tornati al punto di partenza, alla Sorgente. Stiamo parlando dello stesso stato?*

J: Sarebbe una porta d'accesso alla Sorgente.

D: *Quando iniziarono a fare esperienza? (Sì) Disse di aver provato una strana sensazione nel petto. Cos'era questa sensazione che stava provando? Non la riconosceva.*

J: Non voleva andarsene. Non voleva andarsene.

D: *La maggior parte delle persone non vuole andarsene.*

J: Era una separazione. Non voleva essere separata.

L'ho sentito dire molte volte quando le persone tornano alla Sorgente da cui tutti abbiamo avuto origine. Sperimentano un tale amore e una tale unione che non vogliono andarsene e tornare al fisico. Durante un'altra seduta il SC disse: "Le abbiamo dato solo un piccolo assaggio di com'è la Sorgente. Se le avessimo dato di più non avrebbe voluto tornare nel fisico". Quindi a volte è necessario ricordare al cliente da dove proviene e dove tutti noi alla fine torneremo.

D: *Poi andò in un luogo dove le sembrava d'essere un'enorme formica. Potete spiegarglielo? Stiamo cercando di aiutarla a capire.*

J: Anche nell'attività di funzionamento, c'è l'assistenza agli altri.

D: *Disse di sentirsi come un operaio.*

J: Ma allora il ruolo era quello di assistere nella supervisione, non una supervisione autoritaria, piuttosto una supervisione gentile, di guida.

D: *Ok. Cosa stavate cercando di dire a Joan mostrandole queste cose?*

J: Tutto è importante! Tutto contribuisce!

D: *Joan ha avuto molte vite come essere umano?*

J: Troppe. (Ridendo)

D: *Pensavo che le vite della seduta fossero le uniche che avesse avuto e che questa potesse essere la sua prima volta come essere umana. (Risi) Ma mi sbagliavo non è vero?*
J: No. Ha avuto molte vite umane. È stanca. Odia essere umana.
D: *Perché è stanca?*
J: È molto attaccata. Fa esperienza d'ogni cosa. (Esitando) Qualcuno le racconta una storia e lei sperimenta quella storia. Qualsiasi cosa. (Fece fatica a spiegarsi) Si sente sopraffatta. Vediamo se riesco a spiegarmi. La sua esperienza non è solo la sua esperienza, se questo ha senso. Anche l'esperienza degli altri è simile alla sua esperienza.
D: *È troppo empatica? È questa la parola? (Sì, sì) Non è mai un bene essere troppo empatici.*

Questo è uno dei problemi di molti guaritori e operatori energetici. Diventano troppo empatici con i loro clienti. Si fanno carico dei loro problemi e dei loro sintomi fisici.

J: Sì. Ed è per questo che è stanca. Può sentire una cosa e sperimentarla. È come se cercasse di sperimentare tutto per non dover tornare di nuovo. (Rise)
D: *Sì, l'ho già sentito dire. (Ridevamo entrambe). Però disse di non capire le emozioni.*
J: Diventano più che opprimenti. È troppo. L'empatia è troppo. Non è eccessiva. È massimizzata.
D: *Ecco perché pensavo che non fosse mai stata in un corpo umano prima d'ora, perché non capisce le emozioni.*
J: Beh, lei è di tutti e forse questo la confonde, separare se stessa dagli altri.
D: *Avrebbe senso. Ha anche detto di non aver mai provato l'amore. Non lo capisce. Credo che l'abbia provato, ma non lo capisce. Ti sembra corretto?*
J: Teme che sarebbe come la goccia che fa traboccare il vaso e che sarebbe più di quanto possa sopportare.
D: *Allora è per questo che si tiene alla larga? (Sì) Ha anche sperimentato quello che lei chiama "suicidio emotivo".*
J: Aveva bisogno di una pausa. C'erano troppe emozioni in entrata. Ma ora ne è fuori.

A quel punto era arrivato il momento di porre la domanda "eterna" a cui tutti vogliono una risposta: "Qual è il mio scopo?".

J: Indeterminato.
D: Non è venuta con un piano?
J: Per assistere. Sposta l'energia.
D: Come sposta l'energia?
J: In parte con l'intenzione e in parte creando una connessione come si fa con la serratura. Si mette la chiave in un buco. La si gira e si apre.
D: Ma consapevolmente lei non sa che lo sta facendo?
J: Lo sospetta. Non si dà abbastanza credito.
D: Sposta l'energia dove vive o cosa?
J: Ovunque si trovi. Non importa dove viva. Sposta l'energia. È assistenza. Assiste il cambiamento.
D: Il cambiamento che sta giungendo o cosa?
J: Il processo è già iniziato. Lei sta assistendo l'energia. Si potrebbe dire "più in alto", elevando le vibrazioni attraverso consapevolezza e scelta.
D: E lo sta facendo per aiutare l'intero pianeta? (Sì) Spiega cosa intendi per cambiamento. Ne ho sentite parlare molto.
J: È sempre un cambiamento naturale. Il cambiamento è cambiamento, ed è costante. Un cambiamento ora è rappresentato da vibrazioni più luminose, più luminoso. Vediamo. Un cambiamento verso... movimento verso l'evoluzione... e definito "frequenza vibratoria più alta". È complesso. La frequenza. L'evoluzione è la spinta in avanti.
D: Mi è stato detto che questo è un momento molto importante in cui stiamo vivendo.
J: Essenziale.
D: Ok. Un momento essenziale in cui stiamo vivendo. Ci siamo tutti offerti volontari per essere qui a fare lavori diversi. È questo il suo scopo?
J: Si, per assistere. Per assistere nello spostamento delle energie.
D: Ma non deve fare nulla consapevolmente? La gente vuole sapere: "Cosa devo fare?". (Risate)
J: L'intenzione consapevole assiste coloro che sono disposti e aperti a essere assistiti. Quindi è la stessa medaglia... solo che le facce sono diverse.

D: Perché non si può costringere nessuno a fare qualcosa che non vuole fare.

J: Esattamente.

D: Voleva sapere se doveva lavorare con i cristalli, anche se ha paura dell'energia.

J: Sì. Lavorare con i cristalli aiuterà con la paura associata all'energia. Ne sarà affascinata, li troverà interessanti, sarà aperta e saprà come usarli. Tutto ciò di cui ha bisogno è l'interesse. Se c'è un corso bene, altrimenti se lo imparerà da sola.

D: Un'altra cosa che voleva chiedere è come avere una connessione più chiara e personale con voi? Può farlo a livello cosciente? Come può contattarvi?

J: Basta prestare attenzione e non preoccuparsi di: "Lo sto facendo bene? C'è un modo migliore per farlo?". Presta solo attenzione.

D: Le ho detto che comunque le parlate sempre? (Sì, sì.) La meditazione è un buon metodo?

J: La aiuta a rilassarsi, ad essere più aperta.

D: Come farà a distinguere tra la vostra voce e quella della sua mente egoica?

J: Lo sa. Lo sa già. Deve fidarsi di ciò che conosce. Fidati di quello e agisci piuttosto che cercare di essere analitica.

Il SC ha poi risposto a domande personali sulle relazioni familiari. Siamo infine passati alle preoccupazioni fisiche. Il SC disse che il suo problema principale erano le preoccupazioni inconsce. Questo causava gran parte del disagio fisico in alcune parti del suo corpo.

J: Sospetta e sa che c'è una connessione, ma non sa bene quale. Sa che il segnale c'è, ma non sa a cosa punti il segnale. Possiamo aiutarla mostrandole che attraverso la respirazione c'è una liberazione. È facile, purché non lo riprenda. Cerca dei dettagli e poi si preoccupa di quali possano essere questi dettagli.

D: Quindi crea le cose di cui si preoccupa?

J: Esatto. Comprende molto bene: "Togliersi dai piedi". Noi possiamo alleviare la tensione, ora sta a lei evitare che torni. È più consapevole di non sforzare i muscoli e di essere più delicata con il proprio corpo. Sta diventando più consapevole di avere un buon corpo e ne è molto grata. La serve bene.

Joan aveva alcune domande curiose, voleva sapere di tre luci dorate in formazione triangolare che aveva visto nel cielo l'anno precedente.

J: Era un unico vascello e in realtà era inter-dimensionale. Nel suo stato d'animo in quel momento, riuscì a coglierne il movimento.
D: *Questo è il tipo di veicolo che entra ed esce dalle dimensioni? (Sì) Perché le fu permesso di vederlo in quel momento?*
J: Per validare ciò che conosce. A volte ha bisogno di conferme. Non tanto da altre persone, ma una certezza della sua verità. Ha più valore per lei, della certezza che le viene da altre persone. Proprio perché sa che è reale.
D: *Un'altra domanda su quello che le è successo quando era a Machu Picchu nel 2008. Sapete cosa intendo? (Sì) Potete spiegarglielo?*
J: È stato quando ho detto: "La chiave entra nella serratura"? È entrata nella toppa e lei si è spostata. Vediamo: "La apriva o la chiudeva?". La sua energia era la chiave per aprire. Era un'apertura. Un cambiamento per aprire un'energia in una dimensione diversa. Una dimensione che non vediamo come esseri umani. Era lo sblocco di un'energia.
D: *Perché doveva essere sbloccata in quel momento?*
J: Per aiutare lo spostamento, il cambiamento. Era un'attivazione.

Messaggio finale:
J: È amata. Tutto va bene, come dovrebbe essere.
D: *Quindi non serve a niente preoccuparsi di qualcosa?*
J: Non serve. È molto meglio spendere l'energia che trasformarla in preoccupazione. Ci sono modi migliori di spendere l'energia che non attraverso la preoccupazione.

CAPITOLO QUATTORCI
UN OSSERVATORE MANDATO AD AIUTARE LA TERRA

QUANDO MAGGIE GIUNSE SULLA SCENA L'UNICA COSA CHE RIUSCIVA A VEDERE erano colori. "Una specie di color vino, bordeaux. Prima c'era una specie di tunnel arancione e dorato, ma ora c'è solo un colore intorno a me. È come se lo guardassi, ma sono anche parte d'esso. Non riesco affatto a vedermi. Mi sembra d'essere nello spazio. È più simile all'aria, non sento nulla di veramente solido. Mi sembra di fluttuarci dentro, mi circonda. Sembra che non sia nulla. Mi sembra di non avere né freddo, né caldo. Non vedo molto, ma so di essere lì".

Il paziente si sente come se non avesse un corpo e sente d'essere parte del tutto. Questo accade sempre più spesso. Continuo a fare domande e le informazioni arriveranno. A quel punto cominciò a vedere il cielo blu e alcune nuvole. Sembrava che le guardasse dall'alto. Poi scorci di sabbia rossa. "C'è qualcosa che è un po' ondulato. Non so se siano rocce o alberi, ma non è piatto, è piuttosto ondulato".

D: *Sembra che sia desolato.*
M: Sì, è ciò che sembra. È un abbastanza vuoto. Per lo più solo rocce, sabbia e... qualche masso. Non credo ci siano piante o altro.

Le chiesi di guardarsi. "Non riesco a capire se sono una persona o qualcosa del genere. Non so se devo toccare il suolo o... posso semplicemente muovermi senza dover camminare. Posso spostarmi sulla superficie, ma non devo toccarla. Penso che ci siano alcune pietre di tipo montuoso che salgono in alto, sottili e affilate. Posso avvicinarmi e osservarle".

D: *Vuoi andare laggiù?*

M: Sì, penso di voler andare a dare un'occhiata per vedere cosa siano. Sembrano molto rocciose e alte, dritte e appuntite. Una specie di punte simili ad un cono.

D: *Vuoi dire che le rocce sorgono appuntite e affilate? (Sì) Ci sono molte rocce così?*

M: C'è un'intera area, un'intera zona. C'è un'altra parte che sembra un albero o qualcosa che sta crescendo, ma ha un aspetto appuntito. Non sembrano alberi veri e propri, ma sembrano enormi peli che crescono.

D: *Non sono foglie normali, vero? (No) Ci sono molti di questi alberi?*

M: Sì, ce ne sono parecchi. È solo un posto... vuoto.

D: *Come se nessuno ci vivesse?*

M: Sì, credo che non ci fosse nessuno.

D: *Sente di appartenere a quel posto?*

M: Penso che lo sto solo guardando. Ora mi guardo intorno, osservo e basta. Non credo sia un posto dove andare... non c'è niente qui.

D: *Allora pensi di aver visto abbastanza; vuoi andare da qualche altra parte?*

M: Sì, penso di sì. Credo di poter volare ed in qualche modo sono lì. Basta che mi muova!

D: *Non hai bisogno d'essere in qualcosa?*

M: No. Faccio solo uno zoom quando voglio andare.

D: *In questo modo sei libera. Senza restrizioni. (Sì) È una sensazione meravigliosa, vero? (Sì) Lo fai da molto tempo?*

M: Per qualche motivo mi sento più come una bambina, ma forse è così. Mi sembra di farlo da sempre. Mi sento come un bambino che esplora ogni luogo.

D: *Pensi di aver mai avuto delle responsabilità o è sempre stato tutto così libero e spensierato?*

M: Non saprei dire cosa c'era prima.

D: *Sei mai stata in un corpo fisico?*

M: Non sembra un corpo. Non un corpo, ma un cerchio d'energia o qualcosa del genere. È come se non fossi fatta per avere un corpo.

D: *E nessuno ti dice cosa fare?*

M: Non credo di conoscere qualcuno.

D: *Conosci il pianeta Terra? (Sì) (Questo posto non sembrava per niente come la Terra) Cosa ne sai?*

M: È bellissima!

D: *È vicina al luogo in cui ti trovi, sul pianeta con gli alberi dall'aspetto strano?*
M: Non so quanto sia vicino.
D: *Non importa. Puoi andare dove vuoi. Quindi non hai mai avuto motivo di andare sulla Terra?*
M: No. Vedo la Terra sopra di me e mi rende triste.
D: *Ma tu sei più un osservatore, giusto? (Sì) Guardi le cose e accumuli molte informazioni in questo modo? (Sì).*

Sembra che lo spirito possa fare quello che vuole finché non viene coinvolto nel fisico. Poi, una volta sulla ruota karmica, è soggetto a restrizioni.

D: *C'è un posto dove devi tornare e fare rapporto a qualcuno?*
M: Credo di dover tornare da qualche parte, ma non so bene dove. Mi sembra di andare a vedere. Cerco di capire e poi torno a parlarne, credo. Mi piace osservare ogni luogo. Cerco di capire come tutto stia andando. Se tutto va bene o no.
D: *È una grande responsabilità, vero?*
M: Sì. Mi sento triste quando le cose non vanno bene.
D: *Cosa ti rende triste?*
M: Alcune creature, alcuni animali, stanno morendo... stanno morendo.
D: *Su alcuni pianeti, vuoi dire?*
M: No, solo sulla Terra.
D: *Non lo fanno in altri luoghi?*
M: Sì, ma la Terra sembra essere diversa.
D: *E questo ti preoccupa? Ti rende triste?*
M: Sento di amare troppo la Terra. Qui succedono delle cose.
D: *Ma alcune di queste cose sono normali, no? Le persone devono vivere. A volte devono fare del male agli animali, no?*
M: Sembra che sia normale, ma è anormale. È come se la Terra fosse una persona. Forse può migliorare di nuovo.
D: *Hai detto che a volte devi tornare da qualche parte e raccontare ciò che hai visto? (Sì) Com'è quel luogo?*
M: Non sono sicura. Penso che sia molto lontano da dove mi trovo. Penso che la ci siano altri esseri o persone che debbano sapere cosa sta succedendo qui.
D: *Non ci possono venire da soli?*

M: Penso che rimangano lì, ma che altre persone vadano a scoprire certe cose e tornino a raccontarle.

D: *Così hai un lavoro importante, no?*

M: Sì, credo di sì.

D: *Stai facendo qualcosa di utile. Stai riportando informazioni. (Sì) Che aspetto hanno queste persone? Gli esseri da cui torni e con cui condividi le informazioni?*

M: Sembrano molto alti, con delle tuniche e non hanno nessun tipo di volto. Sembrano molto calmi. Vogliono fare cose buone, perché tutto vada bene. Io non sono come loro, ma mi sembra di lavorare con loro.

D: *Dove devi andare adesso?*

M: Penso che basti andare, guardare, vedere e poi torno indietro. Sono andata in altri posti, ma la Terra è la migliore.

D: *Vorresti mai andare a vivere sulla Terra e restarci?*

M: Sì, è uno dei miei preferiti.

D: *Allora dovresti essere in un corpo fisico, vero?*

M: Sì, dovrei.

D: *Più che volare in giro ed essere l'osservatore, dovresti entrare in un corpo fisico, vero? (Sì) Cosa ne pensi di questa idea?*

M: Penso che sia così. Non posso essere dappertutto, quindi dovrei restare in un posto solo. Sono entrambe buone idee. Devo decidere cosa fare.

D: *C'è qualcuno che ti aiuta a prendere una decisione?*

M: No. Devo solo entrare e chiedere.

D: *È una decisione importante. (Sì) Pensi che ti piacerà essere in un corpo fisico?*

M: Penso che faccia parte del motivo per cui sono così triste. Perché alcune delle altre persone che erano qui, se ne sono andate e io sono qui senza di loro. (Divenne emotiva).

D: *Va bene commuoversi. Sto cercando di capire. Cosa intendi per: "gli altri"?*

M: Altre persone che conosciamo sono qui.

D: *Gli altri che stanno esplorando e osservando?*

M: No, le persone che sono sulla Terra o sul pianeta. A volte è tristissimo, muoiono tutti e i vecchi muoiono. Sembra un tempo così breve.

D: *Rispetto a quello che stavi facendo tu? L'hai fatto per molto, molto tempo, non è vero? (Sì) Vivi in un corpo fisico per così poco*

tempo? (Sì) È questo che lo rende triste? Ma si può imparare molto, non è vero?
M: Sì. È solo che... non c'è niente di duraturo!
D: Ma non è così anche sugli altri pianeti dell'universo?
M: Sulla Terra sembra tutto così veloce. Non dura molto. Non importa quanto sia bello o piacevole. Tutto dura poco.
D: Devi fare tutto quello che puoi in poco tempo? (Sì) Sei consapevole che ora stai parlando attraverso un corpo fisico? (Sì) Quindi hai deciso di venire e di entrare in un corpo fisico? (Sì) Qualcuno ti ha consigliata prima di entrare in questo corpo?
M: Penso che siano quelli alti di prima. Volevano che venissi e anch'io lo volevo.
D: Ti hanno detto perché?
M: Solo per dire loro cosa è giusto per il pianeta. Dirglielo e farglielo sapere.
D: Quindi continui a fare l'osservatore e a riferire?
M: Sì, devo farglielo sapere. Riguardo a come la forza vitale del pianeta si sta rafforzando o indebolendo. Penso di dovermi connettere con essa e sentirne la forza per poterlo condividere.
D: Maggie sta accumulando tutte queste informazioni. Quando farà rapporto?
M: Penso che abbia già fatto molto lavoro. Deve lavorare ancora molto in questa vita prima di tornare indietro.
D: Quindi accumula la conoscenza e la conserva fino a quel momento? (Sì) Non fa alcun rapporto mentre vive la vita?
M: No, non credo.

Chiesi se Maggie avesse avuto altre vite sulla Terra, ma lei si emozionò e non volle rispondere. Sentii che eravamo arrivate il più lontano possibile. Così chiesi se potevo chiamare qualcun altro per rispondere alle domande e lei mi diede il permesso. La ringraziai ed invocai il SC. Ovviamente, la prima domanda che faccio sempre è: perché il SC scelse di mostrare a Maggie quella vita.

M: Per farle sapere perché è qui. Ha bisogno di saperlo. Deve sapere che è qui su questo pianeta per capire e aiutare il pianeta.
D: Quindi il pianeta ha bisogno dell'aiuto di esseri come Maggie?

M: Sì. Molto amore. Era qui, ma non prestava abbastanza attenzione. Deve essere più seria. Deve essere più seria nel prendersi cura del pianeta.

D: *Quindi è stata mandata a prendersi cura del pianeta in un corpo fisico?*

M: Sì, è così.

D: *Sta facendo la sua parte?*

M: Beh, come ha fatto a distrarsi così tanto?

D: *Conosci gli umani. È quello che fanno. (Sì) Ma di solito quando questo tipo di spirito viene sulla Terra, non fanno figli, vero?*

M: Questa è la parte più difficile.

D: *Ho scoperto che di solito non vogliono avere figli, perché altrimenti rimangono bloccati qui.*

M: Sì, è vero.

D: *Ma lei ha molti figli.*

M: Sì, è questo che la rende triste a volte. Quando pensa che li ha fatti tutti lei.

D: *Non era preoccupata del karma nel fare così tanti figli?*

M: Forse sì. Non ci stava pensando, credo. Stava solo creando, creando, creando.

D: *Sì, perché questo fa parte della vita sulla Terra, creare. (Sì) Beh, lei vuole fare di più dove vive in Canada. Puoi dirle cosa dovrebbe fare?*

M: Deve aiutare le persone ad iniziare a sentire la Terra, in modo che possano aiutare a riparare la Terra e a renderla forte nuovamente. Possiamo fare in modo che aiutino. Le persone possono aiutare la Terra. Il suo lavoro consiste nell'incontrare persone che possono aiutare la Terra, capire ed essere connesse, cosicché anche loro possano aiutare la Terra. È un progetto molto grande. A volte sembra troppo grande per lei. Penso che possa farcela.

Problemi Fisici: Maggie ha avuto le vampate di calore per diversi anni: "Deve solo bere meno caffè. Caffeina e caffè. Lo stesso vale per l'alcol. Anche le preoccupazioni possono avere a che fare con questo problema. Può ricorrere a qualche trattamento ormonale, ma deve assicurarsi di avere un buon medico che la controlli. Solo roba naturale. Niente farmaci, causano solo più problemi". Era preoccupata per il cuore, ma il disagio era causato da un eccesso di fluido che si era accumulato nel linfonodo su quel lato. Il SC lo drenò e permise che lasciasse il corpo in modo naturale.

Messaggio Finale:
Godetevi ogni momento e prendete le cose come vengono. Non preoccupatevi di ciò che pensate potrebbe o non potrebbe accadere. Andate avanti passo dopo passo. Insomma, non fermatevi. Continuate ad andare avanti. È tutto ciò che dovete fare. Continuate ad andare avanti. Non fermatevi. Non pensate di non farcela. Si può fare. E' fattibile. Continuate ad andare avanti.

Durante un'altra seduta con Manuel, nel marzo del 2012. Stavo parlando con il SC, avevamo completato tutte le domande e la guarigione del corpo.

D: Manuel aveva un'altra domanda, che era piuttosto una curiosità. Voleva sapere qualcosa sul Sole: "Il Sole è forse un "porta stellare" universale?
M: Sì, è proprio cosi.
D: Disse di aver visto esseri che andavano e venivano dal Sole.
M: Sì, li vede sempre.
D: Che cosa sono?
M: Navi interplanetarie, vascelli che ci visitano, che regolano l'atmosfera e regolano il Sole.
D: Regolano il Sole? (Sì) Gli dà fastidio lavorare nel Sole? È molto caldo.
M: No, questo è ciò che pensa la gente.
D: Quindi non danneggia questi veicoli?
M: No, sono fatti a posta.
D: Ma hai detto che stavano regolando il Sole?
M: Sì, il Sole è stato irregolare e ci sono state molte tempeste solari. Il Sole ha bisogno di regolare la propria frequenza per portare la Terra nella nuova dimensione.
D: Quindi possiamo dire che si stava disallineando?
M: Sì e avrebbe creato molti disastri.

D: *Molta gente dice che ci sono brillamenti ["mass corona ejections": esplosioni solari] sul Sole che bruceranno e distruggeranno la Terra.*

M: È quello che stava succedendo.

D: *Quindi lo stavano regolando?*

M: Sì, per controllarlo.

D: *Hanno il potere di farlo con le loro macchine?*

M: Sì, ce l'hanno.

D: *Noi pensiamo che il Sole sia così caldo che nulla possa avvicinarsi ad esso.*

M: Non è così che lo vediamo. Non è così.

D: *Com'è veramente il Sole?*

M: In realtà è freddo.

D: *Conosci la mia curiosità. Voglio sempre saperne di più. (Rise) (Sì) Dite che è freddo, eppure lo vediamo sputare fiamme.*

M: Sì, è l'illusione che crea.

D: *Eppure il calore mantiene viva la vita sulla Terra.*

M: È così. I raggi. Irradia e spara raggi che creano calore prima di arrivare sulla Terra. Per questo sembra che sia molto caldo, ma sono i raggi che scendono e si riscaldano quando raggiungono la Terra.

D: *Quindi quando partono dal Sole non sono caldi?*

M: No. E' il modo in cui entrano ed escono, regolano la frequenza prima di arrivare sulla Terra, in modo che possa adattarsi al suo ambiente.

D: *Però si era sbilanciato e stava inviando troppe radiazioni? Sarebbe corretto dirlo così?*

M: Sì. Sta aiutando il pianeta.

D: *Mi hanno detto che ci sono esseri che vivono nel Sole. (Ne ho parlato al capitolo 29 del mio libro L'Universo Convoluto - Libro quarto).*

M: Una volta attraversato, sì.

D: *Sembrerebbe impossibile, visto come percepiamo il Sole e tutto il suo calore.*

M: All'interno, sì.

D: *All'interno del sole? (Sì) Quindi ci sono esseri che vivono lì? (Sì) Il calore non li disturba perché non è direttamente sulla superficie?*

M: Si può andare in altri universi. È una stazione multi-universo. Ogni volta che devono fare un adattamento o un cambio di frequenze, affinché l'altro universo ne sia influenzato, vanno fanno il loro lavoro e poi tornano alla stazione.

D: *Vuoi dire che così gli altri universi non verranno alterati? (Esatto) Quindi tornano al Sole per ricevere le loro istruzioni o le loro informazioni? È questo che intende? (Sì) Poi escono per assicurarsi che gli altri universi siano a posto?*

M: Vanno in altri sistemi planetari, fanno lo stesso anche con altri sistemi planetari.

D: *Questo significa che il Sole è in realtà una sorta di casa base?*

M: Sì, per dare equilibrio ai sistemi.

D: *Quindi sarebbe un portale stellare universale. Questo è un altro modo per dirlo. Ci sono persone che sospettano l'esistenza di basi sulla Terra e sotto la Terra.*

M: Sì, all'interno della Terra, nel nucleo interno della Terra, ci sono civiltà.

D: *E sulla luna?*

M: Anche lì. Sull'altro lato della luna.

D: *L'altro lato della luna, quindi non si possono vedere dalla Terra?*

M: Esatto. Ci sono strutture e civiltà anche lì.

D: *Anche in questo caso gli esseri umani dicono sempre che fa troppo freddo su quel lato della luna.*

M: L'hanno adattato, la temperatura non e' un problema.

D: *Quindi vivono davvero in tutti questi luoghi? (Sì) E non fanno altro che monitorare ogni cosa? (Esatto) Sorvegliano tutto? (Sì) Mi hanno detto che non possono interferire.*

M: Dipende. Non interferiscono direttamente. Sono gli Osservatori e le Osservatrici. Manuel è uno di questi esseri.

D: *Quelli che lavorano sul Sole o l'altro tipo?*

M: Quelli del Sole.

D: *È uno di quelli che lavorano con gli osservatori? (Sì) Questo è forse in linea con ciò che mi è stato detto, cioè che in realtà stiamo facendo molte cose allo stesso tempo? (Sì) Quindi, mentre lavora con loro, allo stesso tempo vive nel corpo di Manuel. (Sì) Il che è un po' difficile da capire per noi, ma ho già sentito dire che vivono in due luoghi.*

M: Sì, per questo per la gente è difficile capirlo, soprattutto per le persone che gli sono vicine.

D: Non credo che lui faccia parte delle Tre Ondate che ho incontrato, non è vero?

M: Sì. Non ne è pienamente consapevole. Lui deve aiutarli. Noi continueremo ad aiutare.

Nel mio lavoro è diventato evidente che ci sono diverse, svariate tipologie di esseri che sono venuti sulla Terra per aiutare in questo momento cruciale. Alcuni per partecipare attivamente e altri per stare in disparte e dare la loro energia in altro modo. Gli fu detto che, essendo uno di questi esseri, aveva molta familiarità con il lavoro energetico. Questo doveva essere il suo scopo e doveva anche usare l'energia per completare una macchina energetica a cui stava lavorando. Gli diedero molti consigli riguardo a questo dispositivo solare che avrebbe utilizzato l'energia del Sole. Chi meglio di qualcuno che faceva parte di quel gruppo?

SEZIONE 4

NOI CREATORI

CAPITOLO QUINDICI
UNA DIVERSA PERCEZIONE DI DIO

NONOSTANTE IO SIA ABITUATA ALLE COSE STRANE E INSOLITE NEL MIO LAVORO, questa regressione presenta una delle percezioni di Dio più strane che io abbia mai sentito. Ciò dimostra quando le credenze e le aspettative personali di una persona possono avere un ruolo importante nel determinare dove vada e cosa veda. Questo non significa che le percezioni di Robert fossero sbagliate o erronee. Significa solo che vedeva da una prospettiva diversa. Normalmente, se una persona torna a Dio durante una seduta, lo vede come un'enorme forza energetica o come un'enorme luce brillante che emette amore assoluto. Ne sono completamente assorbiti e non vogliono separarsene. Questa è stata la norma, indipendentemente dalle convinzioni personali del cliente. Non è nemmeno necessario che credano in Dio, eppure vedono e descrivono la stessa cosa. Il caso di Robert è diverso e lo presento qui per dimostrare la varietà della mente umana. In casi come questo, tutto ciò che posso fare è solo procedere continuando a fare domande; sapendo che alla fine avrà un senso, perché il SC lo sta mostrando al cliente per un motivo specifico.

Quando Robert uscì dalla nube necessitò di tempo per comprendere dove si trovasse. Poiché sono abituata a clienti che scendono su altri pianeti, pensai che fosse ciò che stava descrivendo. "Sono su una superficie contorta che sembra una ruga. Di colore bronzeo, sembra abbastanza solida e fa delle piccole file, ma non in senso organizzato. Sembra sabbia, solo più solida della sabbia. È disorganizzata. Per esempio, come le rughe su un viso o qualcosa del genere, dove ci sono alti e bassi. Si allontanano da me e non sono parallele l'una all'altra. Vanno in direzioni leggermente diverse, non perpendicolari tra loro".

D: *Sei in grado di camminare su una cosa del genere?*
R: Penso di sì, anche se non lo sento con i piedi.
D: *Vedi qualcos'altro tutt'intorno o sopra?*

R: Qualcosa di più grande alla mia sinistra. Non so se sia una scogliera o qualcosa del genere, o una collina più grande che esce e sembra scendere gradualmente lontano da me. Sembra quasi una nebbia, vaga che aleggia sopra le rughe. È come essere lì, ma non sopra.
D: *C'è della vegetazione? (No) Guarda i tuoi piedi. Hai qualcosa ai piedi?*
R: Non vedo i miei piedi.
D: *Come percepisci il tuo corpo, o come percepisci te stesso?*
R: Non so se è il termine giusto, ma mi percepisco come una nebbia. Mi sento come se fossi una forma libera. Sono separato da ciò che vedo. Credo di percepirmi più diffuso della nebbia, non ho sostanza.
D Ma ti senti a tuo agio lì?
R: Mi chiedo perché sono qui. (Ridendo) È quasi una sensazione d'essere microscopico. Mi avvicino ad un vecchio saggio, le rughe sembrerebbero le sue. Non so cosa dedurre della nebbia, ma c'è qualcosa di familiare in questa vecchia topologia rugosa. (Risate).
D: *Pero' come si collocherebbe la scogliera in questo contesto?*
R: Beh, se fossi anche solo sotto una palpebra. (Rise)
D: *Ti sembra che sia così?*
R: Mi sembra giusto, quindi voglio dire, dovrei andare a salutare? Voglio andare e incontrare questa persona?
D: *Ti sembra una persona?*
R: Sì. Mi sembra un essere molto saggio che conosco, ma verso il quale mi sento molto insignificante. In qualche modo, sono fatto della stessa materia, ma non riesco a percepirmi.
D: *Hai detto che ti sentivi microscopico, molto, molto piccolo a confronto. Ma ti sembra familiare?*
R: Sì. Mi piacerebbe farne di nuovo parte.
D: *Ti senti come se ne avessi fatto parte un tempo?*
R: Sì. È una sensazione familiare.
D: *Allora, cosa vuoi fare?*
R: Perché non ne faccio esperienza?
D: *Vuoi dire, scoprire cosa sia?*
R: Sì e forse anche solo fondermi. Voglio andare verso l'area del terzo occhio, sulla fronte, ma è più comodo guardare lungo il naso, dove entra l'angolo delle palpebre. Per accoccolarmi comodamente e poter continuare ad osservare.
D: *Quindi ti sembra che sia un volto?*

R: Sì, sì. Sono in superficie, ma sono fuso in essa.
D: *La zona del terzo occhio sulla fronte?*
R: No, la palpebra inferiore vicino al naso, che è un posto strano. (Entrambi ridiamo).
D: *Ti fondi lì? (Sì) Perché hai scelto quella zona?*
R: Non ne ho idea. Mi ha attirato. È un posto così strano dove voler andare. (Rise)
D: *Beh, tutto ha una ragione. Vuoi allontanarti da li e vedere con cosa ti stai fondendo? Puoi farlo se vuoi e avere un punto di vista più ampio.*
R: È come un enorme vecchio. (Pausa) Una volta ho fatto una meditazione in cui venni guidato ad osservare il volto di Dio. Vidi questo grande vecchio a mia immagine e somiglianza. Mi è sembrato meraviglioso, un grande volto vecchio e rugoso. So che Dio è molto più di un volto o di un corpo o di qualcosa di simile. Sembra umanoide, ma è questa meravigliosa, ricca saggezza.
D: *Quindi è così che percepisci Dio? (Sì) Può essere percepito in molti modi diversi.*
R: È possibile.
D: *Se questo ti fa sentire a tuo agio.*
R: Beh, Dio è in tante forme diverse e Dio è a tanti livelli diversi, ma questa spiegazione mi sembra buona, mi sembra corretta. È come essere a casa!
D: *Questo è il tuo simbolismo, percepisci così l'essere a casa, come una persona saggia.*
R: Sì, l'amore incondizionato e tutta la ricchezza, la profondità e la gentilezza.
D: *È questo che si sente quando ti fondi con esso? (Sì.) Non importa quale sia la parte con cui ci si fonde, è il modo in cui ci si sente una volta arrivati lì.*
R: È tornare a far parte dell'Uno.

Stava diventando ovvio che ciò che Robert percepiva come terra e creste montuose erano le rughe e la scogliera era il naso. Lo percepiva da un punto di vista microscopico.

D: *Sei da solo o senti che ci sono altri con te?*
R: È logico che ci siano altri oltre a me, anche se non li percepisco come individui. Non sono solo. Non mi sento affatto solo.

D: *Hai detto che è stato come tornare a casa. Credi che sia il luogo da cui provieni, come lo senti? Le persone possono percepire casa in molti modi diversi.*
R: Sento che sto diventando una specie di nuvola morfizzata. Ma diventando parte di questo essere, mi viene in mente un'altra meditazione che ho fatto. In cui ho visto che eravamo tutti umani, ci riunivamo per poi diventare una delle persone al tavolo della "Federazione Galattica". Questo è il modo in cui visualizzo la cosa, che dovrebbe essere l'umanità riunita, nell'Uno, in un tutt'Uno, per ottenere un posto a quella tavola. E non so se questa sia L'Anima Assoluta, o se sia qualcosa di più, ma c'è qualcosa di saggio e potente in questo individuo, in questa entità. Sta perdendo le caratteristiche umane e sta diventando molto più... amorfo.

<u>Definizione del dizionario</u>: amorfo: senza forma, di nessuna forma o tipo definito.

D: *Questo perché l'hai individualizzata, gli hai dato caratteristiche umane e ti appare in quel modo. (Sì) Ma se eri così felice lì e ti sentivi così bene, perché te ne sei andato?*
R: Non so se me ne sono andato, ma mi sono trasformato.
D: *In che senso?*
R: È come se Esso ed io e gli altri fossimo diventati questa specie di nuvola bollente di plasticità che non ha bisogno di alcuna forma; non deve avere alcuna forma.
D: *Quindi la morfizzazione è diversa dalla fusione?*
R: Sì. Fondersi, per me, significa diventare un tutt'uno con Esso; mentre nella morfizzazione la struttura e la forma precedente diventa una forma diversa, una struttura diversa, una consistenza diversa. Guardandola diventa diversa. Non è più la stessa cosa.
D: *Però mantenete la vostra individualità, anche se vi trasformate o vi fondete con Esso?*
R: Sì.
D: *Ritieni che anche tutti gli altri che sono lì, mantengano la loro individualità?*
R: Sì. Ma è come se non ci si preoccupi dell'individualità, al contrario di come facciamo qui sulla Terra.

D: *La gente si preoccupa sempre di perdere la propria individualità. Quindi senti di averla mantenuta, ma in modo diverso? Fammi capire.*
R: Sì, sono ancora consapevole di me stesso. Allo stesso tempo conosco l'Unità.
D: *Quindi non c'è separazione in questo senso?*
R: Esatto.
D: *Però una volta ti sei separato, ma dicevi che di non sentirti separato.*
R: Esatto.
D: *Sto cercando di capire questa parte. Quando hai deciso di entrare in un corpo fisico, come avviene? (Pausa) Cosa succede in quel momento? Presumo che tu abbia lasciato l'Unità.*
R: Ad un certo punto una consapevolezza se n'è andata, ma è anche rimasta. È difficile da spiegare. Ho difficoltà a trovare le parole. Da questa prospettiva, sembra quasi che, gli esseri nei corpi sulla Terra, per esempio, siano una separazione fabbricata.
D: *È una scelta interessante di parole: "separazione fabbricata".*
R: Ci uniamo nel crearla - quasi come se fossimo ancora una parte del tutto - ma con le nostre menti, abbiamo creato una realtà separata che è un'esperienza. Un'esperienza fabbricata con una creazione di realtà. Creandola in consenso con gli altri.
D: *Quindi in altre parole, non lo fai da solo?*
R: La mia parte la faccio da solo. Le altre parti sono fatte da altri, ma è una co-creazione coordinata e consapevole.
D: *Ma perché avete deciso di farlo, di entrare in una realtà fabbricata? Perché scegliere di fare questa esperienza? Anche se una parte è ancora lì, l'altra parte decide di andare e sperimentare qualcosa di diverso. C'è una ragione per cui avete scelto di separarvi in questo modo, per sperimentare la realtà fabbricata?*
R: Per fabbricare la separazione?
D: *Sì. C'è un motivo per cui hai voluto fare questa esperienza?*
R: C'è una sorta di necessità. Come un esperimento o un fenomeno o un progetto in corso che ha bisogno della collaborazione di tutti, per far sì che una certa cosa accada. Non ne capisco esattamente il motivo, ma capisco l'immediatezza della necessità di farlo. Quando ci sono persone che lo stanno realizzando e si stanno

stancando; è necessario che qualcun altro intervenga, aiuti a sostenere e a far proseguire il progetto.

D: Stai parlando di sostegno morale?

R: Spingendo il masso in cima alla collina (entrambi scoppiammo a ridere).

D: Sembra un grande sforzo.

R: E' importante. C'è il desiderio di farlo, ed è come se fossi felice di dare una mano e... (Si commosse). Sarebbe bello tornare a casa, però.

D: Pensi di esserti offerto volontario per fare queste cose o telo richiede qualcuno?

R: No, è come se fossimo tutti parte di questo progetto, ed è di nuovo il mio turno di contribuire, portarlo a termine e farlo andare avanti. Per dare a tutto questo un po' di auto-sostenibilità, in qualche modo.

D: Hai detto che era di nuovo il suo turno, quindi l'ha già fatto prima?

R: È quello che deduco dalla sensazione: mi è familiare tornare a farlo di nuovo. So che sarà un lavoro duro, ma è bello farlo.

D: Perché sceglie di farlo se sai che sarà un lavoro duro?

R: Non c'è niente di male nel lavoro duro! (Risate)

D: No, non proprio. Molte persone preferiscono prendersela comoda.

R: E se lavorandoci le cose andranno meglio, tutto sarà migliore. Ora, che io faccia parte o che non faccia parte di questa vecchia anima, o quel che è, vecchia persona... (la grande entità) che è in prestito a questo progetto; o che faccia parte della nuvola amorfa in cui mi trovo, dubito che faccia alcuna differenza. Non so se siamo tutti parte di questo insieme.

D: Ma sai perché hai scelto di farlo? Hai detto che è di nuovo il tuo turno, c'è qualcosa che vuoi realizzare questa volta? Che cosa pensi?

R: È come salire a bordo per continuare lo sforzo, perché sta per raggiungere la cima della collina e noi lo stiamo spingendo e aiutando a crescere. Lo stiamo aiutando a maturare, a diventare più stabile.

D: Cosa intende per "la cima"?

R: Penso all'auto-sostenibilità, al fatto che non ci si debba impegnare più cosi tanto perché continui a esistere, ad andare avanti. E non so cosa sia, se la Terra o aiutare la Terra o... È quasi un mettere le cose in termini fisici invece che in termini più astratti. E lo vedo più da un punto di vista astratto, come se cercassi di far accadere qualcosa, di essere presente, di aiutare le cose a procedere.

D: Ma nell'altra forma, eri più simile all'energia, non è vero? Possiamo definirlo così?

R: Sì, sì, era più simile ad una nuvola di energia o all'energia.

D: Non avresti potuto raggiungere gli stessi obbiettivi in quella forma, piuttosto che entrare in un corpo fisico?

R: Sembrerebbe di no. Sembra che l'energia - la parola che mi viene in mente - sia che l'energia debba essere manifestata.

D: Per portare a termine questo lavoro, questo compito?

R: Questo è parte del nostro compito: rendere manifesta l'energia.

D: Si può farlo meglio in un corpo fisico? È questo che intendi?

R: Sembra che si possa interagire meglio con ciò che deve essere interagito, in un corpo fisico.

D: Allora, come energia, non sei in grado d'interagire? È questo che vuoi dire? (Sì) Quindi, in questo modo, è importante entrare in un corpo fisico.

R: E creare questo regno fisico, questa cosa fisica.

Uno spirito, è solo energia, un osservatore. Non può manifestare o manipolare l'energia. Questo si può fare solo in forma umana. Quindi la necessità di diventare fisico.

D: Esistenza o altro... pianeta? Le cose che accadono intorno a te. Devi essere nel fisico per farlo. Altrimenti saresti un osservatore, non è vero?

R: Esatto.

D: In questo modo interagisci con la creazione e il suo funzionamento. È questo che intendi?

R: Sì, e si è in grado di aiutare gli altri a far crescere quella parte astratta di sé che non si rendono conto di poter sviluppare.

D: Cosa intendi per gli altri?

R: Ci sono quelli di noi - non parlo necessariamente di quelli che sono venuti dal grande vecchio con me - mi viene da ridere ogni volta che lo dico.

D: Questa è la tua percezione. Va bene così. Gli altri che c'erano?

R: Gli altri che fanno parte del grande vecchio che è venuto con me per co-creare questa realtà. Per creare un supporto che gli altri possano usare per crescere, maturare e svilupparsi.

D: *Ma non è piuttosto limitante entrare in un corpo fisico per fare queste cose?*
R: È frustrante e si vuole fare più di quanto si è in grado di fare.
D: *È qui che sta la sfida, non è vero? (Sì) Inoltre, quando si entra nel corpo fisico si dimenticano tutte queste cose, non è vero?*
R: Sì. Non si può sapere quello che si deve sapere e non si può raggiungere e accarezzare gli altri. Non puoi sapere come accarezzare gli altri nel modo giusto per farli crescere, per fargli sentire la fiducia in se stessi, per fargli sentire il potere.
D: *Perché nel corpo fisico c'è sicuramente una separazione, non è vero?*
R: Sì, ed è difficile raggiungerli in modo efficace.
D: *Sì, perché ci sono molti livelli diversi, vero?*
R: Molti, e l'abisso sembra molto più grande, le divisioni... molto grandi.
D: *Ma non sono consapevoli di tutto questo. (No) Molti di loro pensano di essere qui da soli.*
R: Sì, e non vedono nemmeno la loro connessione con il TUTTO che li circonda.
D: *Ma questo fa parte delle lezioni, no?*
R: Si, ne fanno parte.

Avevamo ricevuto molte risposte da questa parte di Robert a cui stavo parlando, ma sembrava che ce ne fossero altre, che potevamo comprendere e di cui lui non era a conoscenza. Così decisi di chiamare il SC per rispondere a queste domande. Nel momento in cui si manifestò, la sua voce cambiò e fu evidente che ero in contatto con questo grande potere.

D: *Stavamo cercando le sue vite passate quando abbiamo iniziato questo seduta, ma non l'hai portato lì. (No) Fai sempre cose sorprendenti, ma ci sono abituata. C'era un motivo per cui non l'hai portato a vite passate?*
R: Le vite non erano importanti. Le vite passate non avrebbero dato le informazioni necessarie o desiderate.
D: *Ma Robert ha mai vissuto in altri corpi fisici in altre vite? (Sì) Tuttavia non era importanti conoscerle per lui? (No). Invece avete scelto di riportarlo all'Unità, che ha molti nomi, non è vero? (Sì) Come chiameresti il luogo in cui è tornato?*

R: La "sovra-anima delle sovra-anime". La parte del Creatore.
D: *Durante le mie sedute molte persone sono tornate a Dio, la Sorgente. Sarebbe la stessa cosa?*
R: Dio è molto di più. Questa è una parte della creazione. È una parte del Creatore che crea.
D: *Quindi a Robert è stato mostrato questo perché per lui è più importante saperlo?*
R: Fa parte del suo calore, della sua unità e del suo amore per se stesso.
D: *Perché volevate che conoscesse questa parte?*
R: Si sentiva così solo. Si sentiva così abbandonato. Sentiva che l'unione con l'Unità lo avrebbe aiutato a ricordare perché e come era entrato in questa vita. Ma non è separato dall'Unità.
D: *Ma noi pensiamo di essere separati quando entriamo in un corpo fisico, non è vero?*
R: Sì, e a un certo punto aveva perso la speranza di essere davvero parte dell'Unità.
D: *È per questo che volevate mostrarglielo? (Sì) L'ha percepito come un vecchio saggio, vero? (Sì) È solo simbolismo, la sua percezione o cosa?*
R: È un'astrazione di qualcosa che non ha forma e che prende forma solo per essere rappresentata o simboleggiata, sì.
D: *Era qualcosa che poteva comprendere?*
R: Sì, e qualcosa a cui si è sentito attratto per tutta la vita. Che rispettava e che gli dava potere.

Sapevo che doveva essere qualcosa di simile, perché non era certo la descrizione o la rappresentazione di Dio che avevo ricevuto da centinaia di altri clienti che erano tornati a Lui. Sembrava più la rappresentazione che la Chiesa fa di Dio, come un grande vecchio seduto su un trono, che esercita il giudizio sull'umanità peccatrice. Così, il SC l'ha presentato come un ricordo gentile che avrebbe avuto senso per Robert e lo avrebbe fatto sentire amato ed a suo agio.

Decisi di porre al SC la domanda "universale" che Robert voleva conoscere. "Qual è il mio scopo? Perché sono qui? Cosa dovrei fare nel resto della mia vita?".

R: C'è un'energia che lui porta, questa aiuta la Terra; la aiuta a finire la sua crescita, a finire la sua evoluzione. Questo fa parte del suo lavoro, del suo compito. L'altra parte del lavoro, per quanto possibile, è aiutare coloro che sono attualmente lì a crescere, a svilupparsi, a scoprire che possono aiutare con quell'energia e forse perfino essere in grado di assimilarla e assicurarne la crescita.

D: *C'è qualcosa che volete che faccia in particolare per raggiungere questo obiettivo? Gli esseri umani preferiscono ricevere istruzioni.*

R: Fare lavori energetici attraverso la meditazione. Non si rende conto di quanto viaggi durante la notte mentre dorme. Vuole fare molto di più di quello che è in grado di fare.

D: *Quindi sta già facendo molto, solo che non ne è consapevole. (Sì) Forse lo aiuterebbe sapere che tipo di lavoro sta facendo mentre dorme... viaggiando.*

R: Sta ricostruendo il campo di plasma da cui si sta materializzando la Nuova Terra.

D: *Quindi il campo deve essere costruito o ricostruito in modo che si possa muovere?*

Ho spiegato "La Nuova Terra" in molti altri miei libri ("Le Tre Ondate di Volontari e La Nuova Terra"). La Terra si sta spostando in un'altra dimensione, le vibrazioni e le frequenze stanno cambiando mentre si sposta. Tutto questo influenza anche i corpi degli esseri umani che vivono su questo pianeta.

R: Deve essere energizzato affinché possa diventare più denso nel dominio, nella densità in cui si troverà. Per raggiungere la densità appropriata al regno in cui questo corpo esisterà.

D: *Abbiamo sentito parlare molto del nostro trasferimento in un'altra dimensione.*

R: E questa è la Nuova Terra.

D: *Quindi, per farlo, il campo di plasma deve essere preparato per renderlo denso?*

R: Deve essere coltivato. Deve essere messo in opera e poi consolidato.

D: *Renderlo denso per renderlo solido?*

R: Per raggiungere il tipo di densità appropriato.

D: *Questo è uno scopo molto importante, credo, per lui.*

R: Sono in molti che lo stanno facendo in questo momento.

Questo va di pari passo con ciò che ho scoperto sulle Tre Ondate di Volontari. Sono venuti a portare un'energia speciale, per aiutare la Terra in questo momento. Forse questo è uno dei modi in cui lo fanno. Pensavo che fosse il tipo d'energia che avrebbe influenzato le persone, ma sembra che sia anche superiore, perché sta influenzando l'intero pianeta.

D: *Non sa che sta facendo qualcosa, vero? (No) Forse esserne consapevole lo aiuterà.*
R: Esattamente. Probabilmente gli farà venire voglia di essere lì e meno nel fisico.
D: *Beh, in realtà bisogna essere entrambi. (Rise) Questa è una delle cose di cui ha molta paura. Ha molta paura. Pensa che ci saranno tanti momenti terribili sulla Terra, catastrofi e cambiamenti terrestri. Ha molta paura di ciò che pensa stia per accadere.*
R: È il suo sforzo per assicurarsi che tutto vada bene. Tutto è pronto. Non mancherà nulla. Ci sarà il massimo aiuto possibile per l'altra parte del lavoro: aiutare coloro che stanno crescendo, le altre entità e gli altri individui.
D: *Ha avuto l'idea di trasformare la sua fattoria in un luogo dove le persone possano rifugiarsi quando stanno fuggendo, scappando o cercando un posto dove poter andare e restare. Ma questo significa concentrarsi sul negativo, non è vero? Cosa ne pensi di questa sua idea?*
R: Che dovrebbe concentrare di più le sue energie di crescita verso la Nuova Terra. Quest'altra sua sensazione di non riuscire a farlo in tempo, si riversa sulla sua empatia di prendersi cura degli altri e di coloro che non ce la faranno. Il risultato è che non avrà abbastanza energia per farcela. Se la fattoria ha un effetto di guarigione, forse è qualcosa che potrebbe trasformare e sviluppare al fine di offrire l'esperienza alle persone, per aiutarle a superare i momenti difficili, invece che cercare di salvarle. La fattoria e gli animali offriranno sicuramente un ambiente piacevole per coloro che sceglieranno di venirci. Ha bisogno di lavorare più con le persone che con la fattoria. La fattoria è un modo per farlo.
D: *Come vuoi che lavori con le persone?*
R: Può affidare loro la fattoria, rimanere un supervisore e fare da consulente per la fattoria. Lasciando che imparino a prendersi cura degli altri, prendendosi cura degli animali su scala più grande di

quella che potrebbero sperimentare avendo un animale domestico o qualcosa di piccolo che non fa molta differenza. Questo è prendersi cura degli animali e poi queste persone si prenderanno cura l'una dell'altra.

D: Da dove verranno queste persone a cui lui dovrebbe insegnare a fare tutto questo?

R: Ci sono diverse persone nella sua zona che non hanno una direzione precisa e che hanno bisogno di un lavoro. Avendo un lavoro, impareranno che questo è più di un lavoro, che potersi prendere cura gli uni degli altri e degli animali, è un dono. Sarà in grado di riconoscere quando qualcuno entra nella sua vita, provenendo da quell'entità, provenendo da quell'attività.

D: Ma sarà in grado di farlo? Avere i soldi per farlo, pagare loro uno stipendio all'inizio?

R: Per un po', poi dovrà diventare auto-sufficiente. Poi dovranno aiutarsi a vicenda, assumendo ciascuno un lavoro separato e facendo crescere questa attività quasi come una parte della comunità. Come una crescita della comunità, del processo educativo, delle scuole, dell'abbandono parziale della scuola. Le scuole non esisteranno più come in passato. Probabilmente lui sarà lì per l'inizio di questo processo, poi dovrà diventare autosufficiente per gli altri, perché lui andrà avanti.

D: Sembra molto importante e non ha bisogno di concentrarsi sui disastri, perché non faranno parte della sua realtà, vero? (No). Sono due mondi separati.

Il resto della seduta fu dedicato alla guarigione dei vari problemi fisici di Robert e a dare consigli personali.

Messaggio Finale:
Non arrenderti. Abbi fiducia e gioia. Abbi fede nel fatto di poter generare gioia per e negli altri. Che puoi rendere il loro cammino nel mondo migliore di quanto pensi e che, in questo modo, li aiuterai più di quanto pensi.

CAPITOLO SEDICI
INFLUENZARE I RISULTATI E LE REALTÀ

FECI QUESTA SEDUTA CON CARL MENTRE ERO A LOUISVILLE PER alcuni incontri di lavoro. Era molto silenzioso e sembrava volersi isolare dagli altri, come se preferisse essere altrove. Sua moglie era l'opposto, sembrava desiderare l'attenzione di tutti. Durante l'intervista a Carl le motivazioni di questo comportamento divennero evidenti. Viveva in una fattoria isolata, a chilometri dalla città. A lui piaceva così, ma non a sua moglie. L'organizzatore del gruppo disse che Carl era uno degli uomini più intelligenti del pianeta e che stava lavorando su teorie che voleva sviluppare. In altre parole, era un genio. Aveva quindi bisogno di pace e tranquillità. Voleva la seduta perché pensava di poter trovare alcune delle risposte che stava cercando per la sua ricerca. La seduta ebbe luogo nell'albergo in cui alloggiavamo tutti.

Quando scese dalla nuvola, Carl iniziò a descrivere scene banali: edifici, fattorie, agricoltura, persone nei campi. Tuttavia, le scene non rimanevano, continuavano a scivolare via e a trasformarsi in altre scene. Questo succede a volte quando il sistema nervoso centrale sta cercando di fornire troppe informazioni in una volta sola, e può essere come un film di scene confuse e veloci. Il trucco consiste nel far rallentare le immagini in modo che il cliente possa concentrarsi su una sola, così da poter iniziare. Tuttavia, questo non fu il caso di Carl. "Le scene cambiano troppo rapidamente. Troppo rapidamente! Sto esaminando scene enormi di persone in tutti i tipi di ambienti. Non sono localizzato. Sono sempre in viaggio, vado in molte zone diverse. Mi sembra di essere in movimento, in continuo movimento. Non ci si può fermare. Le scene cambiano perché sono in costante movimento. Non si fermano. Si ferma forse per due o tre secondi, poi passa a qualcos'altro". Avevo affrontato questo tipo di casi in passato, così dissi: "Quindi, sei più o meno un viaggiatore. Giusto?".

C: È tutto ciò che faccio.

D: Prendi coscienza del tuo corpo. Come lo percepisci?
C: Non c'è nessun corpo. Io sono una prospettiva. Sono un osservatore.

Ho affrontato molti altri casi in cui il cliente era un viaggiatore, un osservatore. Li ho esaminati in questo e altri miei libri.

C: Faccio parte dello spazio e del tempo di fondo. Non ho corpo, c'è solo la percezione. Guardo, osservo, esploro. Passo attraverso le aperture. Percorro tunnel e passerelle. La scena cambia. Viaggio ovunque. Tutto questo si ripete, a volte ci sono persone, a volte non c'è nessuno.
D: Ma non hai alcuna interazione con loro?
C: Non c'è interazione, solo osservazione. Sono solo in grado di osservare. Non credo di poter sentire questa percezione. Posso vederli, ma loro non possono vedere me. Devo solo osservare, e osservare anche l'uomo... insiemi... informazioni. Ci saranno informazioni. Ci saranno sempre informazioni. Devono esserci.
D: Come ti senti nel fare tutto questo?
C: Sento che non posso fare altro. Mi sembra di essere distribuito su moltissimi ambienti. C'è così tanto da vedere! C'è una specie di autostrada. Un'autostrada che va all'infinito. Non ci si può fermare. Non ci si può fermare.
D: Lo fai da molto tempo?
C: Sento che non ho una casa base. Non c'è niente, nessuna base o ancoraggio. Sarò sempre un estraneo... una strana unità... un estraneo che sa... molto trasparente che può vedere. Viaggio e raccolgo informazioni finché non mi sento attratto da qualcosa che mi tira e mi trattiene, ma non può trattenermi a lungo. Non può contenermi. Non può essere accurato. Non può essere trattenuto. È qualcosa che deve essere visto. Forse un problema che deve essere risolto. Ho il potere di cambiare ciò che vedo. Posso fargli assumere una forma diversa. Posso far sì che si riconformi.
D: Quindi hai la capacità di cambiare ciò che vedi?
C: Cambiare completamente. Posso fargli cambiare forma completamente. Posso piegarli.
D: E le persone coinvolte? Non va contro il loro libero arbitrio se cambi ciò che vedi?

C: Non le sto cambiando. Sto cambiando senza lavorare con gli individui, solo con grandi gruppi di persone. È l'unica cosa che mi interessa. Non mi interessano i singoli. Non possono essere importanti per me. Ho bisogno di influenzare un numero enorme di persone, le loro azioni, le loro interazioni, le loro destinazioni, in modo da poter vedere anche se si tratta di una rete di "Causazione".

D: *La "causa e l'effetto"? È questo che intendi?*

C: Non è causa ed effetto. Non è meccanico. È solo un risultato. Viene scelto un risultato. Si fa in modo che il sistema sia coinvolto nel risultato... lo si forza. Lo si costringe a raggiungere il risultato desiderato, il risultato che deve avere. Deve avere il risultato di "nessuno può ostacolarlo". Non ci possono essere interferenze! Sembra molto importante. È necessario. Non sembra importante, sembra necessario, un processo naturale. Deve accadere. L'importanza va oltre l'obbiettivo.

D: *Lo fai da molto tempo o riesci a percepire il senso del tempo?*

C: Non c'è tempo.

D: *Ma sei in grado di andare dappertutto.*

C: Ovunque.

D: *Solo sul pianeta Terra o altrove?*

C: Ne riconosco alcuni che non sembrano essere terrestri, ma non mi interessa approfondirli. Non spesso, non ho tempo. Altri luoghi senza vita vegetale. Non si muove. Non deve muoversi per vivere. Semplicemente non muore quando nasce. Ma questo descrive anche le cose che si muovono e ora ci sono cose che si muovono. E poi è diverso per un po' ed è acqua.

D: *Ma sono tutti vivi? È questo che intendi?*

C: Sono tutti vivi in un certo senso. Tutti elaborano informazioni.

D: *Qualcuno ti ha detto di andare a fare queste cose?*

C: (Voce potente.) Nessuno mi dice niente!

D: *Nessuno ti da istruzioni?*

C: Nessuno dà istruzioni. C'è solo libertà. Mi sembra di raggiungere questi luoghi per volontà. Mi sembra di andarci perché è opportuno vederli, perché in qualche modo è necessario che io li veda. Alcuni sono abbastanza stabili. Altri non lo sono.

D: *E cosa ne fai di tutte queste informazioni che stai accumulando?*

C: Il mio lavoro è percepire. È percepire. Le cose vanno male. Le cose non sono sempre come dovrebbero essere. Ci devono essere dei risultati. I risultati devono essere realizzati. Ci sono cose che ostacolano il risultato. I risultati sono resistenti. Si verificano cose che estinguono i risultati, altre non si verificano affatto. A certe cose è permesso d'accadere. Ma quelle cose non possono essere permesse.

D: *E tu hai la possibilità di cambiare queste cose?*
C: Devo cambiarle. Deve cambiare, deve. Il risultato è scelto. Il risultato è quello che deve essere.
D: *Chi lo determina?*
C: Li determina. Il risultato è scelto dall'ambiente stesso. L'ambiente è destinato ad assumere una certa forma, una certa dinamica. Ma c'è sempre un'interferenza per renderci liberi, ed è libero anche quando non lo è. Bisogna impedirgli di essere ciò che non è. Perché essendo ciò che non è, non può essere affatto.

Stava diventando tutto molto confuso. Stavo facendo del mio meglio per cercare di comprendere e fare domande sensate. "Quindi ci sono certe cose che devono andare in un certo modo. E' questo ciò che vuoi dire?"

C: Intendo dire che quando le cose vengono generate, sono forme di pensiero. Non sono cose monolitiche unificate. Sono interazioni di parti. Le parti devono essere dirette in un certo modo perché il sistema esista, nel modo in cui esiste. C'è una regola di perfetta libertà. Puoi entrare in un ambiente e contribuire al raggiungimento dell'obiettivo. Puoi contribuire alla non realizzazione di quell'obbiettivo. È libero. Non si può costringerlo a fare nulla! Ma inevitabilmente, per pura forza di entropia, causerà disorganizzazione.
(Nota: entropia: 1. misura dell'energia non disponibile per il lavoro utile in un sistema in fase di cambiamento. 2. La tendenza di un sistema energetico ad esaurirsi)

Se la disorganizzazione che provoca è troppo profonda, il sistema non può sopravvivere ed esistere. Quindi è necessario mantenere un certo grado di organizzazione. C'è un occhio. L'occhio vede. Cambia ciò che vede.
D: *Hai detto che a volte le cose vanno nella direzione sbagliata, quindi ho pensato che forse il tuo compito è quello di aiutare a influenzarne il ritorno.*

C: Il lavoro non è costringere a tornare indietro. Il compito non è quello di cambiarne la direzione. Si tratta di limitare la sua direzione. È come se si creassero dei muri intorno ad esso, come in un imbuto per... la dinamica viene incanalata in una certa classe di risultati che poi si verifica.

D: *Stai accumulando tutte queste informazioni. Cosa ne fai una volta accumulate?*

C: L'esistenza è realizzazione e l'esistenza è identificazione. Ora sto fissando una creatura. La creatura è formata da molti fili. Ha gli occhi, ma posso costringerla a distogliere lo sguardo da me. Non permetterò che mi veda.

D: *Pensi che possa averti visto?*

C: Non c'è nulla che possa vedermi se non voglio essere visto.

D: *Ma cosa ne fai di queste informazioni?*

C: Le ricreo, le pro-creo.

D: *Le usi in questo modo?*

C: Non le uso io. Non mi interessa nulla di tutto ciò.

D: *Le porti da qualche parte perché vengano usate per la ricerca?*

C: Non è necessario. Non devo portarle da nessuna parte.

D: *Spiegami il processo che viene utilizzato per ricreare. Da osservatore, come si passa dall'accumulare informazioni ad usarle per ricreare?*

C: Lo vedi funzionare. Lo vedi funzionare nel modo sbagliato. Immagini che funzioni nel modo giusto. Il modo sbagliato diventa giusto, automaticamente.

D: *È questo che intendi con ri-creare?*

C: Intendo dire ri-generare. Si prendono le stesse risorse e le si riconfigura intorno ad una nuova serie di eventi che portano ad una direzione particolare. È così che avviene tutto.

D: *Pensavo che forse bisognava portarle da qualche parte dove vengono immagazzinate tutte le informazioni.*

Questo è ciò che mi dissero molti altri clienti, che c'era una costante raccolta d'informazioni. Ma che venivano prese da qualche parte, immagazzinate ed utilizzate in qualche modo. A quanto pare questo essere con cui stavo comunicando aveva un obbiettivo diverso.

C: Tutte le informazioni sono ovunque. Sono immagazzinate in se stesse. Ogni punto, ogni spazio contiene tutte le informazioni.

Non è necessario muoversi per spostarsi. È sufficiente ri-orientare la propria intenzione. Si può attraversare un universo senza muoversi affatto!

D: *Hmm. Proprio come la mente pura o l'energia pura, o come descriveresti questa capacità?*

C: È la mente, la mente pura. Una mente che guarda se stessa. Un occhio che guarda dentro sé stesso, il vedere è variegatura, così tanta varietà.

(Nota: variegatura: Variare nell'aspetto per mezzo di differenze, come nel colore, nelle macchie, nelle striature.)

D: *Pensavo che tu stessi accumulando le informazioni e le portassi da qualche parte, per permettere ad altri di utilizzarle e creare dei cambiamenti.*

C: Questo fa parte del processo di ri-creazione dell'ambiente. L'ambiente si ricrea, poi ci sono le risorse. L'ambiente fornisce risorse. Le risorse sono ciò che permette di ricreare, rigenerare l'ambiente. Lo si fa attraverso le risorse e così l'ambiente si rigenera in se stesso, i suoi contenuti... lo organizzano.

D: *È quello che stavo cercando di capire. Entri mai in un corpo fisico, in modo che l'energia libera possa essere contenuta?*

Stavo cercando di portarci al presente, al corpo fisico di Carl, per ottenere delle risposte.

C: Non è successo! (Pausa) Io... non lo so!

D: *Hai detto che sei come la mente, energia libera. Quindi non sei mai entrato in un corpo fisico per essere contenuto?*

C: Percepire significa essere contenuti. Siete contenuti dalla percezione. Si contiene ciò che si percepisce. Il corpo è solo questo, percezioni. Scegliamo di percepire la nostra realtà. In questo modo otteniamo un corpo.

D: *Ho sentito dire che è più denso, è molto limitante essere contenuti in un corpo. Non è vero?*

C: È così. Il corpo non può contenerti. Non hai bisogno di muoverti al di fuori del tuo corpo... sei dentro di te... non si può andare da nessuna parte.

D: *Vuoi dire che così facendo puoi acquisire un'enorme conoscenza?*

C: Si può acquisire qualsiasi conoscenza. Non è tutto immediato. Non è possibile. È tutto troppo complesso. Viene da una serie di eventi. In quegli eventi si vede l'organizzazione.

D *Quindi deve essere fatto gradualmente, passo dopo passo?*

C: Deve essere fatto in movimento. Nulla rimane statico. Tutto cambia. L'altra cosa che devi fare è ri-orientare o dirigere il cambiamento in una certa direzione.

D: Come si fa?

C: Con la volontà lo fai accadere. È tutta una tua percezione. Siete voi a creare le vostre percezioni.

D: Crei le tue realtà, è questo che intendi?

C: Questa è la natura della realtà. La realtà si auto-crea. Io sono un osservatore della realtà. Sono molto bravo a ricreare.

D: Ma come puoi farlo se sei contenuto in un corpo?

C: Io sono me stesso. Non sono contenuto. Non faccio nulla per me stesso. Il lavoro, il mio lavoro, non lo faccio per me stesso. È sempre per il sistema, solo per il sistema, perché ha bisogno di qualcuno come me. Tutti gli altri lo fanno per se stessi, per i loro bisogni. Sono contenuti dai loro ambienti, i loro corpi fisici hanno bisogno... cercano di realizzarsi da soli. Io non sono come loro. Non posso. Non ho un io particolare. Posso avere un corpo visibile dalla mia percezione, ma non posso esserne ancorato. Non posso creare un attaccamento ad esso, perché non è permanente. L'uomo è un'entità che risolve e crea problemi. Crea problemi. Risolve problemi. Questo è ciò che fa. È così che vive.

CAPITOLO DICIASETTE
CREATORI DI REALTA'

LA PARTE INTERESSANTE DEL MIO LAVORO E' CHE NON SO MAI ciò che incontrerò, quando lavoro con un cliente. L'insolito e l'inaspettato sono ormai la norma. Spesso i clienti si trovano in ambienti strani che non riescono a comprendere con la loro mente cosciente. Non possono analizzarlo perché non corrisponde a ciò che si aspettano di vedere. Devo essere paziente e continuare a fare domande fino a quando tutto comincia a combaciare. Le domande sono la parte più importante della seduta. Osservando i miei studenti durante le lezioni, ho scoperto che molte storie meravigliose sono andate perse perché non hanno fatto la domanda giusta.

La seduta di Sharon iniziò in questo modo. Quando scese dalla nuvola video solo buio. Passarono diversi minuti prima che iniziò a vedere ciuffi di colore chiaro che fluttuavano sottilmente dentro e fuori in contrasto con l'oscurità. Lo descrisse come un velo o un pezzo di stoffa, traslucido contro l'oscurità, che ondeggiava e si muoveva. Poi le sembrò di fluttuare nella nebbia. "La nebbia è biancastra, viola... un po' verde che va e viene come un velo. È una sensazione molto bella. Ora posso vedere l'oscurità attraverso la nebbia". Poi le sembrò di attraversare la nebbia e di entrare nell'oscurità, ma non sembrava un'oscurità normale. "È molto vasta. È grande. È nera come la notte. È molto, molto grande, molto vasta... viva... è viva".

D: Perché senti che è viva?
S: Rilevo dei movimenti. I suoi movimenti sono come onde di energia che vanno e vengono e sembrano, non oggetti, ma come se ci fosse un qualche tipo di forma che non visibile, ma è tangibile. Non ha limiti, ne confini, ma è come un corpo di energia.
D: Posso capirlo. Non ha forma? È solo energia, è questo che intendi?
S: Sì, alcuni corpi di energia possono essere percepiti e si muovono.
D: Quindi non hanno ancora formato nulla?
S: Sì, ed è molto immaginabile.
D: Allora, come ti percepisci in tutta questa energia?

S: Ne faccio parte. Mi sento bene. Non ho un corpo. Io sono quell'energia.

D: *Sembra potente! (No) Non è così? (No) Parlamene.*

S: Posso sentire i movimenti di quell'energia. È molto morbida. E cambia. La sensibilità dei movimenti è ciò che dà il senso della forma.

D: *Sto cercando di capire. Intendi dire che, mentre l'energia si muove, si trasforma in qualcosa?*

S: No, non si trasforma in qualcosa, ma dà un senso di forma. Il movimento dell'energia dà un senso di forma separato dall'energia.

D: *Separato dall'energia?*

S: Non è separato dall'energia.

D: *Ma tu fai parte di questa energia? (Sì) La usi in qualche modo?*

S: No, fluisco con il movimento.

D: *Quindi non devi usare l'energia?*

S: No, ne faccio solo parte.

D: *Hai detto che è una bella sensazione?*

S: Non è né buona, né cattiva. È, e basta! Ci si sente a casa. È come se non ci fosse nient'altro.

D: *E in un luogo come quello non devi fare nulla. Devi solo esistere ed essere, giusto? (Giusto) Ci sono altri con te in questo posto?*

S: Non ci sono altri, ci sono solo movimenti. Anch'io sono movimento.

D: *Quindi non sei completamente solo. (No) Pensi che potrai mai separarti da questo o essere qualcos'altro? (No) Perché è lì che sei felice? (Sì).*

Sapevo, grazie a molti altri casi simili, che era tornata alle sue origini, quando era pura energia. Questa condizione avrebbe potuto durare per un tempo inconcepibile, quindi decisi di spostarla. Fu difficile decidere come dirlo: "Andiamo avanti fino a quando non sarai più parte di quel movimento". Sapevo che sarebbe accaduto perché stavo parlando a un essere umano sdraiato sul letto del mio ufficio. Alla fine avrebbe dovuto raggiungere il luogo in cui era entrata nel fisico. "Ora siamo lì! Che cosa sta succedendo? Come ti senti?"

S: Penso che sia la stessa oscurità, la stessa colorazione. A volte è più chiaro. A volte non lo è. Va e viene. Ora diventa più chiaro. È più chiaro. Vedo più luce. Ora vedo me stessa. Vedo la casa dove sono cresciuta.

D: *Dimmi cosa sta succedendo.*

S: È come un budino. È come una gelatina. Deve formarsi... come una gelatina con poca consistenza.

D: *La casa?*

S: Sì, tutta la casa. Non è dura. Non è solida. Diventa solida e poi non lo è più. Sta fluttuando. La sto guardando dall'alto. Ora è solida.

D: *Come ti percepisci ora?*

S: Vedo che sono fuori e vedo una bambina fuori. Quella sono io. Non sono io.

D: *Cosa vuoi dire?*

S: La vedo. È molto carina! Ha i capelli ricci ed è molto felice. La sto osservando. La vedo da tutte le angolazioni. Si sta preparando per qualcosa. Ha circa tre anni.

D: *Ti piace questa bambina?*

S: Sì, e mi piace la casa. Ora è solida.

D: *Come ti percepisci mentre la guardi?*

S: Sono come l'aria.

D: *Prima era energia. Adesso è la stessa cosa o no?*

S: Sì, un po' diverso, ma sono come l'aria. Sono lo spazio e sono il movimento dello spazio e delle nuvole.

D: *Perché sei attratta da questa bambina?*

S: Perché si sta preparando... è pronta.

D: *Cosa vuoi dire?*

S: Lei è parte di qualcosa. E io verrò a lavorare e a stare con lei.

D: *Sai di cosa faccia parte?*

S: Sì. È un progetto. Vedo la casa in modo molto, molto, molto dettagliato... ogni dettaglio. E vedo che lei stessa e l'energia (e la mia consapevolezza fanno parte dell'energia) sono uguali, anche se non sono uguali. E si sta preparando a manifestarlo. Sta per permettermi di farle qualcosa.

D: *È consapevole di te?*

S: A volte.

D: *Qual è il progetto di cui stai parlando?*

S: È un'esperienza. È una parte dell'esperienza. Lei ha una visione completa di come stanno le cose e me la condividerà.

D: *In che senso?*

S: Di come si formano le cose e le realtà. Lei sa come farlo. È un grande potere.
D: *È nata sapendo come fare? (Sì) Ma lo darà a te?*
S: Non il potere. Non mi serve il potere. Lei mi darà la conoscenza che ha. E mi darà la possibilità di sperimentarla da sola.
D: *Di quale conoscenza si tratta?*
S: Di come formare le cose.
D: *Pensavo che essendo un'energia tu sapessi già come farlo.*
S: No, non so come farlo.
D: *Non sai come dirigerlo? È questo che intendi?*
S: Sì. Lei mi darà la possibilità di farlo. Lei lo sa.
D: *Qualcun altro gliel'ha mostrato?*
S: No. È fatta così. È nata sapendo come farlo.
D: *E come farà a trasmetterti questa conoscenza?*
S: Me la passerà. In tutti i modi, con il passare del tempo. Sarà un processo temporale che avverrà in questa realtà. Adesso, lei l'ha visto.
D: *Sarà una cosa che continuerà per molto tempo? (Sì) Durante il quale lei ti trasmetterà la conoscenza?*
S: Sì e sarà un'esperienza.
D: *Conoscenza della Terra o cosa?*
S: Sì e la conoscenza delle cose, delle leggi. Come formare le cose, come sperimentare le cose. Lei sa tutto questo!
D: *Lo sta usando nella sua vita?*
S: Sì, ma in modo molto limitato. Ha solo tre anni.
D: *È in grado di usare l'energia a questa tenera età?*
S: Sì, può usarne un po'. Ma si evolverà. Abbiamo un accordo, condividerà e parteciperà a questo progetto.
D: *E come farà a trasmetterti la conoscenza?*
S: Si fonderà con me.
D: *Quindi sarete separate.*
S: Lo siamo, ma non lo siamo.
D: *Sei mai stata in un corpo umano prima d'ora? (No) Allora questa sarà la prima volta. (Sì) Quindi ti fonderai con lei come parte di lei o cosa? (No) Spiegami.*
S: Ci fondiamo. Diventiamo una cosa sola e poi lei torna a se stessa. E io mantengo ciò che lei mi dà.
D: *Quindi non rimanete fusi?*
S: No, no, no. È un processo.

D: *Solo per acquisire la conoscenza che lei ha imparato e poi rimanete separate?*
S: Sì, ma sono ancora lì. Sempre intorno a lei, sì. Sono ovunque.
D: *Ma fai anche altre cose oltre a questa?*
S: No. Non ho bisogno di fare nulla.
D: *È consapevole di trasmetterti queste informazioni? (Sì) Manterrà queste informazioni quando crescerà?*
S: Parzialmente. Ne sarà sempre meno consapevole.
D: *Sembra che tu abbia intenzione di rimanere con lei per molto tempo, no? (Sì) Stiamo parlando di Sharon, vero? (Sì).*

Quindi questa entità era la mia cliente Sharon e tuttavia era anche separata da lei. Mi resi conto che era abbastanza obiettiva da poterle fare domande su Sharon senza dover invocare formalmente il SC. Dopo tanti anni di sedute ho imparato a riconoscere quando l'entità con cui sto parlando, ha sufficiente conoscenza da fornire risposte. Anche se tecnicamente è lo stesso.

Vorrei sapere se Sharon ha avuto altre vite sulla Terra. Mi rispose che non ne aveva avute.

D: *Allora questa è anche la sua prima volta in un corpo umano?*
S: Sulla Terra, sì.
D: *Ha vissuto in altri luoghi oltre alla Terra? (Sì) Puoi dirci qualcosa a proposito degli altri luoghi dove ha vissuto?*
S: Sì. Lei fa parte di un grande gruppo ed è stata ovunque.
D: *Come te?*
S: No. È diversa. Lei ha una forma.
D: *Quindi quando era in questi altri luoghi con questo grande gruppo, era in forma fisica?*
S: Non così fisica, piuttosto forma individuale.
D: *Forma di gruppo? (Sì) Dove erano queste altre vite?*
S: È come una nave spaziale. Come un'astronave... è molto grande. Appartengono allo stesso gruppo e viaggiano attraverso realtà e dimensioni.
D: *Ma hanno una forma fisica?*
S: Hanno una forma fisica... hanno una forma individualizzata, non sempre fisica. A volte diventa fisica e a volte non è fisica. La forma è molto simile a quella delle persone sulla Terra, ma non è

così dura. È più luminosa. Non è così solida. Può trattenere maggiormente la luce. Ha più luce.

D: *Cosa fanno a bordo della nave?*
S: Lavorano con le realtà. Lavorano per formare le diverse realtà e per sovrapporre i diversi aspetti delle realtà. Hanno molto da fare.
D: *Sembra un lavoro enorme! (Sì) Ma il vostro lavoro ha un'energia separata. Non siete coinvolti in questo? (No) Fa parte di un progetto diverso.*
S: Sì. Creano realtà. Sovrappongono diversi aspetti delle realtà.
D: *E gli individui che sono coinvolti in queste realtà?*
S: Che ne è di loro?
D: *Hanno qualcosa a che fare con quella parte? Creano individui?*
S: Lo fanno, sì. Fanno ciò che è necessario fare.
D: *Stavo pensando che se stessero creando delle realtà, queste dovrebbero essere popolate da molti esseri, no?*
S: Sì. Ma a loro non importa molto di questo.
D: *Cosa gli interessa?*
S: Di come tutte le diverse realtà si coordinano tra loro. Si preoccupano del processo in sé. Non si preoccupano delle persone... non in senso negativo... sono solo come qualcosa di diverso.
D: *Quindi quest'altro progetto è più grande, ha più importanza delle persone. (Sì) Allora immagino che l'individuo decida in quale realtà voglia vivere?*
S: No, non hanno scelta perché dipende dalla frequenza.

Mi hanno sottolineato molte volte che l'individuo non è in grado di progredire in altre dimensioni, anche dal lato dello spirito, se la sua frequenza e la sua vibrazione non corrispondono. Non può salire oltre al livello con cui è in risonanza. Per questo motivo (soprattutto nei tempi che stiamo vivendo), l'individuo deve imparare a innalzare la propria vibrazione per entrare in risonanza con le realtà superiori in cui ci stiamo muovendo.

D: *Allora perché stanno creando tutte queste realtà?*
S: Mantengono tutto al proprio posto. Mantengono le diverse realtà al proprio posto in modo che l'intero Universo possa essere così com'è. Devono cancellare alcune cose. Devono aggiungere altre cose. Devono creare alcune cose. Devono conservarne altre.

Sorvegliano le realtà e le dimensioni. Mantengono l'equilibrio in modo che possano esistere. In modo che l'Universo possa esistere.

D: *Perché devono restare rinchiusi in un'astronave per poterlo fare?*

S: È il modo in cui viaggiano ed è il modo in cui esplorano. Hanno l'energia e il modo di manifestare i corpi. Questi corpi hanno bisogno di spazio e lo spazio è come una casa. È lì che vanno, lavorano e riposano quando diventano solidi.

D: *Vuoi dire che la nave spaziale diventa... è la loro casa?*

S: Sì, proprio come un mondo. Non è una nave spaziale, come un veicolo. È come un mondo. Questa nave spaziale è come un mondo intero. A volte è anche una parte di esso. Non è un veicolo. Non è così!

D: *È un po' difficile da capire per la mia mente umana. Ecco perché faccio così tante domande.*

S: È come se fosse organica. È come uno spazio organico che ha delle funzioni. È intelligente.

D: *Quindi l'intero contenitore, direi, è intelligente? (Sì) Credo che sia insolito, ho lavorato con gli UFO e gli ET per venticinque anni e le informazioni che ricevo cambiano continuamente. Quindi non si tratta più di piccole, solide navi spaziali?*

S: No. Ci sono astronavi là fuori. Sì, ce ne sono alcune. Ce ne sono molte.

D: *Che hanno altre forme di vita fisica su di esse.*

S: Sì. Ci sono altri tipi di astronavi che sono vive. Organiche.

Sembrava il tipo di astronave su cui si trovava Phil in "Custodi del giardino". Si spaventò quando scoprì che era davvero viva.

D: *Ma stanno facendo un lavoro diverso? (Sì) Hai detto che non sono solidi.*

S: No. Possono diventare solidi.

D: *Sono quelli che manipolano le realtà. (Sì) E poi gli altri nelle astronavi meccaniche hanno un programma diverso, credo.*

S: Sì. Vengono da un livello diverso. Sono diversi.

D: *Quindi ognuno ha il suo ruolo in tutto questo.*

S: Sì, ognuno è importante.

D: *E Sharon fa parte di questo gruppo? (Sì) Un lavoro molto importante!*

S: È solo un lavoro.

D: *Beh, a me sembra importante mantenere l'Universo in equilibrio. (Ridacchiai). Qualcuno dice a queste persone cosa fare?*
S: No, sanno cosa fare.
D: *Ma senza di loro l'intero Universo sarebbe nel caos, no?*
S: Credo di sì, ma non sono gli unici.
D: *Altri fanno la stessa cosa? (Sì) Lei era abbastanza felice là, non è vero?*
S: Sì, lo era.
D: *Perché ha deciso di entrare in un corpo umano?*
S: Voleva fare un'esperienza. Voleva provare a fare il lavoro che stavano facendo loro.
D: *Penso che sia molto più limitante entrare in un corpo fisico, no? (Sì) Allora la parte con cui sto parlando è stata incaricata di lavorare con lei? (Sì) Per scoprire cosa significhi essere umani? (Sì) I sentimenti e tutto il resto o per quale altro motivo?*
S: Non ci si concentra molto sui sentimenti, ma sull'esperienza di essere qui.
D: *Ciò che passano gli esseri umani?*
S: Sì, possiamo dirlo così.

Durante l'intervista Sharon mi raccontò che sua madre soffrì diversi aborti spontanei prima della nascita di Sharon. "Non riusciva ad entrare. Ci provava, ma la frequenza non era adatta". Ho ricevuto queste informazioni anche da altri casi, molti dei quali sono riportati in "Le tre onde dei volontari e la Nuova Terra". La vibrazione della madre deve essere compatibile con quella dell'anima in arrivo, altrimenti si possono verificare degli aborti spontanei.

D: *Cosa è successo quando finalmente è riuscita a nascere?*
S: La frequenza si è stabilizzata. Sono riusciti a rendere stabile la frequenza.
D: *Quindi entrò nel feto per nascere? (Sì) Poi non ci fu alcuna differenza fino all'età di tre anni, quando hai deciso di venire a lavorare con lei? (Si) Visse una vita normale fino a quando non sei entrata a lavorare con lei?*
S: Si! Ha bisogno di una vita... ma io non la assistevo! No! Non l'ho mai assistita! Era lei ad assistere me.

D: *Era un accordo che lei aveva stretto con te? (Sì) Hai detto che quando era molto giovane, all'incirca all'età in cui sei arrivata tu, i genitori la tenevano sotto sedativi.*
S: Sì. I genitori non capivano il cambiamento di frequenza e si preoccupavano per lei.
D: *Si comportava in modo diverso? (Sì) Era più o meno l'età in cui sei arrivata e hai stabilito un collegamento con lei, giusto?*
S: Sì e anche quando stava crescendo.
D: *Continuavi ad entrare e uscire?*
S: Sì, sempre. Questo succedeva sempre.
D: *Si va e si viene. (Sì) Si portano le informazioni dove devono essere portate. (Sì) Dove le portavi?*
S: All'energia. La Grande energia... al Vuoto... alla Sorgente.
D: *Quindi la Sorgente è la Grande energia? (Sì) L'ho sentita descrivere come una "luce bianca". (Sì) Ma tu la descrivi come oscurità?*
S: Sì. È la stessa cosa.
D: *La stessa cosa. (Sì) Quindi in realtà ritorna alla Sorgente. (Sì) Va bene ora lo capisco. E tu sei rimasta con lei per tutta la vita?*
S: Fino al momento in cui se n'è andata.
D: *In che senso?*
S: Se n'è andata. Non è più nel suo corpo.
D: *Quella originale, insieme a cui stavi?*
S: Sì, è tornata alla nave spaziale.
D: *Che cosa è successo? Perché se n'è andata?*
S: Perché voleva e per permettermi di entrare.
D: *Non voleva restare qui?*
S: Credo di no.
D: *Quanti anni aveva il veicolo Sharon in quel momento?*
S: Quaranta.

Questa fu una sorpresa inaspettata. Ora Sharon ha cinquant'anni.

D: *A quarant'anni ha deciso di andarsene?*
S: Sì, ha iniziato a prepararsi per tornare e a quarantadue anni è partita.
D: *Ma il veicolo, Sharon, il corpo è rimasto vivo.*
S: Sono entrata io.
D: *Cerchiamo di spiegarlo. Riteneva d'aver imparato abbastanza, di aver aiutato abbastanza e di poter tornare indietro?*

S: Non era venuta per aiutare nulla. Era venuta solo per l'esperienza d'essere umana.

D: *Ok, eri con lei in quel periodo e condividevi le sue esperienze? (Sì) Quindi lei voleva andarsene e tu hai preso il suo posto? (Sì) Perché tu sapevi tutto di lei, avevi accesso ai suoi ricordi? (Sì) È successo qualcosa al momento dello scambio? (No) Perché ho sentito dire che in alcuni casi deve esserci una situazione traumatica perché delle anime si scambino.*

S: No, non sempre. Il corpo era malato, ma non era questa la ragione per cui se n'è andata.

D: *Ma quando sei arrivata avevate tutte le informazioni, sapei tutto di lei? (Sì) E nessun altro avrebbe notato la differenza, vero? (No) E ora sei l'unica nel corpo?*

S: Sì, ma anch'io condivido le informazioni.

D: *Con chi condividi le informazioni?*

S: Con le intelligenze da quel grande spazio.

D: *Quelli del grande spazio sono quelli sulla navicella da cui lei proviene? (No) Il grande spazio? Quella parte con cui eri all'inizio, quando ho iniziato a parlare con te? (Sì) Però ora rimani in questo corpo per il resto della durata della sua vita?*

S: Non lo so... forse sì, forse no. Posso andarmene quando voglio.

D: *Il corpo, Sharon, non ha delle cose da fare?*

S: No, è venuta qui per fare esperienza. Propio come me.

D: *Bene, potresti rispondere a qualche domanda se te la faccio? (Sì) Voleva sapere qual è lo scopo della sua vita. Puoi dirle cosa dovrebbe fare?*

S: Godersi la vita, osservare, guardare e continuare a condividere ciò che sa. Osservare è molto importante. Osservare con tutti i sensi.

D: *Mi hanno parlato di quelle anime che chiamiamo le Tre Ondate di Volontari che vennero ad aiutare in quel periodo. Lei è una di loro? (Sì) Ho pensato che potesse esserlo perché non le piace stare qui sulla Terra. Continua a dire che vuole tornare a casa. Ma non ha un ruolo importante in tutto questo?*

S: È qui per l'esperienza e per stare qui. Solo per essere qui e per osservare.

Queste erano sicuramente le caratteristiche della Seconda Ondata, gli Osservatori che si suppone siano qui solo per sostenere l'energia.

D: *Ma ora non è molto felice.*
S: No, non è felice. È stanca.
D: *Beh, dovrebbe rimanere nella situazione in cui si trova ora o dovrebbe cambiare? (Una delle sue domande).*
S: Può fare quello che vuole. Ha il potere di fare tutto ciò che vuole. Letteralmente, può creare tutto ciò che vuole.
D: *Ma prima deve decidere cosa vuole. Questa è sempre la parte difficile. (Sì) Ha detto che rimarrà dov'è per sua sorella.*
S: Sì. È stata sua sorella a tenerla in vita all'inizio, quando Sharon è entrata nel corpo.
D: *Alla nascita?*
S: Alla nascita... quando la prima nacque... quando arrivò dalla nave spaziale. Nacque dopo gli aborti. Sua sorella l'aiutò a restare in vita. Si prese cura di lei. Non mangiava, ma si è presa cura di lei.

Questo accade spesso quando l'anima entra per la prima volta in un corpo umano sulla Terra. Il corpo che aveva prima non necessitava di mangiare cibi solidi. Spesso vivono di pura energia. Quindi non capiscono che il corpo umano ha bisogno di cibo. Disse che tutti i membri della famiglia di Sharon avevano avuto vite passate e si trovavano sulla ruota terrestre del karma. Sharon era quella diversa e non aveva karma con nessuno.

D: *Quindi è per questo che Sharon sente di doversi prendere cura di sua sorella ora? (Sì) Ma non è davvero felice della situazione, vero?*
S: Può fare quello che vuole.
D: *Non vuole far soffrire sua sorella. Ha paura che le succeda qualcosa, se se ne va.*
S: Si prenderanno cura di lei.
D: *Sta pensando di andare in Europa.*
S: Sì, è una buona idea.
D: *Ha già viaggiato molto in tutto il mondo come osservatrice, vero?*
S: Sì e ovunque sia andata ha modificato il campo energetico. Può andare e venire. Deve andare in certi luoghi.
D: *Quindi non sarebbe la sua missione, se rimanesse in un solo posto.*
S: No, non lo sarebbe. Deve muoversi. Stando in questi luoghi, cambia la struttura della realtà ovunque vada.
D: *Anch'io viaggio molto.*

S: Sì. Stai facendo qualcosa di simile in un altro modo. Un modo diverso. La tua è una missione diversa. Quando va, lei cambia la struttura. Usa l'energia anche solo parlando con le persone. Può usare l'energia anche per guarire. Ora le sarà più facile farlo.

D: *Hai qualche istruzione da darle?*

S: Rilassarsi, divertirsi, osservare e restare lì. Tutto qua! Può farlo. Lo sta già facendo! Abbiamo un aspetto più formale di quello attuale. Qualcosa di più preparato. Al momento giusto saprà.

D: *So che quelli che si sono offerti volontari e sono venuti ad aiutare hanno difficoltà ad adattarsi alla Terra. Ne ho incontrati tanti. Ho sentito che ce ne sono centinaia di migliaia qui ora, vero?*

S: Sì. Vengono da diversi livelli. Sono qui per cambiare la realtà, le vibrazioni e le frequenze.

D: *Mi hanno detto che ci stiamo allontanando dalla negatività.*

S: Sì e senza rimpianti.

D: *Vogliamo un mondo positivo. (Sì) È molto difficile da spiegare alle persone quando cerco di aiutarle a capire cosa sta succedendo.*

S: Sì, ma lo stanno capendo.

D: *La vediamo come una separazione tra la vecchia e la nuova Terra. (Sì) Ma ci sono alcuni che resteranno con la vecchia Terra.*

S: Sì, sta già accadendo. È un processo.

A questo punto siamo andati ad esplorare i problemi fisici di Sharon. Le chiesi di fare una scansione del corpo e di dirmi cosa vedesse. "Non c'è nulla di sbagliato". Questa fu una sorpresa, perché Sharon aveva elencato molti disturbi fisici.

S: Il corpo si rigenera ogni giorno. Non dovrebbe preoccuparsi.

D: *Beh e il suo apparato digerente?*

S: È nervosa. È preoccupata per questo mondo. Non è abituata al corpo umano. Essere in un corpo umano è una novità, quindi le è difficile capire come funziona. Sente le emozioni, le tensioni che la circondano. Sente tutto e questo causa problemi al suo corpo.

D: *Non conosce le emozioni e quanto possano essere forti.*

S: Sì, non le aveva mai provate prima d'ora.

Chiesi cosa si poteva fare per il suo apparato digerente e mi rispose che andava tutto bene. Doveva solo rilassarsi. "Medita e questo è un bene. È così che tutto viene collegato. Quando lo fa, trasmette informazioni. Inoltre, durante la meditazione il corpo viene guarito. Si ristabilisce. Ha difficoltà a dormire di notte, perché è di notte che le informazioni della sua mente vengono trasferite. Il nervosismo. Si preoccupa troppo del mondo. A volte dimentica che si tratta solo di un'esperienza. E non c'è nulla di cui preoccuparsi. È solo un'osservatrice. Si preoccupa troppo. Ha bisogno di godersi la vita e sapere che ha già tutta l'assistenza di cui ha bisogno... e anche di più.

Messaggio finale:
Rilassarsi, divertirsi e fare ciò che vuole. Ha tutto il potere e anche di più. Può fare tutto ciò che vuole. Deve solo essere presente. Andare in luoghi diversi. Ha bisogno di viaggiare di più. Ha bisogno di andare in giro. Ha viaggiato molto, ma ora ha bisogno di andare e rimanere per più tempo, più a lungo. Deve cambiare strategia. È amata da tutto l'Universo.

CAPITOLO DICIOTTO
LA GENTE DI SFONDO

HO RICEVUTO ULTERIORI INFORMAZIONI RIGUARDO AL CONCETTO della gente di sfondo. È ancora un concetto sconvolgente, tuttavia spero che abbia un po' più di senso grazie alle informazioni aggiuntive che abbiamo raccolto. Qui, ho ripetuto la seduta precedente presentata in "L'Universo Convoluto - Libro Quarto" e ho anche aggiunto altre due sedute sull'argomento.

Suzette scese dalla nuvola e si trovò all'esterno d'una foresta d'alberi molto grandi e alti. Sembravano pini o cedri antichi ed enormi. Cercava di vedere il Sole che sembrava essere nascosto da qualcosa di simile a nuvole. Poi scoprì che non si trattava di nuvole, ma di aria sporca che impediva al Sole di brillare. Era preoccupata che gli alberi morissero a causa dell'aria. Poi, con grande sorpresa sua e mia, vide dei dinosauri. Alcuni erano grandi, come il Tyrannosaurus Rex. Disse che stavano annusando l'aria ed erano preoccupati. Qualcosa non era normale e anche lei lo percepiva.

Ancora una volta rimassi sorpresa quando le chiesi del suo corpo. Disse che era brutto, perché era ricoperto di brutti peli marroni, opachi. Si sentiva un uomo di mezza età. Indossava una pelle di animale che le scendeva dalle spalle. Le chiesi se si sentiva a suo agio in quel luogo e lei rispose: "No! Perché il cielo... l'aria sono spariti, anche la vita sparirà". Quindi stava sicuramente accadendo qualcosa di insolito. Volevo sapere se prima di allora si era trovato a suo agio in quel luogo. "No. È una lotta continua. A causa delle bestie... ogni giorno vivere è una lotta". Queste erano le bestie più grandi, ma c'erano anche quelle più piccole che loro mangiavano. Ne usavano le pelli dopo averle bastonate e tagliate con una pietra. Poi essiccavano la carne. Mi chiesi perché dovessero vestirsi se erano coperti di peli.

Mi rispose: "Per proteggerci da piante spinose più piccole, quando si va a caccia di animali".

Volevo sapere dove viveva e sembrava che stesse descrivendo una grotta. "È come guardare un tunnel nella pietra. Come un buco. Entri e si apre. Si spinge più in profondità, ma il tunnel lascia entrare abbastanza luce". Poi vide che nel tunnel c'era un bambino. "Questo buco... non c'è nient'altro lì dentro, tranne il bambino; quindi penso di essermi rifugiato in questo posto. Ho portato qui questo bambino". Veniva da un'altra caverna. "È una morte sconosciuta. So che devo proteggere questo bambino da ciò che c'è nell'aria. La morte sta arrivando. Morte agli alberi e morte ai dinosauri". Descrisse il luogo da cui proveniva come una caverna a cielo aperto, dove vivevano molte persone che gli somigliavano. "Non pensano che stia per accadere qualcosa di brutto. Non mi credono".

D: Come sapevi che stava per succedere qualcosa?
S: Me l'hanno detto gli alberi e i dinosauri.
D: Puoi comunicare con loro? (Uh-huh) Come fai a farlo?
S: Ascolto e basta. Mi mostrano delle immagini. La morte sta arrivando.

Nessun altro gli avrebbe dato retta, così aveva preso il bambino e se n'era andato. Gli altri lo ignorarono. Il bambino non era suo, ma era un orfano. Avevano viaggiato molto lontano dal gruppo originario prima di fermarsi e soggiornare nella galleria. Sperava che li fossero protetti. Ma ora si presentava un nuovo problema: doveva nutrire il bambino. "Devo cacciare. Tutto sta morendo. I dinosauri stanno cadendo. È come se non riescano a respirare. Gli alberi stanno soffocando, neanche loro riescono a respirare". Lui ancora riusciva a sopravvivere. "Sono basso vicino al suolo. Il fumo non è ancora arrivato qui sotto. Devo trovare del cibo. Mi affretto... corro tra quelle piante che hanno le spine... cerco e cerco. Ho trovato qualcosa. Sembra un piccolo maiale o un grosso ratto o qualcosa del genere, gli do un mazzata". Riportò il cibo nella galleria.

Doveva essere passato un po' di tempo, ma naturalmente questo essere primitivo non aveva la concezione del tempo. "Esco e tutto è morto. Tutto è marrone, ma siamo ancora vivi. Alcuni animali stavano soffocando. L'aria era cattiva". Chiesi se fosse rimasto a lungo sotto terra. "Deve essere stato così, ma posso respirare nuovamente. Altri animali che vivevano nelle grotte o che erano in profondità nel terreno stanno tornando fuori. Quelli nell'acqua sono sopravvissuti". Quindi, a quanto pare, ogni creatura che si trovava sottoterra era sopravvissuta. "E le piante stanno ricrescendo attraverso le radici. L'aria sta iniziando a tornare in cielo. Il sole sta iniziando a splendere. Sta riscaldando il pianeta. Quando sono uscito faceva freddo".

Decise di tornare indietro per vedere se qualcuno degli altri era sopravvissuto. Non voleva farlo, ma pensava di doverlo fare. Portò con sé la bambina. Condensai il tempo e gli chiesi cosa trovò quando arrivò là. "Morte. Erano tutti morti. Non riuscirono a respirare". Poiché vivevano in una grotta aperta, non riuscirono a sfuggire all'aria soffocante. Gli chiesi cosa avrebbe fatto ora. "Andare avanti. La vita continuerà. Andrò a vedere cosa riesco a trovare... qualcun altro. Potrebbero esserci altri sopravvissuti sottoterra".

Poi lo feci avanzare per vedere se avesse trovato qualcun altro. Invece vide: "Una luce molto intensa... una luce molto intensa... troppo bianca. Davanti a me". Pensai subito che fosse morto e che stesse tornando alla Sorgente, che viene sempre descritta come una luce molto intensa. Se questo era vero, volevo sapere cosa gli fosse successo. Come era morto in quella vita? Così l'ho fatto saltare all'ultimo giorno della sua vita e gli chiesi cosa vedesse e cosa stesse succedendo. "Vedo un'astronave scintillante. Veniamo presi... veniamo presi. La nave... nel mio viaggio. È atterrata là fuori e veniamo presi. La nave era rotonda e lucente". Respirava profondamente come se fosse angosciato.

D: *Come vi hanno portati via?*
S: In una luce... c'era una luce intorno a noi e sull'astronave.
D: *Riesci a vedere delle persone?*
S: Alti... non pelosi... pelle chiara... occhi bianchi... capelli di colore bianco. Non sono come noi. Non sono pelosi come me... io sono peloso.

Sembrava molto simile alla creatura fatata descritta ne L'Universo Convoluto, Libro Quattro: Capitolo 22 "La creazione degli umani".

D: *Ti hanno portato sulla astronave?*

S: Sì, mi hanno trattato come una bestia... uno degli animali. Sono l'unico che mi somiglia. Mi toccano con le loro dita lunghe e magre.
D: *Riesci a comunicare con loro?*
S: Non credo che sia necessario.
D: *Per questo ti trattano come una bestia? (Sì) Forse non sanno che puoi pensare. Sai dove ti stanno portando?*
S: Vediamo due stelle. Sono nel cielo. Ci sono finestre intorno a me. Ci sono tanti cilindri rotondi... tante luci di colori diversi.

Questo viaggio avrebbe potuto durare a lungo, così condensai di nuovo il tempo e lo spostai in avanti, fino a quando finalmente giunsero nel luogo in cui lo stavano portando. Vide una città composta da cristalli. "È... sono a casa. (Sospirando profondamente) Cristallo... tutto è di vetro... sono a casa! Mi hanno riportato a casa. Dovevo essere uno di loro. Ho scelto di andare in quel posto dove ero così peloso. Ora sono tornato a casa".

D: *Hai ancora il corpo peloso?*
S: Mentre cammino sta cadendo. I capelli... quel ruolo... sto tornando ad essere quello che ero.
D: *Vuoi dire che il corpo non è dovuto morire? (No) Ti sei semplicemente trasformato?*
S: Sì. Sono molto più felice. Non mi piaceva essere peloso.
D: *Perché l'hai scelto?*
S: Dovevo salvare la bambina. Dovevo riportarla indietro.
D: *Anche lei è riuscita a fare il viaggio senza problemi?*
S: Non la vedo in questo momento.
D: *Ma era il tuo lavoro, salvarla. (Sì) E questa è casa? (Sì) Sai dov'è? La chiamano in qualche modo?*
S: (Pausa) Vedo una Z. Vedo una X. Non capisco i simboli.
D: *Forse più tardi avranno un senso per te. Com'è il tuo corpo adesso?*
S: È meraviglioso! Non ha peli sul corpo, è alto, ha la pelle bianca, i capelli biondi, gli occhi azzurri.
D: *Come gli altri sulla nave?*
S: Sì. Mi prendevano in giro, quando ero peloso. È meglio essere a casa con tutti i vetri, tutti i cristalli e tutte le luci.

D: *Ti prendevano in giro perché ti eri dimenticato? (Ridendo: Sì) Quando sei andato a sperimentare l'essere peloso in quell'altro luogo, sei nato come un bambino in quella vita? O come è successo?*

S: Penso che sia stato un processo normale. Quando sono nato in quel gruppo di persone, dovevo essere accettato, ma crescendo non sono mai stato accettato. Non mi ascoltavano.

D: *Non ti hanno capito. E mentre eri lì, hai dimenticato la tua casa? (Sì) Hai dimenticato da dove provenivi. È interessante che non sia stato necessario morire per lasciare quel posto.*

S: Noi non moriamo.

Semplicemente vene ritrasformato al suo stato originale. Ora che era tornato nel luogo a cui sentiva di appartenere, volevo sapere che tipo di lavoro faceva.

S: Andiamo in questo posto e scriviamo un diario di ciò che abbiamo imparato. Un registro di ciò che abbiamo visto e di ciò che è successo. E si energizza con i cristalli.

D: *Come si fa?*

S: Basta toccarli. Ci sono suoni, vibrazioni... c'è la guarigione. Luci diverse, colori diversi, riflessi attraverso di te.

D: *Questo ti riporta alla normalità?*

S: Sì, mi dà energia. Guarisce tutto ciò che ha bisogno d'essere riparato. È così perfetto, così tranquillo lì e così bello grazie ai cristalli.

D: *Ma hai deciso di lasciare questo posto. Di esplorare?*

S: È il nostro lavoro. Dobbiamo scegliere un altro lavoro. Andiamo dove hanno bisogno di aiuto. E io dovevo salvare quel bambino. Non potevo salvarli tutti, così ho salvato quel bambino.

D: *Ci hai provato, ma gli altri non ti hanno ascoltato. Cosa c'era di sbagliato nell'aria? Dal punto in cui ti trovi ora, sai qual era la causa?*

S: Sì. Era una moltitudine di vulcani e tutto ciò che poteva andare male, andò male. Non c'era ossigeno nell'aria, le nuvole nascondevano il sole e non si riusciva più a respirare. Nulla riusciva a respirare. Tutto ciò che era grande, che richiedeva molto ossigeno, morì. C'era molta attività, le persone non sopravvivevano e i grandi animali non sopravvivevano. Non erano protetti.

D: *Sapevi che sarebbe successo prima di andarci?*

S: Sì, dalla città di cristallo lo sapevamo. Ma non lo sapevo quando ero lì. Non mi sentivo a mio agio con tutti quei capelli (risi), ma dovevo averli per mimetizzarmi.

D: *Che cosa farai adesso? Rimarrai lì per un po'?*

S: Sì, vado a controllare le mie possibilità.

D: *Dovrai andare da qualche altra parte?*

S: Sì. È il nostro lavoro. Guardiamo tutto e poi decidiamo.

D: *Ma avete libera scelta, no?*

S: Sì, possiamo scegliere.

D: *Vi mostrano queste opzioni?*

S: Oh, sì, quando si guarda nel cristallo. È un grande cristallo, è come fosse liquido. Un po' più denso dell'acqua. Si può vedere la vita di una persona, qual è il suo lavoro e cosa sta facendo. Si può osservare tutta la sua vita.

D: *Ma sai che gli esseri umani hanno il libero arbitrio. Le cose possono cambiare, no? (No) Forse vedi una sola possibilità?*

S: Si vedi solo un percorso, quello per cui quella persona è destinata ad essere lì.

D: *Sì? Ma a volte le persone non prendono quell'unica strada quando sono nel corpo.*

S: Hmm... questo crea il caos.

D: *Perché sai che hanno il libero arbitrio e a volte dimenticano per cosa sono qui, non è vero?*

S: No. Semplicemente non ascoltano.

D: *Puoi entrare nel corpo con tutte le buone intenzioni riguardo a ciò che dovrai fare, ma a volte altre cose si mettono di mezzo.*

S: È come quelle persone nella caverna, sono solo persone. Non hanno un percorso. Sono solo persone. Io avevo un percorso. Quel bambino aveva un percorso.

D: *Quindi se si sceglie un'opzione, non si esce da quel percorso? È questo che intendi?*

S: Sì. Sono così tanti in questa stanza, dove coi cristalli scelgono una vita o un percorso. Il resto delle persone non è stato mandato qui con un percorso.

D: *Allora a cosa servono le loro vite?*

S: È come uno sfondo.

Questa fu un'affermazione strana. Non l'avevo mai sentita prima.

D: *In che senso?*
S: In un film dipingono qualcosa intorno agli attori, così c'è uno sfondo.
D: *Quindi gli altri non hanno uno scopo preciso?*
S: Esatto. Vengono per vivere, respirare, lavorare e morire.
D: *C'è qualche speranza che possano trovare una strada, o sono un altro tipo di anima?*
S: Non hanno scelta. Sono qui solo per far parte dello scenario. Sono schiavi. Sono schiavi che vanno da un sistema stellare all'altro e vengono usati come sfondo.
D: *Sono lì solo per queste persone con uno scopo?*
S: Sì. Per imparare, per rimanere sul tuo percorso, bisogna avere queste altre persone sulla vostra strada, che vivono accanto a voi, ma voi siete qui per una lezione e loro sono qui a fare lo sfondo.
D: *Sì, ma a volte creano problemi, cercano di allontanarti dal tuo cammino? (Sì) Fa parte del loro scopo, distrarti? (Sì) Ma quando sei nel tuo corpo, non sai tutte queste cose, vero?*
S: Non tutti gli esseri sono la fonte di luce. Non tutti gli esseri di luce sono la fonte di luce. Sono qui solo come energia per aiutarci con le nostre lezioni, per creare caos o per lavorare o semplicemente per vivere. Alcuni esseri vanno ad imparare specifiche lezioni per la Sorgente di luce. È come se tu fossi un essere superiore.
D: *Quindi gli altri non si evolvono per diventare esseri superiori?*
S: No, sono solo energia. Come quando si fa un film e si usano le comparse.
D: *Ma quelli che sono sul sentiero, la sorgente superiore, possono riconoscersi tra tutta la massa di altre persone? (Sì) Se potessimo farlo, non lasceremmo che le cose ci disturbassero così tanto, no?*
S: Esatto.
D: *Specialmente se sappiamo che sono lì solo per drammaticità, direi. (Sì) Ma quando si guardano queste opzioni, si vedono tutte le diverse vite in cui si va a finire. Sai che in questo momento stai parlando attraverso un corpo umano, vero? (Sì) Probabilmente è una delle opzioni che avevi scelto, quella che chiamiamo "Suzette". L'hai vista come un'opzione prima di entrare?*
S: Sì. Ho scelto solo le opzioni in cui potevo salvare qualcuno.

D: Perché hai scelto la vita che sarebbe diventata Suzette?
S: Sarà usata per arrendersi ai bambini e con gli esseri di luce superiore per insegnare. Non tornerò sul pianeta di cristallo per molto tempo, quindi devo insegnare. Dobbiamo portare la vibrazione superiore della sorgente di vita su questo pianeta. Lei insegnerà ai bambini e agli animali della sorgente di vita.
D: Anche gli animali sono importanti?
S: Alcuni animali sono una fonte di vita superiore.
D: Quindi, come gli esseri umani, molti animali e insetti sono di sfondo? (Sì) E alcuni sono una vibrazione più alta?
S: Sì. C'è così tanto dolore su questo pianeta.

Qui Suzette espresse dolore dicendo che le faceva male la testa. Le diedi suggerimenti di benessere per eliminare le sensazioni fisiche.

S: C'è troppo dolore. C'è dolore dappertutto tra gli animali, nella vita vegetale, nell'acqua e io devo aiutare. Devo aiutare ad insegnare a queste fonti di vita che hanno una vibrazione più alta, in modo che possano aiutare il pianeta, gli animali e gli alberi. Non posso semplicemente andarmene. Devo restare qui e aiutare. (Gemette come se fosse molto frustrata) È un lavoro importante.
D: Sì, è un grosso lavoro. Ma non sei sola. Ci sono altri che vengono ad aiutare, vero?
S: Sì. Lo si sente. Si sente la vibrazione.
D: Cosa vuoi che faccia Suzette per aiutare?
S: Insegnare ai giovani. Anche loro sono venuti qui, ma tutto accadrà più velocemente. Aiuteranno prima, perché c'è solo....OH! Mi fa male la testa. (Le diedi di nuovo dei suggerimenti).
D: Perché devono imparare più in fretta?
S: C'è poco tempo a causa di questi esseri inferiori. Tutto ciò che vogliono è farsi del male a vicenda. Vogliono distruggersi a vicenda. Vogliono distruggere la terra, il che danneggia gli animali, gli alberi e l'acqua. Insomma, bisogna arrivare ai giovani perché possano fare passaparola e aiutare a guarire il pianeta.
D: Gli adulti non saranno in grado di aiutare?
S: Gli adulti di origine superiore. Gli altri sono passati dal fare il loro lavoro come sfondo, all'essere arrabbiati. Vogliono essere arrabbiati con qualcuno o qualcosa e tutto ciò che vogliono fare è

uccidere... uccidere o fare del male. (Si lamentò di nuovo per il dolore).
D: *La loro rabbia crea un'emozione che attira energia. È questo che intendi?*
S: Sì. Dobbiamo bloccarlo.
D: *Il tipo di energia negativa che può danneggiare le cose.*
S: Sì, può danneggiare il pianeta.

Chiesi quale fosse lo scopo di Suzette. "Deve lavorare con i giovani. Insegnare, ascoltare, capire". Le è stato detto che non doveva cercare le persone, le fonti di vita superiore sarebbero venute da lei. "Le persone che sanno... sanno... le persone sanno. È venuta per guarire o per salvare". Suzette aveva detto che fin da quando era molto, molto piccola era molto arrabbiata per essere stata rimandata qui. Non lo capiva.

S: Sì, questo lavoro è enorme. Lei non voleva venire. Questo lavoro è grande! C'è tanto dolore... tanto dolore.
D: *Ma hai scelto di essere qui.*
S: Beh, credo che dovessi scegliere. Stanno inviando forze vitali. Non abbiamo potuto scegliere questo lavoro. È un lavoro importante. Molte forze vitali sono state inviate qui per salvare il pianeta. Avrei preferito di gran lunga restare alla Città di Cristallo.

Suzette è molto sensitiva nella sua vita attuale. Riesce a vedere le cose che accadranno in futuro.

S: L'ho visto chiaramente quando ero pelosa. Sapevo che tutti sarebbero morti. Potevo vedere in ogni vita.
D: *Suzette dovrebbe usare queste capacità in questa vita?*
S: Sì. Fiducia e insegnamento. Pensiero spirituale superiore.
D: *Ha detto che la gente non la ascolta. Non le credono.*
S: Parla con quelli che hanno una fonte di vita superiore. Tutto sta accelerando. C'è meno tempo. Ecco perché siamo dovuti venire tutti qui. C'è meno tempo. Dobbiamo salvare il pianeta.
D: *Ho sentito dire che alcuni non potranno essere salvati.*
S: No. Le persone di fondo che sono arrabbiate.
D: *Le vibrazioni stanno cambiando. Quindi la gente di sfondo rimarrà con la Vecchia Terra? (Sì) Ed è per questo che sono arrabbiati?*

S: Sì. È come se stessero recitando, hanno un copione, stanno recitando questa parte e la loro parte è distruggere questo pianeta.

D: *Sono arrabbiati per questo? (Sì) Ma il pianeta non può essere distrutto, vero?*

S: No, non può essere distrutto. È come quando sono morti i dinosauri e gli alberi, ma tutto è tornato in vita. Non i dinosauri o gli alberi, ma loro non lo sanno. Questo è un pianeta bellissimo. Questa è una bella casa. Non bella come il posto dei cristalli, ma...

D: *Allora le persone di fondo resteranno con la Terra, passeranno tutti i cambiamenti e la catastrofe?*

S: Sì, non sopravviveranno. Se ne andranno. Gli altri andranno avanti. Questo nuovo luogo sarà così bello. La vibrazione sarà così alta e questo sarà un luogo di apprendimento.

D: *È quello che stavo cercando di capire. Si separerà in due parti?*

S: Sì. È come se ci fossero due livelli: la Vecchia Terra sarà su un livello e la Nuova Terra sarà su un livello superiore. Ma non si vedranno, come se fossero in due linee temporali.

D: *È quello che mi è stato detto. Uno non sarà nemmeno consapevole dell'altro. (Esatto) Ma lei vuole insegnare ai bambini che possono andare sulla Nuova Terra?*

S: Sì. Altre persone con vibrazioni più elevate possono aiutare a salvare e questo sarà un pianeta di insegnamento. Ci sono altri luoghi d'insegnamento, ma questo sarà un pianeta di educazione.

D: *Quindi coloro che sono rimasti sulla vecchia Terra vivranno la loro vita in modo diverso? (Sì) Hai detto che quelle persone non si stanno evolvendo affatto?*

S: Sì. Sono come degli sfondi, sai, come se dipingessi un quadro e ci dipingessi sopra qualcuno.

D: *Quindi, mentre la Terra attraversa tutti i cambiamenti e le catastrofi, ci saranno molte persone che moriranno.*

S: Sì, sì. Ce ne saranno molte.

D: *Comunque è ciò che hanno scelto prima di arrivare?*

S: No, non scelgono. Sono un po' come schiavi. Vengono portati da un posto all'altro per fare tutto quello che devono fare lì, perché sono solo energia.

In questa vita Suzette aveva il ricordo d'aver visto due stelle, così chiese informazioni al riguardo. "Queste due stelle nel cielo, sono la città di cristallo?".

S: Si va verso le due stelle. La città di cristallo è lì davanti.

Un concetto interessante che ha aperto un modo diverso di percepire le due Terre e la separazione tra la Vecchia e la Nuova. Mentre ero in fase di stesura finale di questo capitolo improvvisamente ho avuto una rivelazione. È strano quante volte si debba leggere qualcosa, prima che finalmente la si capisca. Forse è così che funziona la mente, deve essere esposta a qualcosa più volte, prima che abbia finalmente senso. Pensai che l'idea delle persone di sfondo fosse interessante e certamente un concetto nuovo, ma poi guardai oltre a ciò che il SC stava cercando di trasmettere. Spesso alle mie conferenze le persone vogliono maggiori informazioni sulla separazione tra la Vecchia e la Nuova Terra e su coloro che saranno lasciati indietro. Ora penso che questo concetto contenga alcune delle risposte. Dissero che la maggior parte di noi scelse di venire a sperimentare la vita in questo momento con uno scopo più elevato, quello di aiutare a salvare la Terra. Ma, a nostra insaputa, anche altre energie sono state inviate sulla Terra per recitare delle parti negli scenari che abbiamo creato, per agire nella nostra illusione. Queste sono state chiamate le Persone di Sfondo, che sono venute per vivere, respirare, lavorare e morire. Tuttavia, non hanno un vero scopo, se non quello di essere le comparse nel nostro spettacolo, lo sfondo su cui recitare. Li chiamano "schiavi", ma credo che sia una parola piuttosto dura. Sono solo energia e vengono portati da un sistema stellare all'altro per recitare le loro parti. Un po' come le comparse di un film che passano tutta la vita a recitare una parte insignificante senza mai arrivare al ruolo principale. Mi ricorda il film "The Truman Story", in cui il giovane trascorreva tutta la vita all'interno di un'illusione fittizia, in cui gli attori recitavano le loro parti; prima di rendersi conto che non era realtà. Gli altri recitavano le loro parti in modo molto realistico e convincente.

Dissero che queste persone sono diventate rabbiose, ma io credo che la rabbia l'abbiano acquisita frequentando la negatività che le circonda. E questa negatività ha aumentato la loro rabbia. Questo ha creato tutte le guerre e le catastrofi che ci sono ora sulla Terra. Questo spiegherebbe anche le migliaia di persone che vengono uccise nelle varie guerre e catastrofi naturali. Sono lì per fornire il dramma alla nostra illusione. Hanno detto: "Vengono portati da un posto all'altro per fare qualsiasi cosa debbano fare lì, perché sono solo energia". Credo che l'unico modo per guardare a questo aspetto sia quello di rimuovere tutte le emozioni. Volevamo vivere determinati eventi della nostra vita e queste erano le persone assunte dal Central Casting per riempire le scene. Non dico che sia vero, ma è un concetto interessante su cui riflettere. Altre caramelle per la mente! Prendetele o lasciatele.

Ora, è mia opinione che siano coloro che rimarranno sulla Vecchia Terra: le persone di sfondo, perché non hanno una vibrazione o uno scopo più elevato. Ci insegnano lezioni con la loro semplice presenza, ma non sono destinati ad evolvere ulteriormente. Questi sono quelli che verranno lasciati indietro. Quelli che realizzano il loro scopo più elevato e innalzano la loro vibrazione e frequenza viaggeranno verso la Nuova Terra. Ci saranno coloro che arriveranno ricordando la propria missione e alti ideali, ma lasceranno che la negatività degli altri li trascini e li influenzi. Anche questi dovranno rimanere con le altre energie della Vecchia Terra mentre si separano. Per questo è importante rendersi conto che è solo un'illusione e che possiamo trovare il nostro ruolo nella creazione della Nuova Terra. Il nostro ruolo è aiutare gli altri a trovare il loro e non essere risucchiati dall'energia rabbiosa della Gente di Sfondo, rimanendo bloccati sulla Vecchia Terra. Ecco perché è una cosa così individuale. Ognuno deve trovare la propria strada e riconoscere lo scopo per cui è venuto.

Questo strano concetto di persone di sfondo, simili a comparse in un film, mi ha lasciato un'impressione duratura. Ora, quando mi trovo in un aeroporto affollato, su una nave da crociera o in una città trafficata e vedo tutte le persone affaccendate che si fanno i fatti loro, apparentemente ignare l'una dell'altra, penso alle "persone di sfondo". Un concetto interessante che probabilmente ha più significato di quanto io non creda.

In un'altra seduta ho ricevuto le seguenti informazioni:

C: Gli esseri umani non sono tutti uguali. Alcuni sanno leggere, creare e altri sono come animali. Quindi la maggior parte non ha idea di essere una risorsa. Si pensa che tutti abbiano un'anima. Non è così. Alcuni sono interessanti. Alcuni non lo sono. Altri sono artefatti.

D: Cosa intendi dire?

C: La realtà è superficiale... ha degli strati. Queste persone sono coinvolte solo negli strati superiori. Sono coinvolte solo negli strati più superficiali. Non hanno alcuna connessione con gli strati sottostanti, eppure Dio è costituito da tutti questi strati, quindi ci sono livelli da soddisfare, da raggiungere per le persone. Anche negli strati più superficiali, c'è l'esistenza ed è per questo che esistono. Non ci sarà mai di più. Lui vuole che siano di più, ma non possono esserlo.

D: Non può controllarlo, vero?

C: Non può controllarlo, ma sa che il mondo è controllato da coloro che possono creare, quindi può controllare la realtà facendo in modo che la controllino per lui.

D: Ma stavi parlando di quelli che non hanno un'anima. Sono solo energia?

C: Sono solo materia. Sono più che materia! Sono carenti. Noi creiamo la nostra realtà e loro sono tra le cose che vengono create per popolare la realtà. Il loro compito è di popolare la realtà, non di dirigerla, non di cambiare qualcosa. Sono solo lì per farsi un giro!

D: Più come sfondo, vuoi dire?

C: Sono come lo sfondo. Sono molto di più, ma non lo sanno! Stanno perdendo il contatto con gli strati più profondi della realtà. Sono confinati negli strati superiori e alla fine vengono separati dagli strati sottostanti. Non possono sostenersi solo nella realtà superficiale.

D: Poi negli strati inferiori... hai detto che non hanno l'anima, ma noi li percepiamo, mentre passano diverse vite.

C: Hanno vite, ma non hanno vite. Non hanno permanenza. La vita è vita senza fine.

D: E questi non ce l'hanno?

C: Non ce l'hanno. Hanno bisogno di essere ridefiniti per esistere. Hanno bisogno di una definizione. Non si definiscono da soli. Non hanno il potere di farlo. Devono essere definiti dall'ambiente. Hanno bisogno di essere definiti dalle loro percezioni. È tutto ciò che hanno. Non hanno il potere di creare, ma hanno il potere di percepire la creazione che li circonda. Alcuni si conformano a questa creazione. Questi sono quelli che stanno andando bene e quelli che non vanno bene, sono quelli che non ci riescono.

D: *Hanno una vita? Hanno dei figli e fanno quello che noi consideriamo...*
C: Oh, sì. Sono risorse.
D: *In che senso?*
C: Sono stati una specie. La specie deve continuare. Devono riprodursi. Produrranno tutti i tipi di organismi. Il loro compito è di riprodursi. Il loro compito è far nascere le generazioni future e dare continuità alla realtà, affinché diventi ciò che deve diventare. Loro stessi non possono fare in modo che la realtà diventi ciò che deve diventare. Devono lasciarlo agli altri.
D: *Beh, quando questo tipo di persone, gli esseri umani, muoiono, cosa succede loro?*
C: Alcuni esseri umani... c'è l'Anima Universale che può estendere l'identità o ritrarla dall'attività fino a quando le forme superiori si auto-uniranno a loro. Se perdono la loro identità, non la useranno. Altri esseri umani non possono essere ritratti. Non hanno la continuità per farlo. Devono essere ricreati nel livello superficiale della realtà. Non esistono nello stesso senso. Potrebbero, ma non vedono che possono farlo e quindi non lo fanno.
D: *Quindi, quando li percepiamo mentre stanno morendo, si disperdono?*
C: Quelli che non possono... quelli che non hanno continuità, non possono essere ritratti. Si dissipano.
D: *Beh, una volta prima... sai che parlo spesso con voi, vero?*
C: Nessuna perdita di contatto.
D: *Cioè, sai che molte volte faccio molte domande? (Ridendo)*
C: Certo.
D: *Una volta hai parlato del concetto delle: "persone di sfondo". È la stessa cosa di cui stai parlando?*
C: Sono più di uno sfondo. Replicano l'Operatore Universale. Però lo fanno solo a livelli superficiali. Sono conservati.
D: *Sto cercando di capire. Prima hai detto che sono come un film con persone che popolano lo sfondo. E questo tipo di persone non sono come gli altri esseri umani?*
C: Le persone hanno bisogno di persone. Non possono vivere da sole. Hanno bisogno di una rete di interdipendenza. Devono sostenersi a vicenda. Hanno bisogno gli uni degli altri. Creiamo realtà con molti esseri, non uno solo. Per sperimentare l'interdipendenza dell'essere... ma questo fine è superficiale per uno solo. C'è solo

l'uno. Non può esserci nient'altro. Tutto viene creato a partire da esso.

D: *Quindi creiamo queste persone di sfondo solo per avere compagnia, più o meno. Per aiutarci a sentire che non siamo soli o cosa?*

C: Si creano da soli, ma sono indirizzati oltre il loro agire, perché non sanno come farlo da soli. Ci vuole più di quello che hanno. Sono fenomenali. Tuttavia, potrebbero evolversi fino a raggiungere il punto in cui possono farlo. Possono acquisire identità. È possibile acquisire identità attraverso l'evoluzione.

D: *Ma molti di loro non lo fanno? Quindi quando muoiono, come diciamo noi, vengono riassorbiti nell'Anima Universale, se ho capito bene?*

C: Riassorbiti. Non muoiono, ma si riducono. Sono mescolati nella mente. Sono molte anime. Possono tornare come gruppo.

Ecco un'altra spiegazione che mi sembra la migliore di tutte.

D: *Ne ho parlato e tutti continuano a fare domande. Ho detto che sarebbero arrivate altre informazioni per poter capire meglio. Sai qual è il concetto di cui sto parlando?*

S: Sì. Cosa vuoi sapere?

D: *Devo spiegarlo alle persone. (Risi) Mi hanno detto che le "persone di sfondo" erano energia. Non sono reali.*

S: Sì, sono immagini olografiche.

D: *Hanno detto che è come quando si proietta un film, sono loro che interpretano le persone sullo sfondo.*

S: Sì. Sono immagini olografiche.

D: *Nell'ultima seduta che ho avuto hanno detto che alle persone piace avere altre persone intorno ed è per questo che sono state create? (Sì) Ma sembrano solide!*

S: Sì, ma non lo sono. Lo sono in un certo senso, perché l'attenzione che tutti gli danno li rende solidi. L'attenzione dà loro realtà, così alcuni di loro riescono ad avere una vera identità, ad un certo punto. Molti di loro non avranno mai questa possibilità.

D: Se andassi a parlare con uno di loro... sarebbe un vero essere umano o una di queste persone?
S: Cosa hai chiesto?
D: Se andassi a parlare con una di queste persone...
S: Non noteresti alcuna differenza.
D: Non riusciresti a distinguere se si tratta di uno sfondo o meno?
S: No. Ma la quantità di energia ricevuta, ad un certo punto dà loro la possibilità di essere reali. E molti, moltissimi non hanno mai avuto, né avranno mai, questa possibilità.
D: Quindi non sono veramente vivi?
S: No. Lo sono, ma in un mondo olografico. È un'immagine. Solo un'immagine che ha il potenziale per diventare reale. Quell'immagine potenziale viene attivata, dall'immagine data agli altri attraverso la loro attenzione, attraverso la loro consapevolezza.
D: Quindi possono diventare reali? (Sì) Altrimenti sono solo come immagini al cinema? (Sì) E non vivono o muoiono? Sono solo immagini? (Sì) Ma concentrandosi su di esse, potrebbero trasformarsi in una vita?
S: Sì... col tempo.
D: Col tempo? Non accadrebbe all'istante? Significa che dovrebbero venire e nascere?
S: No, no, no. All'inizio no, ma alla fine devono entrare nella Ruota dell'Informazione.
D: Dovrebbero salire sulla ruota, allora? (Stavo pensando alla Ruota del Karma).
S: Sì. Non la prima volta, ma poi devono farlo.
D: E comunque tutto questo è deciso da qualcun altro.
S: Dalle Leggi dell'Universo e dalla Meccanica dell'Universo.
D: La gente dice: "Sono persone senza anima" e io non riesco a capirlo.
S: Sì, non hanno un'anima.
D: Perché sono solo immagini.
S: Sì, non hanno un sé superiore.
D: Ma se interagissi con uno di loro, anche se lo toccassi, non capirei la differenza.
S: No, non la noteresti. Sei circondata da loro, da molti di loro.

D: Ogni volta che entro in un aeroporto dico: "Guarda quanta gente c'è sullo sfondo". (Sì) Quindi è una cosa del genere? (Sì) Quelli con cui interagiamo regolarmente sono reali?
S: Alla fine diventano reali.
D: Ma le persone "di sfondo" non sono reali?
S: No. Tutto è olografico... se lo vedi in questo modo... tutto!
D: Beh, mi hanno detto che tutto è un'illusione.
S: Tutto... anche la sedia... tutto.
D: Sì, è solo un'illusione. (Sì) Forse siamo gli unici ad essere reali e creiamo il nostro mondo intorno a noi?
S: Sì, ma possiamo interagire con gli altri.
D: Nelle mie lezioni racconto che l'Aula Magna non esisteva, finché le persone che venivano a lezione non hanno deciso collettivamente di crearla.
S: Sì, esisteva solo come possibilità.

Altre caramella per la mente su cui riflettere, mentre ci rendiamo conto che siamo noi a creare le nostre realtà...

CAPITOLO DICIANNOVE
UN ESSERE DI LUCE CREATORE

QUESTA SEDUTA SI E' SVOLTA NELLA MIA CAMERA D'ALBERGO, all'aeroporto di Los Angeles. Eravamo andati lì per un incontro con Trevor e altre persone. Trevor aveva qualche problema fisico, ma soprattutto voleva sperimentare come sarebbe stata una seduta. Entrò in trance rapidamente senza alcun problema. Quando uscì dalla nuvola, vide un enorme vulcano che non stava eruttando, ma che emetteva vapore. Vide anche un ecosistema simile alla giungla, intorno alla base del vulcano. "Roccia vulcanica che si trasforma rapidamente in verde. Grandi specie di palme... non palme, ma foglie di palma... foglie giganti! Il vulcano è bellissimo!".

D: Non pensi che sia pericoloso?
T: No, è affascinante!

Quando chiesi una descrizione o una percezione del suo corpo, rimassimo entrambi sorpresi. Indossava qualcosa di simile ad una tuta spaziale. "È una specie di tuta intera bianca che si collega a degli stivali bianchi. Vorrei dire 'stivali spaziali'. La tuta e gli stivali non sono separati. I piedi sono grandi e i grandi stivali sono collegati a una tuta bianca. Non è una tuta singola". Il suo corpo sembrava maschile, con lunghi capelli neri intrecciati all'indietro. La sua pelle sembrava essere di un blu biancastro. Le mani non sembravano umane: due dita e un pollice per mano, con il pollice e le due dita palmate. "Un aspetto molto gentile ed elegante". Anche se le mani sembravano strane, disse che non aveva problemi ad usarle. Gli ho chiesto del suo viso. "Lo percepisco angolare, lungo e stretto, un po' appuntito. Sento di avere un naso e una bocca. E le mie orecchie, ah, ah! sono appuntite. Ho gli occhi grandi. Sento anche di avere un casco. Un casco tipo bolla di vetro".

D: Senti di appartenere a quel luogo?
T: Mi sento come un visitatore. Osservo e basta.
D: Perché indossi un casco?

T: Sono un visitatore, ma è come se fossi tornato indietro... è come se venissi dal futuro. Indosso il casco, non sono sicuro se debba indossarlo o meno.

D: *Perché ti senti come se venissi dal futuro?*

T: Perché tutto il resto sembra quasi preistorico e io mi sento come se fossi in visita.

D: *Vedi segni di persone, strutture o altro?*

T: No... nessuna struttura. Solo il vulcano, i dintorni, l'acqua intorno a me. Sono su un piccolo altopiano... una bella cascata alla mia destra.

D: *È da molto tempo che sei lì?*

T: No. Mi sembra di essere appena arrivato.

D: *Come sei arrivato lì?*

T: Senza un veicolo. Sembra che io sia appena apparso.

D: *Quindi non ti è servito un veicolo? (No) Come riesci a farlo?*

T: Mi basta pensarlo, un po' come il raggio di Star Trek.

D: *L'hai pensato e sei arrivato all'istante? (Sì) Perché hai scelto quel posto?*

T: Non lo so. Voglio dire... solo calma.

D: *Anche il vulcano pensi che sia tranquillo?*

T: Credo di sì.

D: *Quindi è solo un posto da visitare? (Sì) Poi quando hai finito cosa fai?*

T: Sparisco, in un certo senso. Divento luce.

D: *Come si fa?*

T: Lo penso e basta.

D: *L'intero corpo diventa luce o cosa?*

T: Sì. È quasi come entrare in una sorta di vortice di luce. Dopo essere diventato luce, la tuta sparisce e io divento il vortice.

D: *Quindi non hai più bisogno della tuta? (No) Ma ne avevi bisogno quando eri in quel posto?*

T: Sì. Penso che sia sconosciuto, la tuta viene indossata finché non si riesce a capire se è necessaria o meno.

D: *È solo una precauzione? (Sì) Quindi ora vedi il tuo corpo in modo diverso?*

T: Sì. Solo luce... solo viaggio... solo andare da qualche parte.

D: *Come percepisci il tuo corpo ora che è di luce?*

T: Solo questa fonte di energia. Va dritta verso l'alto, lontano da quel posto! Proprio come un razzo. Io sono solo energia.

D: *Dove stai andando ora?*
T: È più che altro... ora vedo solo da dove sto partendo piuttosto che dove sto andando. Vedo che sono nello spazio. Interessante! Da dove ero partito, ci sono due lune. (È un po' strano! Sono vicine. Sono più lune vive che lune morte.
D: *In che senso?*
T: Il colore. Una sembra un colore tipo Giove, mentre l'altra è più blu. Ha un colore blu lavanda intorno. Il pianeta che ho appena lasciato è simile alla Terra, ma senza continenti visibili. È un pianeta verde e blu, ma non è realmente diviso in continenti e separato da acqua o integrato.
D: *E ora te ne stai allontanando?*
T: Mi sto allontanando, sì! Ora sto andando verso una sorta di struttura a cupola chiara.
D: *Sembra che tu possa viaggiare con la mente. (Sì) Dimmi di questa struttura a cupola.*
T: La sto attraversando... è enorme. Tutto intorno edifici molto futuristici.
D: *Passa proprio attraverso la cupola?*
T: Sì. È quasi come se entrassi... è come se la luce tornasse nel mio corpo. Questo quasi "al rallentatore", atterro saldamente e faccio tre passi in questa stanza dall'aspetto futuristico. Ho di nuovo un corpo.

Era lo stesso corpo, ma ora non c'era bisogno della tuta e dell'elmetto. Era vestito con abiti semplici e ordinari. Camminò per l'appartamento dall'aspetto futuristico e descrisse l'arredamento. Si avvicinò ad una finestra aperta su tutto il resto della città. Disse che viveva lì da solo. Qualora decideva di viaggiare o di uscire e lasciare quel posto, poteva farlo con il pensiero. Non c'erano restrizioni. Gli ho poi chiesto che tipo di lavoro facesse. "Vedo un tavolo, simile a una scrivania. Agito la mano sul tavolo e qualcosa di simile a uno schema, una piantina in scala, ma in forma olografica, appare sulla parte superiore della scrivania. È quasi uno strumento musicale. Se ci passo sopra le mani, emette interessanti suoni telefonici. I diversi schemi e le piantine sono come diagrammi elettrici. Muovendo le mani posso spostarli. Spostando simboli diversi in aree diverse. È davvero sospeso sopra la scrivania. Ogni volta che muovo qualcosa sembra accumularsi su qualcos'altro e c'è sempre un tono musicale in ogni movimento".

D: *Intendi dire che si basa su qualcosa?*
T: Prendo i diversi pezzi dei simboli olografici e, quando iniziano ad unirsi, cominciano a formare un disegno.
D: *Qual è lo scopo del farlo?*
T: Per viaggiare verso la prossima meta.
D: *Oh? Pensavo che stessi costruendo qualcosa.*
T: Lo sto facendo. Sto costruendo il prossimo luogo. È quasi come se stessi mettendo insieme una specie di pianeta. Come se stessi costruendo il pianeta verso cui viaggiare. Questa è la sensazione che ho.
D: *Vuoi dire che puoi farlo dal nulla? (Sì) Quindi in questo luogo in cui ti trovi, hai la capacità di creare? (Sì) E puoi creare il pianeta in qualsiasi modo tu voglia? (Sì) L'hai già fatto prima?*
T: Sì, molte volte.
D: *Quindi cosa ne fai dopo averlo creato in quella stanza?*
T: Lo faccio girare con la mano, comincia a ruotare e... decolla. Viaggia! Fuori dalla stanza, attraverso la cupola. Nuovamente mi trasformo in questa luce e lo seguo.
D: *Perché lo stai seguendo?*
T: In questo momento non lo so. Sta solo andando e diventa sempre più grande.
D: *Quindi cresce dopo che l'hai rilasciato?*
T: Sì. E sembra farlo piuttosto rapidamente, molto rapidamente. Cresce, cresce e assume sempre più una forma di cedimento.
D: *Diventa più solido, vuoi dire?*
T: Sì, e più grande... molto grande. È come se avesse una bolla gigante intorno. È assurdo, ma ora è grande come un pianeta!
D: *È diventato così grande? (Sì) Hai creato tu l'altro pianeta che aveva il vulcano?*
T: Penso di averlo fatto. Ho la sensazione di essere stato lì prima.
D: *Questo dove lo metti?*
T: Non si tratta di dove. Si posiziona in una parte del vasto Universo. Stranamente è grande e la mia luce lo penetra, quasi come se mi immergessi nell'acqua.
D: *Vuoi dire che gli dai vita?*
T: Penso di sì ed è liquido.

D: *Che aspetto ha ora che l'hai formato?*
T: È tutto oceano. Non c'è terra. È tutta una palla blu di oceano.
D: *Come un pianeta d'acqua?*
T: Sì. Ma prima penetro in una bolla che lo circonda.
D: *A cosa serve la bolla?*
T: Sembra che contenga l'atmosfera. Deve avere un'atmosfera. Poi finisco per penetrare nell'acqua. E di nuovo sto galleggiando verso il basso. Mi trasformo di nuovo e poi cammino sul fondo del mare. Sto camminando sul fondo liquido. Non chiedetemi come faccio a fare queste cose.
D: *Come ci si sente?*
T: Caldo... appartenenza.
D: *Cosa succede dopo aver creato queste cose? Rimangono?*
T: Rimangono.
D: *Non si disperdono? (No) Pensavo che forse, se stavi giocando e creando, dopo essertene andato ciò che avevi creato sarebbe scomparso.*
T: No, rimane tutto!
D: *E gli esseri o le piante? Crei anche quelli?*
T: Sì, mentre cammino le cose sembrano iniziare ad apparire, come i coralli e... In realtà sono esseri di tipo elettrico.
D: *Cosa intendi per "elettrico"?*
T: Come le meduse, ma con un contorno bluastro. Sono invisibili, ma hanno un contorno blu quasi schematico. Ci sono altri tipi di creature che sono più sostanziali. Quasi come un alligatore, ma con una bocca molto più larga e non minacciosa.
D: *Intendo dire che questi sono più solidi? (Sì) Allora cosa fai dopo averli creati?*
T: Comincio a tornare in superficie e riparto.
D: *Quindi non hai alcuna responsabilità una volta che li hai creati? (No) Mi chiedo cosa ne sarà di loro?*
T: Non lo so. (Mi misi a ridere.)
D: *Li crei e poi trova il posto dove vuole stare. Da lì non hai più alcuna responsabilità? (No) Quindi questo è il tuo lavoro. Andare, creare e poi viaggiare in questi posti diversi?*
T: Sì. È come se stessi inseminando un pianeta. È un'immaginazione molto grande per me, ma è quello che sta succedendo.
D: *C'è qualcuno che ti dice di fare queste cose?*
T: No, succede intuitivamente.

D: *Il pianeta con la cupola è quello su cui vivi?*
T: No, non mi sembra di vivere lì. Ci torno. Forse è una base operativa. Non lo so. Non ne sono sicuro. Forse ho molti posti diversi in cui vado. Sicuramente sto viaggiando.
D: *Non hai un posto preciso in cui devi andare?*
T: No! Penso che sia più che altro dove voglio andare.
D: *Quindi qual è il tuo desiderio? È questo che ti piace fare... creare e basta?*
T: Sì... solo creare felicemente!

Trascorrere l'eternità a creare potrebbe richiedere molto tempo, e volevo ottenere più informazioni che si applicassero a Trevor, così gli chiesi di spostarsi ad un giorno importante, quando stava accadendo qualcosa di importante. Anche se creare pianeti e collocarli nell'universo era certamente importante. Volevo solo allontanarlo da quella scena. Ma lui disse che un giorno era uguale all'altro quando si è impegnati a creare.

Poi Trevor entrò inaspettatamente in una vita fisica in Egitto dove era insegnante e consigliere del Faraone. In seguito spiegò che quello fu l'inizio di una serie di molte, molte vite. Il motivo per cui lasciò la vita di creazione ed entrò in quella fisica fu: "Per seguire una vita fino in fondo. Prima mi sembrava di esistere e basta. Questo è il mio primo impegno in un ciclo completo di vita".

Il SC disse di aver mostrato a Trevor quella vita da creatore per fargli capire che è ancora un creatore e che può fare grandi cose. Non si perdono mai le capacità e se una volta aveva creato dei pianeti, allora nulla era impossibile. "Gli piace costruire. È stato un desiderio interiore di farlo e di vedere le cose crescere. Le porte si apriranno sempre. Gli piace ancora creare su scala ridotta. In parte questo lo fa sentire inadeguato perché è più piccolo e desidera tornare ad una scala più grande. Dovrebbe solo fare un respiro profondo, godersi il momento e andare avanti. È sulla strada giusta".

FISICO: Problemi al ginocchio sinistro. Di tanto in tanto gli usciva. Il SC aveva riscontrato una lacerazione del legamento crociato anteriore, una lacerazione del menisco e un leggero indebolimento del tendine sinistro. La guarigione avvenne con energia, come sempre. "Si tratta di far girare il tendine. È un'energia blu, quindi è come una striscia elettrica... in continua rotazione. Far crescere i tendini insieme. È una luce blu che gira costantemente intorno al tendine, quasi come un filo, ma è estremamente luminosa. La fine è come una luce bianchissima. È l'inizio del filo che continua a penetrare e a girare... continua a girare e a muoversi avanti e indietro. Quasi come se ricucisse le cose dall'interno. E c'è anche del calore. È quasi come se li fondesse insieme e li facesse girare allo stesso tempo. In realtà si tratta di due parti che cercano di unirsi, il crociato anteriore centrale e il lato sinistro del ginocchio". Poi il subconscio annunciò che era fatta! "Il ginocchio è a posto. D'ora in poi andrà bene". Poi però notò una piccola placca nel cuore. "Riportate su i miei piccoli amici blu. Ora girano all'interno del cuore. Hmm... la placca è sparita!".

La seguente fa parte di una trascrizione molto più lunga, sconclusionata e a volte difficile da seguire. Soprattutto perché il cliente continuava a fare interiezioni e a cercare di spiegare o capire dal punto di vista della mente umana. Si recò immediatamente in un luogo che era come un vuoto privo di stelle. Dopo molto tempo, apparve un gruppo di sfere viola. Poteva sentire delle voci e sapeva che le luci colorate stavano parlando tra loro. "Non ho un punto di riferimento. Sembrano grandi. Potrebbero essere enormi, a milioni di chilometri di distanza, o potrebbero essere a pochi centimetri. Ora emettono luce. (Entusiasta) Posso vedere al loro interno. La luce proviene dall'interno. Proprio al centro, come una piccola scintilla all'interno di una sfera trasparente.

"Sono al confine. Sono arrivato al limite del possibile. È solo fino a questo punto che ci è permesso di andare. Penso che significhi che non sia abbastanza grande. Non sono qualificato per andare oltre, ecco cosa significa. Potrei andare oltre, ma in questa fase non posso. Non è solo una questione di esperienza. Non si tratta solo di aver fatto certe cose. C'è qualcosa di più. Un grande qualcosa in più. Loro sono sicuramente una collettività. Le loro voci sono tutte diverse. Alcune sono maschili, altre femminili. Mi dicono che faccio parte della loro collettività. Sospetto di avere un qualche tipo di dispositivo di localizzazione da qualche parte. Mi stacco dal corpo. Sono stato attratto da loro, ma non mi sento degno. Francamente, non mi sento degno di stare con questi esseri. Eppure è ovvio che sono affiliato a loro in qualche modo".

D: *Se eri parte di loro, e loro sono una collettività, perché ti sei separato?*
S: Dovevo andarmene. Era solo una parte del progetto che dovevo intraprendere. Dubito di averlo fatto volontariamente, ma non ne sono sicuro. Sono così indipendente ora, eppure ero così riluttante a partire. Forse è per questo che me l'hanno fatto fare. Per poter tornare e raccontare le cose. Ma non mi sembra una ragione sufficiente. Ci sono anche tanti altri pianeti da esplorare. A volte passano più informazioni contemporaneamente. Ma altre volte ne passa solo una piccola quantità. A volte è come se passassi attraverso un grande tubo. E credo che una di quelle volte sia quando sono collegato al cerchio delle sfere. (Sorpreso) Mio Dio! Fanno parte di me, non è vero? Loro mi percepiscono. Per quanto ne so, io li percepisco. Penso sia possibile che il mio cervello possa funzionare completamente a mia insaputa. E non intendo solo nel sonno. Voglio dire, penso che operino in questo modo per tutto il tempo. Non me lo aspettavo. È come se il tuo computer fosse stato violato e ci fosse un'entrata segreta nel sistema. Un hacker amichevole, ma è lì che osserva tutto, costantemente. Si tratta d'informazioni sulle azioni che compio e sugli effetti che ne derivano. Questo è ciò che dovrei fare. Dovrei sperimentare il comportamento. Dico sempre che tutto ciò che vedo e tutto ciò che sento va da qualche parte, credo. Non sono sicuro che sia quello che fanno queste sfere. Ma dovrei sperimentare varie forme di comportamento. Non nego loro l'informazione. A quanto pare mi manifesto a diversi livelli. Sia a livello materiale che spirituale. Non so bene a quale livello si trovino. Sono più alti di quello astrale. Questo è certo.

D: *Chiedi loro da quale piano provengano?*
S: Vengono da un livello che gli umani possono percepire abbastanza comunemente. E corrisponderebbe al chakra della fronte, se si volesse equiparare ogni livello di esistenza - in mancanza di una parola migliore - a un livello di chakra. Questo è il modo in cui lo capisco meglio. Non vivono abitualmente lì. Però possono raggiungerlo. Alcuni lo raggiungono spesso. Alcuni vivono per lo

più lì, sospetto. Non è qualcosa che possiamo vedere con i nostri occhi, a meno che non si sia molto speciali.

D: *Ora sono come una collettività. Sono mai stati in un corpo fisico?*

S: Spesso. È una cosa continua. Hanno vissuto in molti luoghi e sì, vivono sulla Terra.

D: *E hanno vissuto su altri pianeti e in altre dimensioni?*

S: A quanto pare sì.

D: *Se hanno vissuto in prima persona tutte queste vite, perché devono ancora accumulare conoscenza da te?*

S: Non sono entità individuali coerenti, come le intendiamo noi. Sono come un coro di diverse entità. Penso che ognuna d'esse equivalga ad una vita in corso. Quindi è naturale. È normale che sia così.

D: *Ho sempre pensato che se avessero vissuto tutte le vite, non avrebbero bisogno di altre lezioni.*

S: Oh, no, non le hanno vissute tutte. Hanno ancora molta strada da fare. Non hanno finito come non ho finito io. E sono più avanti di me. (Ebbe una rivelazione improvvisa!) Ah! Neanche a loro è permesso andare oltre. Hanno le stesse limitazioni che ho io, a quanto pare. Ora so cosa stanno facendo qui. Aspettano di accumulare l'esperienza necessaria per andare avanti.

D: *Quindi dicono che alcuni di loro stanno ancora vivendo delle esistenze fisiche?*

S: Si, proprio come me.

D: *E quell'altra parte è lì ed esiste contemporaneamente?*

S: Esiste fino a dove può arrivare, per qualche motivo.

D: *Quindi quella parte di loro sta ancora accumulando conoscenza. (Sì) Non solo dalla vita che stanno vivendo, ma anche da altre persone?*

S: Le vite che stanno vivendo sono delle persone da cui stanno accumulando la conoscenza. Ora li sto guardando. Sembra che da ognuno di loro esca una linea, come un cordone di chakra.

D: *Come un cordone d'argento?*

S: Si, proprio così. Sembrano andare tutti nella stessa direzione, per quanto mi sembra. Ho l'impressione che questo sia un luogo dove il tempo non esista.

D: *Sarebbe corretto dire che un pezzo di te fa parte di questa collettività?*

S: Sì. Sono qui per sperimentare il comportamento e conoscerne i risultati. Per essere un osservatore delle persone. Sono stato programmato a pensare con la mia testa fin dal primo giorno. Sono stato programmato per non fare mai affidamento sugli altri. Non fidarmi mai delle parole. Controllare. Sono poche le informazioni che ho recepito in modo acritico. Per questo sono un ottimo osservatore. Sono qui per provare emozioni, ma anche per osservarle negli altri. Posso vedere attraverso le persone. Posso vedere dentro di loro. Riesco a vedere cosa fanno. Riesco a vedere il perché. Riesco a vedere ogni piccola motivazione. E non necessariamente le odio per questo, fino ad un certo punto. Perché so che le persone sono così e anch'io sono così.

D: *Anche loro stanno imparando, vero?*
S: Sì. Ci sono persone che imparano davvero più velocemente di altre. E ci sono persone che volontariamente non imparano.
D: *Quindi hai avuto altre vite?*
S: Non credo di averne avuti molte. Ma le ho avute per molto tempo. Penso che ogni volta che vengo rimandato qui, lo faccio a malincuore. E poi devo fare del mio meglio ed essere un vero perfezionista, quindi posso impiegare molto tempo tra un ritorno e l'altro. Voglio fare lo stesso progresso spirituale che fanno tutti gli altri. Non voglio rimanere indietro. Mi dà fastidio dover essere qui per farlo. Così, quando sono qui, faccio uno sforzo superiore per essere buono e santo. E questa volta non me la sto cavando molto bene. (Risate)

[In questa vita attuale è una prostituta.]

D: *Stai accumulando molto che può essere usato per qualsiasi scopo. Cosa fanno con queste informazioni che accumulano?*
S: Le trasmettono.
D: *A chi le passano?*
S: Non credo che lo sappiano. Ho l'immagine di qualcosa di bianco. Non è la luce bianca, però. Ho l'impressione che ci sia qualcosa verso l'alto. Non credo che significhi effettivamente la direzione, perché qui non c'è direzione. Verso l'alto. Ho l'impressione che ci sia qualcosa sopra di loro. Probabilmente un'autorità, piuttosto che uno spazio politico (?). La passano al piano di sopra. Avete presente quando in un'azienda si passano le responsabilità ai piani alti? È solo quello che c'è sopra di loro. Dicono che è fuori dalla mia portata percettiva. Non credo che queste entità facciano molte

domande. Non credo nemmeno che siano coscienti in quel senso. Penso che lo facciano e basta. È più simile ad un computer. Non è un computer. Non è biologico, non è tecnologico. È qualcosa di diverso. Beh, si potrebbero chiamare macchine biologiche umane, no? Avrebbe senso come qualsiasi altra cosa. Sicché non abbiamo una parola per definire queste cose. Sono sicuro che è qualcosa fuori dalla nostra comprensione. Sono costruiti con qualcosa.

D: *Quindi pensi che siano cose costruite piuttosto che esseri con un'anima o uno spirito?*

S: Credo che per qualche motivo la domanda non sia pertinente. Sono vivi, sì. Ma apparentemente il concetto di vita non è corretto. Essere vivi è un processo, piuttosto che essere una cosa specifica, in un punto dello spazio. Almeno a questo livello di comprensione. Per loro non importa cosa abitino o come lo chiamino. È un po' come preoccuparsi del materiale di cui sono fatti i propri vestiti, invece di osservare se il vestito piaccia o meno. È inutile preoccuparsene. Ma le cose in cui vivono... non credo siano nate da madre e padre. Ora sto guardando meglio! Avete mai visto come la luce attraversa una medusa? Non sto dicendo che sono meduse. È una specie di translucenza. Quasi come se fosse composta da un'unica cellula piuttosto che... Non credo nemmeno che siano unicellulari. Penso che producano cellule in quel senso. Cellulare. E la luce è il nucleo al centro. È molto bello.

D: *Ma quando inviano pezzi di loro stessi sulla Terra, che aspetto hanno? Hai detto che non inviano tutto, perché una parte rimane lì.*

S: Forse è solo un contenitore per queste entità. Forse l'entità scende in questo tubo e condivide le esperienze attraverso di esso. So di certo che con la mia visione aurica, posso vedere una linea che esce dalla testa delle persone. E spesso si spinge molto in alto nel cielo. E mi sono spesso chiesto dove vada esattamente.

D: *Comunque, quando mandano questi loro pezzi a noi sulla Terra, scendono attraverso questi cordoni?*

S: Penso di sì. Penso che vengano inviato in vari modi, ma questo è solo un modo semplice. Non riesco a vedere questo processo perché sembra essere costante. Penso che l'unico momento in cui il cordone si ritiri è quando si è - in mancanza di una parola migliore - morti. Ci si stacca dalla fine del cordone. Penso che sia

come un elastico che ti tira verso questo posto. È una stazione di passaggio, no?
D: *È così che vuoi chiamarla?*
S: Sì, penso di sì.
D: *Poi, ogni volta che la persona muore davvero, torna indietro attraverso questo cavo e...*

All'improvviso (mentre trascrivevo il nastro) mi è venuto in mente le NDE (Near Death Experience: esperienze di premorte), quando si vedono trascinati attraverso un tunnel con una luce alla fine del tunnel.

S: Non credo che se ne rendano conto. Non è una cosa improvvisa. Succede più gradualmente. Credo che in questo modo sia più facile per l'entità. Voglio dire che il processo di ritorno verso questa stazione intermedia è graduale. Perché questo è il luogo in cui eravate prima, tra una vita e l'altra. Il processo d'entrata ed uscita da questa stazione intermedia è graduale, perché così è più facile. Non so se si possa entrare ed uscire direttamente.
D: *Ma in ogni caso, ogni volta che torni lì, rimani o vieni mandato fuori di nuovo?*
S: Mi mandano di nuovo fuori.
D: *Devi continuare a farlo? Quando puoi fermarti?*
S: Quando sono qualificato. O quando avrò accumulato sufficiente esperienza per poter beneficiare delle cose che accadono altrove.
D: *Altrove. Quindi, una volta accumulate tutte le esperienze, i comportamenti e le emozioni della Terra, si va da qualche altra parte? (Sì) C'è mai un momento in cui ci si ferma?*
S: Hanno detto che non vogliono dirmelo. La risposta non mi piacerà. C'è un'unità.
D: *Quindi alla fine c'è un'unità.*
S: Sì. Ecco perché non dovrebbe piacermi. Perché sono così individuale in questa particolare incarnazione.
D: *Eh, sì, abbiamo la nostra personalità e non vogliamo rinunciare alla nostra personalità. Il che ha molto senso. Lavoriamo molto per avere una personalità individuale.*

In un'altra sessione, Jennifer vide se stessa in una semplice vita indiana durante la quale era più un'osservatrice che altro. Non succedeva molto, ma il suo compito era solo quello di essere lì e fare esperienza. Il loro piccolo gruppo si era insediato in aperta pianura e il posto era tutto per loro. Finché un giorno vide passare un piccolo gruppo di coloni. Non c'era alcun senso di pericolo, ma solo di curiosità. Sapeva che non potevano vederla e che non erano nemmeno consapevoli di lei, come se si trovasse in un'altra dimensione. Rimase un'osservatrice.

Quando le chiesi di andare avanti fino a un giorno importante, saltò in una vita futura. Sapeva che era quella perché vedeva una città futuristica con edifici dalla forma insolita e piccoli velivoli in cielo. Vide se stessa come un alto essere dall'aspetto alieno (alto, magro, androgeno, mani lunghe, senza capelli e con grandi occhi scuri) che indossava una tuta intera con un emblema su una spalla. Disse che l'emblema le era stranamente familiare, come se l'avesse già visto in sogno. Quando chiesi quale fosse il suo lavoro, vide se stesso su un'astronave dove lavorava. "Vola ovunque. Vola su altri mondi, altri universi e altre dimensioni, ovunque". Il suo lavoro aveva a che fare con le mappe e la navigazione.

"Devo sapere dove andare e poi vado. E' meglio sapere dove si vuole andare ed è qui che entrano in gioco le mappe di navigazione. Basta sapere dove si vuole andare e si parte".

D: Qualcuno ti dice dove andare?
J: Sento parlare di missione, quindi hai una missione. Sai solo di avere una missione. Si torna indietro per un po' di tempo, solo per cambiare aria. Ma la maggior parte del tempo siamo sulla nave. La maggior parte delle cose si fanno lì. Esplorare. È questo che facciamo! Esplorare! Torniamo a casa e poi scarichiamo le informazioni. Ho la sensazione che sia una camera. Si va lì e si scarica ciò che si esplora. Si ottengono informazioni e poi si torna alla base e si scarica tutto. Ci si sdraia su questo letto dall'aspetto strano e in qualche modo ci si collega e si scaricano le informazioni accumulate. Si va in giro ad esplorare, a vedere quello che si può vedere e si vive ogni esperienza. Andiamo ovunque e dappertutto. Puoi andare dove vuoi, in qualsiasi momento. Poi, quando si arriva, si può essere ciò che si vuole e si

può fare qualsiasi esperienza si voglia e così si impara. Si impara e basta.

D: *Hai detto che puoi scegliere il momento che vuoi?*

J: Sì, puoi scegliere qualsiasi momento, qualsiasi luogo, qualsiasi spazio, qualsiasi cosa, creare chi vuoi essere e imparare da quello che succede intorno a te.

D: *Questo è ciò che facevi quando sperimentavi la vita dell'indiano?*

J: Credo di sì, perché ero semplicemente lì con la terra. Mi sentivo un tutt'uno con ogni cosa, un tutt'uno con la terra. Potevo comunicare con essa e tutto il resto.

D: *Quindi è solo un modo per esplorare e fare esperienze diverse?*

J: Sì, ma è quasi come sfogliare un... ecco la tua biblioteca. È come entrare in una biblioteca e sfogliare un libro: "Oh, guarda questo tempo e questo luogo. Mi chiedo come fosse". Ci si perde nel libro e si "piomba" in quell'esistenza per esplorarla. Si vive quell'esperienza.

D: *Non devi rimanere lì?*

J: No. Fai solo l'esperienza, poi quando hai finito, te ne vai e passi ad un'altra.

Sembrava molto simile all'essere che in Universo Convoluto Libro Due si era agganciato ad un umano per un breve periodo di tempo per osservarlo.

J: Questa nave è una specie di comando. È una centrale di comando. È il luogo da cui proviene tutto. È il centro di tutto. Si continua a scendere da lì. E l'entità si trova in animazione sospesa in questa camera, mentre tutto sta accadendo.

Anche questo è descritto negli altri miei libri della serie Universo Convoluto, dove la persona vive sulla Terra, ma ha anche un corpo conservato in animazione sospesa a bordo di un'astronave, dove attende il ritorno dell'anima dalla sua avventura terrena.

J: È una nave, ma è anche un luogo da cui si continua a discendere. Si va e basta. Ti teletrasporti ovunque tu voglia andare e fai tutte queste esperienze. E ora sto vedendo che possono accadere tutte allo stesso tempo. È come se tu fossi in questo posto e stessi sparando tutti questi proiettili che hanno queste esperienze. Tutti questi contenuti finiscono qui alla biblioteca, dove si possono leggere questi libri. È come se fossi in un programma o qualcosa del genere e si fanno queste esperienze. Si torna all'astronave per scaricare tutte le esperienze. Io la chiamo camera, ma sono sdraiato in una specie di cilindro.

D: *Sembra che ti piaccia questo tipo di lavoro.*

J: Sì, è quello che faccio. È quello che sono. È dove sono. Questa è una delle mie esperienze, quindi è la mia parte centrale. È il mio nucleo. È il centro di me stesso. Si sprigiona da tutte le parti, in modo da sperimentare tutte queste cose diverse, tutti questi luoghi diversi e tutti questi tempi diversi. Tutte queste esperienze diverse, partono dal centro. È come un programma. Devi essere in grado di entrare in questa nave, poi ti proietti in tutte queste esperienze diverse e luoghi diversi, infine si ricollega nuovamente a quella mia parte centrale.

D: *Entri mai in un corpo fisico e ci resti più a lungo? O sei solo un osservatore come l'indiano?*

J: Sono tutti così. Lui era lì per sperimentare la terra, come parte della terra. È solo il grado d'esperienza che vuoi fare, ma tutti dicono solo "sei lì dentro" in qualsiasi punto tu voglia essere.

D: *C'è qualcuno che ti dice dove andare e cosa sperimentare?*

J: Fa parte di quel luogo centrale di comando. È come se dicesse: "Cosa vuoi sperimentare?". Così ci sono tutte queste cose diverse, e in realtà faccio tutto io. Posso farlo, quindi lo faccio.

D: *Mi chiedevo se qualcuno ti ha detto che devi andare in un certo luogo.*

J: Ti dicono di fare esperienza e di sperimentare il più possibile, quindi perché non sperimentare tutto? È quello che sto facendo, sperimentare tutto.

D: *Beh, sai che stai parlando attraverso un corpo fisico, vero? (Sì) Perché hai scelto di entrare in questo corpo fisico di Jennifer?*

J: Per un'esperienza. C'era questo momento e questa posizione. Sono venuta per imparare. C'era una serie di cose da imparare. L'entrare nelle emozioni, per poi superarle, rendermi conto del quadro generale e riconoscere che non si tratta delle emozioni.

D: *Sulla Terra abbiamo forti emozioni.*

J: Sì, ma quello è il dramma. Fa parte della Terra, non siete obbligati a farne parte. Tuttavia fa parte del processo di apprendimento, ne fate parte, imparate a crescere attraverso il processo e a non farne parte. A non farvi controllare.

D: *E il karma?*

J: Nessun karma... nessun karma.

D: *Se si attraversano molte vite sulla Terra, si accumula karma, non è vero?*

J: Solo se si sceglie di farlo. Lo si ha solo finché si sceglie di averlo e quando si sceglie di non impararlo più o di non averlo più, non se ne ha più bisogno. Quindi non fa parte del vostro piano. Non fa più parte del vostro assetto.

D: *Però alcune persone rimangono intrappolate nel loro karma.*

J: È una loro scelta. Vogliono ancora imparare. Vogliono tenerlo... è come se facesse parte della matrice. Vogliono rifare quell'esperienza. Ancora ne traggono qualcosa. Quando non funziona più per voi, scegliete di andare oltre e non ne avete più bisogno. È lì finché ne avete bisogno. Potete lavorarci finché lo volete e ne avete bisogno. Quando questo è il vostro processo di pensiero, quando questo è il vostro campo di esperienza, quando questo è il luogo del vostro apprendimento, allora sarà lì per voi. Siete voi a fornire ciò che vi serve per imparare, quindi se questo è ciò che volete imparare, il karma è un ottimo modo per imparare, vi sarà fornito per continuare ad imparare. Ma quando si comprende l'intera portata del suo funzionamento, ci si rende conto che il karma non è più necessario, si va oltre e non se ne ha più bisogno. Non ne avete più bisogno. Non fa più parte della vostra matrice. Quindi c'è solo se scegliete che ci sia per imparare.

D: *Questo fa parte di ciò di cui continuiamo a parlare... la Nuova Terra?*

J: Sì, sì.

D: *State eliminando il karma?*

J: In realtà non c'è più. Il karma è scomparso, però se le persone continuano a fare cose che sembrano karma, quello è solo una abitudine. È solo che continuano a farlo per abitudine o per qualcosa che stanno ancora imparando. Quindi è ancora lì e serve uno scopo, ma il karma, in realtà, è sparito. Se n'è andato da un po' e ci sono ancora persone, credo si possa dire, che hanno a che fare con i loro residui di karma.

D: *Ci sono ancora persone che fanno cose molto negative.*

J: È solo che hanno a che fare con le loro abitudini e con il loro rapporto di causa ed effetto. Se fai questo, provochi quest'altro. È così e basta. Ma non significa che si viene schiaffeggiati vita dopo vita. È solo una questione di ciò che se ne ricava? Se ne ricavi ancora qualcosa... bene, ok. Allora continua a crearlo e poi fai ancora quello e ottieni questo! È tutto causa ed effetto. Se volete entrare in quel ciclo e volete fare quell'esperienza, ok, sono affari vostri. Se ne ricavate qualcosa... bene, fa parte del processo di apprendimento. Ad un certo punto penserete: "Aspetta un attimo". E inizierete ad osservare il quadro generale. È a questo che servono le esperienze. Dirai: "Che cosa sto facendo? Voglio uscire da questa situazione. Voglio uscirne". Ma nel momento in cui lo dici, sei già cresciuto! Hai allargato i tuoi orizzonti. Hai fatto passi da gigante. E a quel punto puoi uscire da tutto questo, se decidi di farlo. È questo il senso di tutto. Ecco a cosa serve. È per farvi crescere.

D: *Sembra semplice, ma sulla Terra ci si trincera dietro a tutte queste emozioni. E in quello che le persone si fanno l'un l'altra.*

J: E' questo il gioco. È per questo che è un gioco. È questo che crea il gioco: le emozioni e tutte le "cose" che ci capitano. Tutti vogliono essere coinvolti in queste "cose". È una vostra scelta se volete essere coinvolti o meno. In qualsiasi momento potete dire: "No, non è roba mia. Non voglio entrarci. Scelgo di non farlo e non appena lo dite, ne siete fuori! Avete un luogo neutro e la posizione dell'osservatore. Si tratta solo di decidere se volete restare sulle montagne russe. Alcune persone vogliono restare sulle montagne russe. Amano gli alti e i bassi. Va bene così. La corsa è quella. È solo una scelta di chi vuole fare il giro. Tutto qui. Se volete l'intera gamma di emozioni, ok, va bene. Non c'è problema! E' questo rende il viaggio un'esperienza diversa.

CAPITOLO VENTI
VAI, SI LA LUCE !

QUANDO MELANIE GIUNSE SULLA SCENA NON VIDE NULLA. Questo può essere piuttosto frustrante perché il cliente pensa di aver fallito. Si aspetta di entrare in una vita passata e quando non vede nulla, non ha nulla da riferire. Naturalmente, per me questo dimostra che il cliente non si sta inventando una storia, non sta fantasticando. Se non c'è nulla, non può descrivere nulla. Tuttavia, nel mio lavoro (da oltre 45 anni), ho notato dei cambiamenti nel modo in cui funzionano le regressioni a vite passate. Un tempo il cliente entrava in un'altra vita e la descriveva. Ma (almeno) negli ultimi dieci anni le cose sono cambiate e ho notato questi sottili cambiamenti. Se continuo a fare domande, alla fine iniziano a vedere qualcosa. Solo che non sarà ciò che il terapeuta (o il cliente) si aspetta.

All'inizio Melanie riusciva a descrivere solo l'oscurità. Questo, naturalmente, può significare molte cose. Può darsi che si trovi in una vita passata e che sia notte, oppure che si trovi in una caverna o in un sotterraneo. Si riesce a capirlo solo facendo domande. Per esempio potrebbero trovarsi nel grembo materno prima della nascita, nel qual caso descriveranno sensazioni, come calore, comfort e soddisfazione. Oppure potrebbe trattarsi di casi come quello di Melanie, che stanno diventando sempre più comuni.

Mentre la interrogavo, cominciò a vedere "una specie di luce sfocata. Quando le chiesi se voleva andare verso quella luce, cominciò a descriverla in modo più preciso. "È lontana". Poi, quando si avvicinò, la descrizione iniziò a cambiare. "Sembra lattiginosa. È solo una luce bianca lattiginosa. È grande. È tutto ciò che riesco a vedere. Ora ci sono proprio dentro. È immobile... molto stabile". Poi all'improvviso: "Oh, wow! È così luminoso! Molto luminoso!". Ora sapevo dove si trovava, ma volevo che me lo descrivesse dalla sua prospettiva. "È molto luminoso, caldo e tranquillo".

D: Come ti percepisci?
M: Sono la luce. Io sono la luce! Mi sento come se fossi parte della luce.

D: *Quindi vuoi dire che non sei separata dalla luce?*
M: È ovunque! È come se fosse casa mia! È il luogo da cui provengo!
D: *C'è qualcun altro con te?*
M: Non in questo momento. Solo... spazio. Spazio bianco. È intorno a me, come se ci fossi dentro. È casa! (Iniziò a commuoversi) Mi manca.
D: *Quindi era un bel posto. Però se eri felice lì, perché hai lasciato questo luogo che chiami "casa"?*
M: Ho dovuto farlo. (Iniziò a piangere) Dovevo andare ad aiutare. Persone. La loro sofferenza era terribile!
D: *Dove sono le persone?*
M: Nei campi! Il campo! Stanno morendo e sono affamati, freddi e grigi. I campi. La roba nazista... (Era molto emotiva).
D: *Qualcuno ti ha detto di andare lì?*
M: Dovevo andare. Sono andato e basta. Volevo andarci. È stato brutto! Dovevo andare ad aiutare la gente.
D: *Sapevi che c'erano persone in difficoltà?*
M: L'ho visto. Stavo guardando quello che succedeva e non potevo fare niente. Volevo aiutare.
D: *Possono vederti? (No) Questo renderà difficile la cosa, se non possono vederti, non è vero? Che cosa decidi di fare?*
M: Ho deciso di partire da dove sono... per andare a sistemare le cose.
D: *Sai come aggiustare le cose? (Sì) Cosa hai intenzione di fare per sistemare le cose?*
M: Non c'è niente che possa fare. Sento che ormai è finita. Non voglio che succeda di nuovo.
D: *Cosa farai ora?*
M: Mi assicurerò che non accadrà di nuovo.
D: *Pensi di poterlo fare?*
M: Non credo. Vorrei farlo, ma è troppo da gestire.
D: *Allora cosa hai deciso di fare?*
M: Di venire in questa vita.
D: *Quindi hai deciso di entrare in un corpo fisico? (Sì) Sei andato da qualche parte prima di entrare nel corpo fisico?*
M: Sì. Volevo aiutare, quindi dovevo scoprire come poter aiutare. Non so come posso aiutare.
D: *Come l'hai scoperto?*
M: Ho chiesto. Ho chiesto al responsabile come potevo aiutare.
D: *Parlami del responsabile.*

M: Non vedo nulla. Sento solo quello che ho chiesto.
D: *E che cosa ha detto?*
M: "Vai e sii luce". Sii Luce. Non sopportate nulla di sbagliato. Non sopportate il male. Rompete le righe. Vai ad interrompere! Sii Luce Sii forte! Non sopportate nulla di oscuro. Porta la luce. Sii Luce. Sostieni la luce.
D: *Come vogliono che tu lo faccia?*
M: Come un esempio. Difendere la luce. Sii Luce. (Con voce più forte) Wow! Ho appena visto il male. Ho chiesto se potevo aiutare e mi hanno detto che era il modo in cui dovevo farlo. È stato così triste. Ho dovuto andare.
D: *Quindi sei entrata nel corpo fisico di Melanie?*
M: Sì. Ho scelto i genitori perfetti. Erano i meno propensi a trattenermi.
D: *Ma non è facile quando si entra in un corpo umano, vero? (No) Cosa hai pensato dopo essere entrata in un corpo fisico?*
M: All'inizio è stato fantastico. Mi piaceva essere piccola. E facevo sempre la cosa giusta. Sapevo quando le persone erano... non capivo perché le persone facessero certe cose.
D: *Ma ora Melanie è cresciuta. Ha fatto quello che doveva fare?*
M: Per ora... c'è ancora molto da fare. Può fare molto di più. Si è scoraggiata. A volte è stato difficile. Aspettare e avere pazienza.
D: *Ma ora è arrivata ad un punto della sua vita in cui vuole sapere se sta facendo ciò che deve fare. (Sì!) Qual è la sua missione?*
M: Continuare a portare la luce, essere luce. Funziona! Non sembra, ma deve essere fatto, per avere luce più forte. Non importa cosa faccia, basta che sia luce. Può fare qualsiasi cosa. Sii Luce e intervieni quando ci sono problemi. Rompete le righe... alzate la voce. Mostrate alle persone come restare nella luce... essendo la luce.

(Melanie ricevette molti consigli sulla sua agenzia e sulle cose che stava gestendo. Poi abbiamo parlato dei suoi problemi fisici. Si trattava soprattutto del suo ginocchio destro).

M: Ha bisogno di essere allineato. Troppo, troppo... era un carico pesante... troppo da fare.
D: *Cosa vedi nel ginocchio?*
M: Usura e lacerazione. Molti chilometri. (Risatina)

D: Cosa farai per sistemarlo?
M: Allineamento. Oh! Lo sto raddrizzando.

Melanie iniziò ad emettere dei suoni mentre lavoravano sul ginocchio. Potevo vedere la gamba che veniva mossa, raddrizzata e allungata sotto la copertura. Non era qualcosa che avrebbe potuto fare da sola. Sembrava che la gamba venisse tirata e manipolata. Poi annunciarono che avevano finito. "È l'allineamento. Ora è allineata". Il medico le aveva detto che pensava che stesse perdendo cartilagine nel ginocchio e che stavano pensando alla possibilità di un intervento chirurgico. "No, è l'allineamento. A volte il ginocchio sinistro le dava fastidio perché compensava". Rimosse la coperta, perché spesso quando "loro" lavorano, si genera molto calore.

Discussero del perché del problema al ginocchio e del perché avesse messo su tanto peso. Aveva stirato il ginocchio e l'aveva spinto fuori asse: "normalmente non sarebbe successo. È stato qualcos'altro. Era stanca. Voleva finirla. Voleva uscire da tutto. Aveva chiuso!".

D: Le cose andavano così male nella sua vita che voleva andarsene?
M: Non proprio... si sentiva solo sopraffatta e bloccata.

Le furono dati molti consigli personali. Non aveva alcun karma con altre persone, perché non era mai stata in un corpo fisico prima. "Per lo più sta lontana dalle persone e dai legami. È molto onesta e si comporta correttamente. Starà bene".

Messaggio Finale:
Puoi fare qualsiasi cosa a cui pensi. Puoi fare qualsiasi cosa e può avere successo.

D: Ha più potere di quello che pensa di avere, giusto?
M: Molto più potere!

Dalle descrizioni che Melanie fornì a me sembrava ovvio che facesse parte della seconda ondata di volontari. Aveva tutte le caratteristiche di un'anima "osservatrice" inviata sulla Terra per aiutare in questo periodo cruciale. Negli ultimi dieci anni ho scoperto un numero sempre maggiore di queste anime innocenti che accettarono questa coraggiosa missione in un mondo sconosciuto e apparentemente ostile dove non hanno nulla a cui relazionarsi.

CAPITOLO VENTUNO
LA SCHEDAMADRE

FRANCIS NON MI DIEDE IL TEMPO DI DARLE LE ISTRUZIONI PER salire sulla nuvola. Entrò direttamente in scena quando la invitai a visualizzare il suo posto preferito. Iniziò subito a descriverlo e cosi capii che era già lì in un'altra vita e non c'era motivo di completare l'induzione. "Sono nel mezzo della foresta pluviale. Ci sono molte fate e dive in giro, gli alberi sono molto alti. E c'è un ruscello d'acqua che circonda questo piccolo pezzo di terra su cui mi trovo". Era in piedi su un piccolo pezzo di terra e poteva vedere le piccole creature tra gli alberi dall'altra parte dell'acqua. Le chiesi una descrizione. "Hanno delle piccole ali e sembrano esseri di cristallo. Sembrano fatte di vetro. Brillano". Era la prima volta che le fate mi venivano descritte in questo modo. Descrisse le dive allo stesso modo.

D: *Ma non si rompono.*
F: No, sono molto flessibili. Hanno una certa lucentezza, ma non si rompono.
D: *Ci sono molti di questi piccoli esserini?*
F: Vanno e vengono. A volte ce ne sono pochi e a volte ce ne sono molti.
D: *Sembra un posto bellissimo.*
F: È bello, ma c'è molta pioggia. È nella foresta pluviale, quindi piove molto.
D: *Piove sempre?*
F: Quasi tutto l'anno, ma non tutti i giorni. Molte volte c'è un acquazzone torrenziale. Mi trovo in questo piccolo pezzo di terra. Ho una sedia e un piccolo telo tra le fronde che la copre. È il luogo in cui mi piace stare con loro, con le piante e tutto il resto.
D: *Quindi la pioggia non ti dà fastidio? (No) In una foresta pluviale tutto cresce molto velocemente, vero?*
F: Sì, ma ci sono anche tante stelle luminose. Ci sono uccelli con colori molto vivaci. Dove sono seduta non ci sono alberi, ma posso vedere tutto il resto e loro volano intorno a me.

Volevo scoprire qualcosa su di lei. Era una donna di circa 30 anni, con i capelli biondi e un lungo vestito stampato. Viveva lì vicino e andava avanti e indietro con una barchetta. Veniva regolarmente in quel piccolo lembo di terra per osservare gli uccelli e le fate. Le chiesi di andare a vedere dove abitava: viveva proprio dietro l'ansa del torrente. Era una piccola capanna fatta di paglia e bambù. Aveva appena lo spazio per dormire e mi disse che aveva molte cose da fare, come intrecciare ceste. "Ho una ruota per tessere e faccio cose con le perline. Suono anche musica con un flauto e un grande tamburo dai toni profondi. Suono musica per la foresta". C'erano anche altre capanne, un villaggio, ma lei viveva da sola lontano da loro.

D: *Quindi non ti manca non avere una famiglia?*
F: Non proprio. Ho una famiglia. Ho la foresta, tutte le fate, gli alberi, gli animali e gli uccelli.

Il resto del villaggio aveva famiglie normali e sembravano tollerare il suo modo di vivere insolito. Le chiesi: "Interagisci mai con le fate o ti limiti a guardarle?".

F: Mi volano intorno.
D: *Pensavo che a volte non amano stare vicino agli umani, mi sbaglio?*
F: Non girano intorno alle altre persone. Gli altri non le vedono nemmeno.

Sembrava che fosse molto felice in questo posto bellissimo e idilliaco, e la cosa sarebbe potuta andare avanti per un bel po'. Così decisi di spostarla ad un giorno importante in cui stava accadendo qualcosa.

F: Vedo che qualcuno invade il villaggio. Arrivano, invadono il villaggio e uccidono tutti.
D: *Chi sono queste persone che stanno invadendo?*
F: Non lo so, ma sono arrivati su barche... canoe. Hanno delle armi. Vogliono rubare tutto e rendere il posto non più pacifico come prima. Sono un po' fuori, nascosta, ma vedo cosa sta succedendo. Le fate mi dicono di tornare sull'isoletta.

D: *Pensi che lì sarai al sicuro? (Sì) Sei l'unica che può sentirle, vero? (Sì) Quindi le altre persone non possono andarci, vero?*
F: Beh, non credono nelle fate, non ne conoscono l'esistenza.
D: *Allora cosa fai?*
F: Torno all'isoletta e resto lì.
D: *Sei al sicuro là?*
F: Sì. Ci sono un sacco di urla. Mi fa venire il voltastomaco. Ma non dovrei andarci. Dovrei restare qui.
D: *Anche se ti recassi al villaggio, non potresti fare nulla per aiutare, vero?*
F: Non credo.
D: *La tua gente aveva delle armi?*
F: Solo archi e frecce. E gli altri hanno delle pistole.

Condensai il tempo ancora una volta e le chiesi: "per quanto tempo resti lì"

F: Per molto tempo. Non torno più indietro. Sono tornata solo una volta e ho visto che tutto era stato bruciato. Tutto era stato rubato e tutte le persone erano state uccise.
D: *Quindi se fossi rimasta lì saresti stata uccisa anche tu, non è vero? (Esatto) Come fai a vivere lì da sola?*
F: Vivo con le fate. Si prendono cura di me. Volano intorno a me.
D: *E il cibo? Se rimani lì per molto tempo, cosa mangi?*
F: Ho un piccolo fuoco e bevo qualcosa attraverso il fuoco. Non mi vedo mangiare, vedo solo bere. Non ho smesso del tutto di mangiare. Bevo il mio cibo. Ci sono alcune piante e le fate mi hanno detto come prepararle. Prendo le piante, ci metto dentro l'acqua piovana e le cucino sul fuoco, è così che vivo.
D: *Quindi ti hanno detto quali piante puoi usare? (Sì) Hanno un buon sapore?*
F: Non è molto buono, ma è tutto quello che c'è. Non mi serve molto. È un po' lucido.
D: *Non vuoi tornare al villaggio e vivere lì?*
F: No, non vogliono che ci vada. Dovrei rimanere dove sono. Vorrei sempre tornarci, ma mi dicono di non farlo. Sembra che ne sappiano più di me.
D: *Quindi hai detto che rimani lì per molto tempo?*
F: Sì. È lì che vivo, sotto il telo. Ho cibo e il fuoco.

D: Comunichi con le fate mentre vivi lì?

F: Sì, ma non è a livello di conversazione. Sembra che io sappia cosa vogliono dire, ma loro non dicono nulla. Volano intorno a me e io so cosa vogliono dire. Comunicano in questo modo. È come essere accanto a loro e sapere cosa vogliono dire.

La spostai di nuovo ad un altro giorno importante, ma era sempre nello stesso posto e ogni giorno era praticamente uguale all'altro. Le chiesi: "Sei felice lì da sola?".

F: All'inizio no, ma dopo un po' sono riuscita di nuovo a fare le mie cose e a suonare della musica. Non mi sento sola. Ho le mie fate.

La cosa non andava da nessuna parte, così la portai avanti fino all'ultimo giorno della sua vita per scoprire come era morta. Rimasi sorpresa perché fu un distacco drammatico dalla sua esistenza solitaria.

F: Gli scagnozzi sono tornati.
D: Vuoi dire gli uomini armati? (Sì) Non era rimasto nulla del villaggio, vero?
F: No, ma mi hanno trovata.
D: Oh, cosa è successo?
F: Mi hanno tagliato la testa!
D: Perché l'hanno fatto?
F: Non lo so. Sono molto cattivi e bevono molto.
D: Immagino che tu non sia riuscita a scappare?
F: No. Ero un po' vecchia.
D: Quindi hai vissuto là fuori per molto tempo?
F: Sì e hanno approfittato della mia debolezza.
D: Le fate non hanno potuto aiutarti?
F: Per qualche motivo doveva essere così.
D: Forse era arrivato il momento di andarsene? (Sì) È stato un modo violento di andarsene.
F: È stato molto violento.

Ora che era uscita dal corpo e il processo di morte era completo, la feci osservare: "Riesci a vedere il tuo corpo?".

F: Sì. Sollevano la mia testa, ridono e poi la gettano a terra.
D: *Quindi immagino che siano orgogliosi di quello che hanno fatto?*
F: Ci ridono sopra. Per loro sono solo un selvaggio.
D: *Per loro lo sei. (Sì) Sembra che tu sia più civile di loro.*
F: Sì. Sono molto cattivi.
D: *Dal punto in cui ti trovi ora puoi osservare quest'intera vita e vederla da una prospettiva diversa. Ogni vita ha uno scopo. Quale pensi fosse lo scopo di quella vita?*
F: Non lo so, perché mi sembra che le persone della tribù non potessero vedere le fate. Non volevano comunicare con loro. Alla maggior parte di loro piaceva il fatto che io comunicassi con loro, ma mi sono sempre sentita come se vivessi in due mondi. Anche se vivevamo nello stesso mondo, loro non volevano farlo loro stessi, perché sentivano che se l'avessero fatto non sarebbero stati in grado di vivere la loro vita normale. Sapevano che lo facevo perché ero in grado di aiutarli. In qualche modo, comunicando con loro, ero in grado di aiutare le persone che venivano da me. Ma era strano. Era come se gli piacessi e volessero che li aiutassi, ma non capivano bene cosa facessi.
D: *Beh, ogni vita ha una lezione. Pensi di aver imparato qualche lezione da quella vita?*
F: Che nella vita c'è molto di più di quel che si vede. E che la natura è la migliore insegnante.
D: *Sono ottime lezioni, vero? (Sì) Bene, ora sei fuori dal corpo. Pensi che ci sia un posto dove dovresti andare?*
F: Sì, voglio andare a casa.
D: *Raccontami. Che cosa succede?*
F: Entro in questa luce.
D: *Dov'è la luce?*
F: Sembra che sia in alto. E ci sono esseri di luce lì dentro. In qualche modo conosco queste persone.
D: *Questi esseri di luce vengono ad aiutarti?*
F: No. In realtà sono al centro della luce. È come se vivessero lì. Sono fatti di luce e sono molto alti.
D: *Hai detto che ti sembra di conoscerli?*
F: Sì. Facevo quello che loro stanno facendo adesso, prima di questa mia piccola escursione. Ora me ne sto lì seduta perché sono stanca.
D: *Perché sei stanca?*

F: Sono solo stanca per la gita che ho fatto.
D: *Quando eri laggiù con le fate? (Sì) Ma avevi detto che facevi quello che fanno loro?*
F: Sì. Sembra che li conosca. Come se lavorassi con loro.
D: *Cosa stanno facendo?*
F: Sono tutti nella luce, ma sono molto impegnati a fare qualcosa. Quello che stanno facendo è importante e sono molto impegnati nel farlo, ma non so esattamente cosa. Una volta lo facevo anch'io.
D: *Ora, è lì che devi andare?*
F: Devo andare e recuperare. Sono in questa piccola baia, come una piccola insenatura. Sono seduta lì mentre loro si occupano delle loro attività, facendo quello che facevo io. Ma ora sono molto debole e stanca. Quindi devo sedermi e aspettare che qualcuno mi aiuti.
D: *Vuoi dire che non puoi fare nient'altro finché non ti riprendi?*
F: Sì. Non sto operando normalmente, a pieno regime. Sembra che sia solo il 50% del regime regolare. Quindi devo stare seduta e aspettare che qualcuno mi aiuti.
D: *Forse il modo in cui sei morta ha qualcosa a che fare con questo.*
F: Potrebbe essere.
D: *È stato un modo piuttosto violento di morire. Hai dovuto aspettare molto?*
F: Sembra che non stia arrivando nessuno.
D: *Possiamo condensare il tempo molto facilmente per scoprirlo. Andiamo avanti fino a quando qualcuno verrà a dirti cosa fare. Adesso sta arrivando qualcuno.*
F: Sembra una persona di tipo militare. Qualcuno che ha gli ordini che dovevo eseguire.
D: *Che scrive gli ordini? (Sì) Vuoi dire che prima di scendere avevi degli ordini che dovevano essere scritti da qualche parte?*
F: Esatto, una specie di persona d'affari. Lancia il foglio dall'altra parte del tavolo e dice che sono stata brava.
D: *Anche se il modo in cui sei morta non è stato dei migliori.*
F: Sì. Ma non mi interessano le carte. Non voglio preoccuparmene. Sono solo stanca. Questi sono i documenti che avrei dovuto portare a termine prima di partire e tornare lì. Lui non è molto entusiasta del mio risultato. Ma dice che ho fatto un buon lavoro. Mi rassicura e mi fa sapere che qualcuno verrà ad aiutarmi. Io voglio solo dormire.

D: *Quindi chi viene dopo di lui?*
F: Questi piccoli esseri bassi, che mi aiutano fisicamente.
D: *Che aspetto hanno?*
F: Nessuno di loro ha una forma. Sono solo scintille. È come se si usasse un accendino. Se vedi le scintille dell'accendino, è così che appaiono. Hanno una forma, ma non hanno una forma vera e propria. Sono come piccoli aiutanti. Cercano di aiutarmi a diventare più forte.
D: *Come fanno?*
F: Credo che vogliano farmi bere qualcosa. È come una luce.
D: *Luce liquida?*
F: Credo di sì. In qualche modo riesco a berla. È leggera.
D: *E poi cosa succede?*
F: Sono un po' scontrosa. E non ho molta voglia di fare... sono un po' arrabbiata o qualcosa del genere. Non sono molto allegra. Sono solo stanca. Vogliono che sia molto allegra.
D: *Non sei pronta per essere scintillante. Cosa succede dopo aver bevuto questa roba che ti hanno dato?*
F: Sento di avere più energia. E mi fa sentire meglio.
D: *Spostiamo il tempo e condensiamolo. Rimani lì per un po'?*
F: Sì. Devo rimanere in questa piccola enclave dove ogni tanto vengono a trovarmi.
D: *Allora non sei ancora pronta per andare avanti.*
F: Non ancora. Sto riposando. Ma sto diventando più forte.
D: *Condensiamo il tempo a quando hai finito di riposare e sei pronta a ripartire. Cosa succede in quel momento?*
F: Ora sono molto alta e mi è tornata l'energia. Mi sento molto meglio. E sono molto più alta di quando sono arrivata lì.
D: *Cosa farai ora che ti senti meglio?*
F: Sembra che debba tornare a lavorare con quelle persone.
D: *Quali persone?*
F: Quelli veramente alti che ho visto quando sono arrivata. Quelli che sono lassù nella luce. In qualche modo ne faccio parte.
D: *Quindi cosa succede, vogliono che lavori con loro?*
F: Sì, devo tornare a fare quello che facevo prima.
D: *Prima di entrare in quel corpo. Come li raggiungi?*
F: Entro e basta, tutti mi conoscono.
D: *E poi cosa succede?*
F: Assumo di nuovo il mio ruolo.

D: Qual è il tuo ruolo?
F: Lavoro sulla scheda madre.
D: Parlami di questo. Che cosa intendi dire?
F: C'è una scheda madre in tutti. Ogni cosa che ha un corpo, ogni corpo ha una scheda madre. Ha dei piccoli circuiti e ha un'intera mappatura.
D: Dell'intero corpo o cosa? (Sì) Qual è lo scopo della scheda madre?
F: È ciò che guida tutto. È da dove tutto proviene, la scintilla.
D: Vuoi dire che è ciò che fa funzionare il corpo?
F: Sì. Ha diverse correnti, molte, molte, molte correnti diverse.
D: Dove si trova questa scheda madre nel corpo?
F: È una copertura.
D: Del corpo?
F: È uno strato superiore all'ego e noi lo adattiamo con i nostri pensieri.
D: Quindi vuoi dire che ogni volta che qualcuno entra in un corpo, la scheda-madre viene inserita insieme lui? O come funziona quando l'anima entra nel corpo?
F: Viene dal DNA.
D: Mi chiedo se è nel corpo alla nascita o come succede?
F: È già codificata nel DNA e poi viene proiettata fuori come campo elettrico.
D: Quando il bambino si sta formando o cosa? (Sì) E poi la scheda madre viene programmata in qualche modo?
F: Sì, è già programmata prima che arrivino.
D: Qual è il programma?
F: Non è il nostro dipartimento. Viene da qualcun altro.
D: Mi chiedevo se fosse un programma individuale o se fosse uguale per tutti.
F: No, è diverso. Ognuno ha un programma diverso.
D: Allora qual è lo scopo della scheda madre?
F: La scheda madre rappresenta lo standard. È l'impostazione predefinita di ciò che la persona dovrebbe fare.
D: Vorresti dire il piano? (Sì) E questo viene introdotto nel corpo fisico come una sovrapposizione?
F: È nel DNA, ma grazie ai fotoni viene proiettato fuori dal DNA e crea un campo intorno alla persona. E da quel campo sono in grado di comunicare con le dimensioni superiori.
D: Ma non sono consapevoli di poter comunicare, vero?

F: No. Alcuni lo sono, ma la maggior parte no.

D: *Come comunicano con le dimensioni superiori?*

F: Attraverso il suono e la luce.

D: *Sembra complicato.*

F: In realtà è molto più semplice delle cose che hanno sulla Terra. Ha molto più senso ed è più semplice. È un unico sistema, ma siccome ha effetti di così vasta portata, le persone con la tecnologia non sanno nemmeno cosa sta succedendo.

D: *Quindi è un unico sistema, ma dicevi che è anche individuale per ogni persona. (Esatto) E comunicano con le dimensioni superiori attraverso questo sistema. (Giusto) Quindi rimane intorno a loro per tutto il tempo della loro vita?*

F: Sì, tranne se si ammalano o se qualcuno fa loro del male. Allora si crea una perdita.

D: *Una perdita?*

F: Sì, hanno una perdita in quel punto. Vanno in corto.

D: *Come un cortocircuito o qualcosa del genere?*

F: Sì, non funzionano su tutti i circuiti.

D: *Quindi come si fa a risolvere il problema se si vuole tornare a funzionare su tutti i circuiti? C'è un modo per farlo?*

F: Sì, ma non ha niente a che fare con quello che pensano loro.

D: *In che senso?*

F: Ha a che fare con il suono e la luce. Devono essere guariti.

D: *Con il suono e la luce, per riportarli alla normalità.*

F: Sì, bisogna accordarli.

D: *Possono farlo da soli?*

F: Dipende da quanto è grande il cortocircuito o il danno. A volte possono farlo. E dipende anche dalla qualità dei circuiti, dalle capacità della persona e dalle sue conoscenze.

D: *Ma questo provoca malattie fisiche nelle persone? (Sì) A causa dei cortocircuiti.*

F: È l'intero modello. È un modello.

D: *Per cosa?*

F: Per la massa. Il modo in cui la massa si sviluppa si basa su un modello di suono e di luce.

D: *I modelli. Ma ho sentito dire che le persone si ammalano.*

F: Sì, di solito è perché c'è una perdita. Quando c'è una perdita, le cose cominciano a peggiorare. Si ripercuote sul loro modo di pensare.

Influisce sulle loro convinzioni. Influisce su tutto. È come se il loro campo energetico fosse bucato.

D: *Quindi è un po' difficile da riparare. (Sì) Ma hai detto che si può risolvere con il suono e la luce?*

F: Sì, perché si procede creando un vuoto per sigillarle il buco. E poi si riempie il vuoto con la frequenza che gli corrisponde. In modo che siano in grado di andare avanti e mantenerla. È come bucare un palloncino. Se il palloncino viene bucato, non funziona. Ma se lo si riempie di nuovo e poi lo si sigilla, allora tornano a una forma normale.

D: *Come si risolve la situazione quando si creano un altro buco?*

F: Attraverso la fisica, attraverso il suono e la luce. Attraverso un'intera fisica del funzionamento della luce.

D: *Ma chi lo fa?*

F: Quelli che lavorano nel luogo in cui anch'io lavoro.

D: *Quindi le persone non sanno come farlo, vero? (No) Quindi dovete farlo voi da dove siete. (Sì) Questa è la parte su cui lavori, ma il programma è fatto da qualcun altro.*

F: Sì. Noi siamo solo un reparto lì dentro. Ciò che c'è nei piccoli interruttori è da qualche altra parte. Provengono da un altro posto.

D: *Da un altro reparto? (Sì) Allora come fate a sapere quando qualcosa non funziona nei circuiti o nella scheda madre?*

F: Perché c'é un feedback. Riporta ciò che sta accadendo a ogni piccola scheda madre. Viene redistribuito attraverso il suono e la luce.

D: *Fino a dove siete voi? (Sì) Ma ci deve essere un'enorme quantità di schede madri dappertutto. Ci sono così tante persone. (Sì) E i vostri collaboratori in quel posto sono in grado di tracciare tutto questo?*

(NOTA: Ci sono davvero tante, tante schede madri dappertutto, con così tante persone? Se si prendono in considerazione anche le 'Persone di Sfondo' che non sono realmente dotate animate [un corpo con un'anima], ma sono solo energia che riempie lo spazio all'interno del vostro ologramma individuale).

F: Beh, abbiamo i computer. Tutto ciò che devi fare è tenere il computer in mano, questo riceve una stampa digitale su come stanno tutti e su chi ha bisogno di cosa.

D: *Deve monitorare un sacco di persone.*
F: Sì, lo fa automaticamente. C'è un piccolo radar a fotoni e un radar sonoro. I dati passano attraverso questo dispositivo e il dispositivo li interpreta automaticamente.
D: *Ma a me sembra un lavoro molto difficile con così tante persone al mondo.*
F: Non proprio, hanno bisogno di un numero limitato di persone per questo lavoro, il computer deve fare molto lavoro. Se il computer non funzionasse, sarebbe difficile. Ma poiché il computer è predisposto per leggere i segnali, si limita a interpretarli e ad analizzarli. Allora non c'è bisogno di tante persone che aiutino a risolvere i problemi.
D: *Allora tutti - sto pensando alla Terra. So che ci sono anche altri posti - ma tutti sulla Terra hanno uno di questi apparecchi impostati automaticamente?*
F: Beh, è nella codifica, riflette ciò che sono. I piccoli circuiti sono il DNA e il DNA è collegato alla scheda madre. E poi la scheda madre è in realtà... è ciò che li crea. È così che ricevono le istruzioni per costruire il suo dito.
D: *Per creare il corpo fisico, vuoi dire? (Esatto) Ho sentito parlare di una cosa chiamata "Matrix". Tutto questo potrebbe rientrare concettualmente in quell'idea, o è qualcosa di diverso?*
F: Non ho mai sentito parlare di una matrice. Però, credo che potrebbe esserlo.

La mia interpretazione della matrice è che si tratta dei "mattoni" di base di ogni corpo umano. Ogni persona inizia con il proprio programma o progetto.

D: *Beh, ho sentito termini diversi. Quindi è così che ricevono le istruzioni per creare l'intero corpo.*
F: Sì, è tutto basato su un programma.
D: *Ma quando ricevete un messaggio che vi dice che qualcosa non funziona, che c'é una perdita, cosa fate?*
F: A seconda del problema, viene mandato a diversi dipartimenti. Poi se ne occupano loro. Ogni essere ha un lavoro diverso.
D: *Quindi nel vostro luogo con la luce, ognuno ha un compito diverso? (Giusto) Puoi parlarmi di alcuni di questi lavori?*

F: Per lo più ci occupiamo della scheda madre. Ma poiché la scheda madre è così complicata... è davvero complicata!

D: *Stavo pensando che il DNA deve essere complicato se si basa solo su quello.*

F: Bisogna avere persone specifiche per poter risolvere i problemi di ogni reparto. Perché bisogna avere una formazione specifica in quell'area. È come se prendessi un pezzo di tessuto e lo mettessi al microscopio e vedessi tutto... accidenti, è così complicato come funziona. È incredibile come tutto funzioni impeccabilmente. Se prendete questo piccolo esempio, lo moltiplicate per un milione di volte e lo osservate secondo la fisica della luce. E come la fisica della luce funzioni per comporre il pezzettino che vedete qui. E' così complicato, ma non è minimamente complicato come ciò che loro compongono nel fisico.

Credo che stesse cercando di dire che la complessità di quel piccolissimo pezzo di tessuto è semplice, se paragonata all'estrema complessità dell'intero organismo. Il corpo umano è davvero una magnifica opera d'arte, se si considera la complessità di tutte le cellule, i nervi, i muscoli, gli organi, e il modo in cui sono progettati per lavorare insieme impeccabilmente.

D: *Questo perché ne stai osservando solo una piccolissima parte?*

F: Sì, stiamo osservando solo la membrana.

D: *Allora come riparano la scheda-madre?*

F: Dipende da cosa c'è che non va. A volte basta sostituirla. A volte basta dargli le frequenze di cui ha bisogno e la luce. Ma a volte è molto grave e deve essere sostituita. A volte non viene riparato.

D: *Quindi a volte non c'è niente da fare?*

F: Non è solo quello. È solo che non dovrebbe essere riparata. C'è un altro reparto in cui non si dovrebbe intervenire. Ad esempio, una volta raggiunto un certo tipo di diagnosi o di analisi, non si può intervenire. E ci sono modi specifici per capirlo.

D: *Sembra che vogliate aiutare tutti, ma ci sono momenti in cui non potete farlo. (No) Quali sono alcune delle condizioni in cui non si può intervenire? Spiegami quando non dovreste intervenire. Quali sono alcune delle condizioni che causano questa diagnosi?*

F: Si devono raggiungere determinati risultati per imparare certe lezioni, in modo da poter proseguire con qualcos'altro. Quindi, se intervengono, i risultati saranno ovviamente diversi. In base alla luce dei fotoni che vengono sprigionati e registrati, è così che si può sapere se si deve intervenire e quando non si deve farlo.

D: *A quel punto come intervenite?*
F: Si può intervenire con il suono e la luce.
D: *E proviene da voi?*
F: Proviene dalla sorgente originale.
D: *E tu la dirigi?*
F: Sì. C'è un vuoto e tu sei il condotto attraverso il quale passa.

Tutto ciò sembrava molto simile a ciò che accade quando ho una seduta e il SC usa l'energia della luce bianca per entrare nel corpo del cliente e guarire. Ora possiamo comprendere da dove proviene. Ci sono solo due tipi di condizioni che ho trovato, in cui la persona non può o non vuole essere aiutata. La prima e più ovvia è correlata ad individui che si portano dietro una condizione karmica. Nessuno può rimuoverla, fa parte del loro contratto e delle lezioni da imparare. L'altra condizione che ho riscontrato è che se la persona trae beneficio dalla malattia o dalla menomazione in qualche modo, non vuole rinunciarvi. "Loro" mi hanno sempre detto di dire alla gente che il 90% di ciò che accade qui, oggi dipende da VOI stessi. Io, Dolores Cannon, sono solo un facilitatore per aiutarvi a trovare le risposte alle vostre domande. La vera guarigione, il rilascio e il cambiamento sono opera vostra.

D: *Sembra complicato, ma sembra anche un lavoro molto importante.*
F: È molto complicato. È la scienza della luce.
D: *La scienza della luce. Ma è importante sapere come fare queste cose perché questo significa che tutti sono protetti ed osservati. Giusto?*
F: Beh, stiamo parlando dell'essenza di ognuno di noi.
D: *Perché è così importante prendersi cura di tutti?*
F: Perché tutti provengono dalla stessa sorgente.
D: *Eppure ci sono persone che non vogliono essere aiutate.*
F: Sì, ma di solito è perché hanno una perdita. E il loro modo di pensare non è corretto.
D: *Ma se è così, allora si possono aggiustare.*
F: Esatto. Dipende tutto dalle scelte della persona, da ciò che pensa, il modo in cui agisce e i diversi modi in cui fa le cose. Attraverso la

luce si può comprendere perché le persone si trovano in situazioni diverse. C'è un'intera documentazione a proposito.

D: C'è qualche modo in cui le persone stesse possano dirigere questo processo di guarigione, se fossero a conoscenza di questi dettagli?

F: Credo che il segnale sia più forte in alcune persone che in altre. Ha a che fare con il cuore. Il segnale elettrico viene dal cuore, che è la struttura principale della scheda madre. Non è il cervello. Molte persone pensano: "Oh, quella persona è molto intelligente". In realtà non lo è. Il fatto è che l'amore è quanto di più intelligente ci possa essere. Se siete intelligenti di cuore e se siete il tipo di persona che opera dalla struttura principale della scheda madre, che è il cuore, allora siete il tipo di persona che ottiene più energia. Ma molte volte le persone prendono l'interruttore principale dal cuore, lo mettono nella testa e questo manda in tilt l'intero sistema. Di conseguenza, l'intero sistema funziona solo ad un livello molto basso.

D: Cercano di andare al cervello, alla parte mentale, per capire le cose?

F: Sì. Si dice: "Oh, ti amo tanto". Non si dice: "Oh, ti amo così tanto con tutta la mia testa". (Scoppiai a ridere). Si dice: "Ti amo così tanto con tutto il mio cuore". Questo perché il cuore è la struttura principale della scheda madre.

D: Quindi se il cuore di una persona non è al posto giusto... In altre parole, se non pensa nel modo giusto o non vive o non agisce nel modo giusto, questo causerà un corto circuito?

F: Causa il malfunzionamento. Fa sì che le cose vadano in tilt.

D: Naturalmente, l'individuo medio non ha idea di una cosa del genere.

F: No, pensano che sia tutto nel cervello. Non è affatto nel cervello.

D: Sono curiosa: se avessero queste informazioni, come potrebbero attivare il cuore per guarirsi? C'è un modo?

F: Sì. Per prima cosa bisogna prendere coscienza del chakra del cuore. Bisogna respirare attraverso il cuore. E una volta che si è in quello spazio - ed è uno spazio molto grande - una volta che si è lì, si è in uno spazio completamente diverso. Siete nello spazio che può guarire qualsiasi cosa. Siete in uno spazio quantico. E quando siete in quello spazio quantico, tutto ciò che pensate, sentite, dite o fate diventa realtà. Ed è questo che innesca le correnti elettriche

che attraversano il resto della scheda madre. E credete con tutto il cuore, non credete con tutta la testa, credete con tutto il cuore. Il cuore è il più potente, è ciò che crea.
D: *Perché la convinzione è molto importante, vero?*
F: La convinzione è ciò che sei.

(Diciamo sempre ai nostri studenti che devono fare questo lavoro dal cuore, non dalla testa. Mi hanno detto molte volte che l'amore è l'unica cosa reale).

D: *Sono curiosa. È questo che sto usando, senza rendermene conto, quando faccio il mio lavoro?*
F: Sì. Fai quello che fai, perché usi il cuore in un mondo gestito dal cervello. È per questo che sei in grado di fare ciò che fai.
D: *Dal modo in cui descrivi tutto questo, ho l'impressione di toccare qualcosa che non ho ancora capito.*
F: È così complicato. Anche a questo livello in cui mi trovo ci sono molti altri livelli superiori. E tutto ha a che fare con la scienza della luce. Ma anche prima della luce si riduce tutto alla scienza del suono. Quindi, prima ancora di entrare nel campo delle sfumature o dello spettro della luce, si fa tutta questa formazione solo per imparare le sfumature del suono; ce ne sono molte, moltissime di luce e suono.
D: *Ho sentito parlare di guarigione con il suono.*
F: Prima della luce c'è il suono.
D: *Sto cercando di insegnare alle persone di tutto il mondo a fare quello che faccio io. Pensi che sia efficace?*
F: È efficace quanto le loro convinzioni.
D: *Le loro convinzioni? Non possono affrontare la cosa con un approccio scientifico e cercare di capirla in questo modo?*
F: Si può e ci sono alcuni che hanno il dono di poterlo fare. Purtroppo però, molti scienziati vengono tirati fuori dal loro cuore. Ma quando vi trovate dove mi trovo io in questo momento, siete in grado di essere innanzitutto nella struttura principale (il cuore). Quando siete in grado di mantenere il vostro centro nella struttura principale, allora, e solo allora, potrete vedere le cose in quella prospettiva. E se riuscite a farlo, può essere molto efficace. Altrimenti le persone perdono il loro equilibrio.

D: *Sei consapevole che stai parlando attraverso un umano, vero? (Sì) La persona che è venuta a trovarmi, Francis. (Certo) Lei ha molte domande. Perché le avete mostrato la vita passata in cui era con le fate?*

F: Per mostrarle che ci sono stati molti momenti nella sua vita, in cui ha avuto la capacità di comunicare con spiriti che non si vedono nel vostro mondo. Perché comprese come sviluppare la sua coscienza per poter comunicare con quel mondo. Ed è stata la sua capacità di comunicare con quel mondo a salvarla durante il primo massacro.

D: *Quindi la morte, quando le tagliarono la testa, non ha alcun significato nella sua vita attuale?*

F: No. Solo che erano individui al servizio dell'ego, sapevano che lei era per la luce, così l'attaccarono. Deve capire che questi attacchi che ha subito nella sua vita attuale, provenivano da persone che sono scollegate dalla sorgente. Vedono la sua luce brillante e spesso non sono molto grati di vederla. La vedono come una minaccia. La vedono come ciò che non hanno. Percepiscono quella luce come un: "voglio un po' di quello". E in modo molto innocente, lei non si è protetta perché li guarda come guarda noi, ma loro non sono come noi.

Francis stava assumendo dei farmaci che il SC sconsigliava:

F: Abbiamo settato la scheda madre al punto di superare l'effetto dei farmaci. La frequenza è sempre al primo posto e avrà sempre la meglio sulle sostanze chimiche. Il corpo, la scheda di circuiti, è prima elettrica e poi chimica. Finché la frequenza viene mantenuta abbastanza alta, i farmaci non possono toccarla. (Il problema fisico è stato guarito) Può smettere di prendere i farmaci se vuole. Ma se continua a prenderli, abbiamo impostato la frequenza a livello da annullare qualsiasi effetto farmaceutico.

D: *In passato mi avete detto che si possono espellere dal corpo se non sono necessari.*

F: La frequenza è così alta da prevenire ciò che dovrebbero fare al corpo.

D: *Voleva sapere se aveva qualche impianto nel corpo?*
F: Un paio. Gli impianti facevano parte delle riparazioni.
D: *Dove si trovano nel suo corpo?*
F: In vari chakra. Per riparare la scheda madre, gli impianti servivano come interruttori manuali.
D: *Quindi non deve preoccuparsene?*
F: No, fa tutto parte del corpo elettrico e della sua riparazione.
D: *Ok, mi avete già spiegato gli impianti in passato e so che sono positivi. Per questo non me ne preoccupo.*
F: No, non sono impianti per farle del male. Sono impianti per aiutarla.

Messaggio Finale:
Tieni il cuore aperto e rimani connessa. Noi siamo sempre qui. Siamo il tramite per la sorgente.

D: *Lei non è mai sola?*
F: Mai. Se è sola, sarà con noi perché significa che non c'è più. Se non c'è più, l'energia è di nuovo con noi. Quindi, mentre è laggiù, non è mai sola e quando si sentirà sola tornerà con noi.
D: *È importante che vi prendiate sempre cura di lei. E spero che vi prendiate cura anche di me in tutti questi viaggi.*
F: Oh, certo. Dove pensi di trovare tutta la tua energia?
D: *Tutti mi chiedono sempre dove trovo tutta quella energia.*
F: Ora sai dove la trovi.

D: *So che non vi ho mai chiamati subconscio, ma è la stessa parte con cui parlo sempre, vero?*
F: Si, certamente, c'è solo una sorgente. E se vuoi un nome diverso che ti possa aiutare, puoi chiamarla Energia della Sorgente.
D: *Sto insegnando ai miei studenti a chiamarvi "subconscio" e loro vi contattano comunque.*

F: Esattamente. Si può dire sorgente perché l'associazione psicologica riferita a Terra e America, ha cercato di frammentare questa energia. Attraverso la frammentazione hanno cercato di confondere le persone. Quindi, se vi riferite ad essa come energia sorgente, c'è solo un modo per interpretarla. Perché l'energia sorgente non fa propaganda.

D: *Di solito dico "posso parlare con il subconscio di Francis", ora potrei dire "posso parlare con l'energia sorgente di Francis"?*

F: Quando si lavora con i clienti si può dire: "Voglio parlare con l'essenza della fonte che passa attraverso di te".

D: *Quindi sarà "l'essenza dell'energia sorgente che passa attraverso Francis" o chiunque altro.*

F: Esatto. Sì, ed è per aiutarli che hanno ricevuto: "il subconscio, il superconscio, il sé superiore", ma c'è solo una sorgente. Questo per ridurre la confusione. Evita loro di cercare qualcosa su Google per poi scoprire qualcosa altro che è stato etichettato anni fa e che non è vero. Quindi ti basta rinominarlo. Per evitare qualsiasi tipo di connotazione religiosa, alcuni lo chiamano Spirito Santo. Ma se ci si riferisce ad esso più sul piano scientifico relativo alla scienza della luce, si dice semplicemente "l'originale energia della sorgente ".

D: *Della persona con cui sto parlando.*

F: Esatto. La forza vitale.

D: *Dirò semplicemente "l'energia sorgente di Jane".*

F: Esatto. Ora sulla scheda madre: mentre parliamo in questo momento, ci sono trilioni e trilioni di correnti elettriche che attraversano il tuo corpo e il suo corpo. Ciò che sta accadendo è che queste correnti elettriche producono azioni e reazioni. 13 trilioni di azioni e 13 trilioni di reazioni sulla scheda madre in questo momento. Queste vengono tradotte in processi chimici da un processo elettrochimico. Tu sei un essere elettro-chimico. L'elettricità si attiva e poi si scatena una reazione chimica. Ogni singolo organo e ogni singola parte del corpo umano è elettrica. Il cuore può convivere con un ictus. Si può vivere con questo malfunzionamento, succede qualcosa qui sopra con un trauma cranico. Si può vivere se la scheda madre si piega nella testa. Non potete vivere se la struttura principale è danneggiata. Perciò dovresti parlare con l'energia originale della sorgente, con l'essenza della forza vitale. Questo è ciò che passa attraverso il cuore. Quindi, se la rinomini originaria energia della sorgente, non sarete esposti alla comunità metafisica che cercherà di criticarla e non sarete nemmeno esposti al dogma religioso.

D: *Quindi direi semplicemente la più alta energia sorgente di Francis.*

F: Beh, non c'è bisogno di dire la più alta, perché c'è solo una sorgente. Tutte le altre aberrazioni create dal servizio a se stessi sono solo aberrazioni inferiori, sottomesse all'energia della sorgente. Non sono considerate energia sorgente. E se la chiami energia della forza vitale, beh potremmo togliertì il segnale in questo momento non sareste più qui. Questa è la forza vitale originale, il segnale che stai ricevendo in questo momento. Quindi, se la chiami energia della forza vitale, la forza vitale non è una forza psichica, non è il subconscio. Non è ciò di cui parlano i giovani. È l'energia della forza vitale originale. Se vuoi della terminologia, chiamala energia della forza vitale originale.

D: *Invece di dire l'energia sorgente?*

F: O l'uno o l'altro van bene. Ma è importante che sappiate che proviene dal cuore.

D: *Quindi è l'energia vitale originale?*

F: Esatto. Pensate a questo: quando nasce un bambino, la prima cosa che viene costruita è il cuore. Quella è la struttura principale. E quando il bambino nasce, la prima reazione elettrica che si verifica è quella del cuore. Quindi, quando una persona muore, se smette di respirare (la forza vitale) è ancora viva, perché il cuore sta ancora funzionando. Il cervello può fermarsi, una gamba può essere tagliata, un braccio può essere tagliato, ma non è fino a quando il cuore si ferma che la persona viene considerata morta e non è più con noi. Questa è la struttura principale. È la forza vitale originale che passa attraverso il cuore. Quindi, se state completando una seduta con qualcuno e volete parlare con noi - apprezziamo il tuo utilizzo della piramide bianca [tecnica utilizzata da Dolores durante le sedute]. È importante che tu la utilizzi. Dopo averla utilizzata, puoi dire: "Vorrei parlare con l'energia vitale originale del segnale di frequenza". Non hai bisogno di ripetere tutto questo, ma sto solo cercando di dirti "l'energia vitale originale". E questo farà passare il segnale.

D: *E poi voi risponderete?*

F: Questo aiuterà il cliente ad uscire dalla sua psiche. Aiuterà a tenerli lontani dalla loro mente cosciente. Perché non stanno tirando da qui (la testa), ma da qui (il cuore).

D: *Sì, perché è questo il problema. A volte alla vecchia mente cosciente piace entrare, infilarsi dentro.*

F: Esatto. E poi se fai in modo che il cliente faccia così (con le mani sul cuore) e ti concentri sull'inspirazione attraverso il cuore... Hai presente il film ET? Ti ricordi quando la forza vitale passa attraverso il cuore nel film, è proprio così. Quindi, se hanno mai visto quel film, ciò che vuoi che facciano è visualizzarlo. La maggior parte dei tuoi clienti l'avrà visto e poi gli farai mettere le mani sul chakra del cuore, per connettersi al circuito principale della scheda madre.

D: *Volete che lo faccia all'inizio, quando sto facendo la tecnica d'induzione?*

F: Sì. Voglio che tu alzi le mani verso il cuore e che faccia dei respiri profondi, immaginando quasi di respirare attraverso il cuore. Sei molto connessa al tuo cuore. Questo li porterà da qui (la testa) e li farà scendere direttamente (al cuore).

D: *Ma devo continuare a portarli attraverso le vite passate?*

F: Proseguiremo e ti diremo se farlo o meno.

D: *Perché le vite passate a volte contengono ancora informazioni importanti per la loro vita attuale.*

F: Ma molte volte alcuni di loro, soprattutto adesso, quelli che verranno a trovarti, non avranno vite passate.

D: *Lo so, me ne accorgo sempre di più.*

F: Perché sarà difficile per loro proseguire durante la seduta se non ne hanno avuta alcuna. Se sono fuori dal pianeta o se provengono direttamente dalla sorgente originale, o a seconda che siano bambini cristallo; sicuramente non ne avranno.

D: *Ne sto trovando molti. Anche con i miei studenti dei corsi, durante le sessioni di pratica, non trovano più vite passate.*

F: Sì. Penso che se tu facessi da tramite e proseguendo ti apri, le persone che verranno da te in futuro, visto che stiamo entrando in questi tempi, molto probabilmente non avranno più vite passate. Quindi non me ne preoccuperei troppo, solo se ti si presentano. Se ti indirizziamo alle vite passate, allora certamente, ma solo se ti indirizziamo noi. Un modo per assicurarti che i tuoi insegnamenti rimangano sulla strada giusta, è quello di concentrarti sul cuore.

Più sul cuore, sull'amore, perché è l'amore, l'energia in esso contenuta, che mantiene la gravità, la densa gravità in cui ci troviamo. È l'amore che tiene insieme le cose.

D: *Alcune persone dicono: "Non possiamo andare direttamente alla sorgente, piuttosto che andare in una vita passata?". E io rispondo: "Perché dobbiamo assicurarci che il paziente resti nello stato di trance abbastanza da spegnere la mente cosciente".*

F: È possibile utilizzare le vite passate al punto di trasformarle in uno strumento per coinvolgere il lato destro del cervello. Ma ti scoraggeremo dal farlo, perché non è proprio quello che... il cuore controlla il lato destro e sinistro del cervello. Quindi, se riesci a coinvolgere qualcuno nel cuore, il lato destro del cervello è inferiore al cuore. Perché il cervello e il cuore hanno effetti visionari. Però facendo questo: inspirando ed espirando dal cuore, e facendoli concentrare, toccando quest'area, e rilassandoli a sufficienza, si attiverà questo processo. Ora, alcuni pazienti arriveranno qui (al cuore), a seconda del loro passato, alcuni di loro potrebbero aver subito molti traumi e di conseguenza il cuore è chiuso. Se è chiuso è molto più difficile raggiungere la sorgente.

D: *Lo so, inoltre ho persone che sono totalmente nel cervello sinistro.*

F: Quelle sono persone completamente chiuse.

D: *Sì, devo lavorare molto con loro.*

F: Cosi quando arrivano da te, speriamo di poter lavorare con loro per aprire il loro cuore. Ma a meno che non abbiano avuto questa cosa miracolosa: una ricalibrazione della scheda madre perché questo era ciò che la loro missione richiedeva; tuttavia in quel caso nella maggior parte delle volte non ne saranno consapevoli. A meno che, secondo la tua terminologia, non siano stati così feriti da non volersi aprire.

(Spiegai la tecnica di andare in un posto bellissimo per attivare il lato destro del cervello alla visualizzazione).

F: Sì, questo è un buon tecnica da utilizzare.

CAPITOLO VENTIDUE
IL CAMBIAMENTO DI UN INTERO UNIVERSO

CELESTE AVEVA TANTA FRETTA DI INIZIARE CHE NON MI LASCIO' nemmeno finire l'induzione. All'inizio della seduta metto sempre la potente piramide di luce bianca di protezione intorno al cliente. A volte succede che vadano immediatamente in un'altra vita senza lasciarmi concludere l'induzione, ma raramente lo fanno così velocemente. Nel visualizzare la piramide la vide con molte luci. "È bellissima e silenziosa. Sono all'interno della piramide ed è una astronave. Io sono il pilota". Non importa quanto sembri insolito, se il cliente vede qualcosa, io lo seguo. So che è già lì (ovunque "lì" sia) e non c'è bisogno di completare l'induzione. Le chiesi: "Se sei il pilota, cosa vedi?".

C: Come una grande finestra sullo spazio. Vedo l'universo, stelle, luci e silenzio.
D: *Sembra bellissimo! Ma se sei il pilota, sei seduta o in piedi o cosa?*
C: Credo di essere seduta, ma non vedo il mio corpo. È come se non avessi un corpo. Sono solo un'energia o qualcosa di simile senza forma.
D: *Allora come fai a guidare questa astronave?*
C: Con la mia mente! (Sembrava sorpresa) Se scelgo un posto dove andare, posso essere lì.
D: *È meraviglioso. Allora non devi fare o usare nulla?*
C: Sì, c'è qualcosa come un controllo principale davanti a me con luci, numeri e cose del genere; posso muovere tutto questo con la mia mente.
D: *Sei l'unico su questa nave?*
C: Sì, sono l'unico, e mi sembra di essere un uomo, un'energia maschile! (Rise all'idea).
D: *È buio lì dentro o riesci a vedere?*

C: Sì, è come se non ci fosse un dentro e un fuori. È come se tu avessi questa forma cioè come un'astronave, ma è la stessa sia dentro che fuori.
D: *Vuoi dire che non ha pareti?*
C: No... nessuna parete. Ci sono solo finestre come di vetro.
D: *Vuoi dire che puoi vedere attraverso tutte le pareti? (Sì) Anche attraverso il pavimento?*
C: Sì, non c'è il pavimento. (Risate) Ecco perché essere in questo corpo è così WOOOW, perché puoi vedere tutto e sei tutto. Basta pensare a qualche posto e sei lì. Nel corpo terreno devi prendere un aereo o salire in macchina. (Risate) Sì, qui è tutto così diverso. Appartieni ad ogni luogo.
D: *Ma dicevi di non sentire alcuna forma?*
C: No, solo energia. Sai di essere questa energia e ci sono dei limiti, ma non riesci a vederli. È come se avessi dell'energia intorno a te, come fosse una barra o qualcosa del genere... niente corpo.
D: *Cosa vuoi dire? Una barra?*
C: Una barra! Una barra di energia. Questa barra ha dei limiti, così sai dove sei e dove è questo spazio. Come una piccola barra.
D: *Non come un corpo, ma giusto per sapere che sei contenuto?*
C: Sì, sono all'interno. È come se fossi una sfera di energia bianca. Non vedo nient'altro se non questo e mi sento libero. Ci sono solo io. Mi sento aperto, libero, bello, amato e pieno d'energia.
D: *Ma dicevi che stai andando da qualche parte?*
C: Sì, sto andando da qualche parte. Ho appena visto una luce che sembra una galassia. Sto andando verso quella galassia. Sembra la Via Lattea. (Ridendo) Vado in quella direzione.
D: *Qualcuno ti ha detto di andare in quella direzione?*
C: No, lo so e basta. So che devo andare la. (Pausa) Wow! È bellissimo! Al centro c'è questa energia come un cuore. Come se questo cuore pulsante fosse vivo! Questa galassia è viva! (Entusiasta) È come un corpo, come noi, con un cuore e tutto il resto! (Iniziò a piangere). E sta inviando amore. Ora sono nella galassia e posso sentire questo amore.
D: *Dove stai andando? In qualche luogo di preciso, in questa galassia?*
C: Sono semplicemente qui. Sono in questo amore. È come se fosse così grande, da non riuscire a respirare perché non c'è bisogno di respirare. Questo corpo che ho ora sente questa energia perché

sono connessa a questa energia. Ed è come se mi muovessi, come se questa galassia si muovesse. Come se l'intera galassia fosse viva. L'intera galassia da la sensazione del battito del cuore. E se sei un essere umano, hai questo battito del cuore, ma non te ne rendi conto perché stai vivendo.

D: *Che aspetto ha la galassia?*

C: Sembra d'essere a "casa". Sembra tutto o nulla... come se fossi al centro dello spazio. Non so come dirtelo. Ci si sente d'essere il tutto. Come WOW sono così grande! (Entrambe scoppiamo a ridere) Sì, sei tutto!!! Vedo lo spazio. Sto fluttuando e se dico "io"... non è "io". E se dico "noi"... è il tutto.

D: *Penso alle galassie come se avessero dei pianeti o...*

C: Sì, vedo stelle e sistemi solari che si muovono insieme intorno al centro. Ci sono due braccia che si muovono. La galassia si muove. Tutto si muove e il centro della galassia dice: "Cosa si muove in che modo?". È come se tutto fosse unito e se il centro della galassia si muovesse. Tutto si muove. Tutto ciò che vedo è in perfetta armonia, le cose grandi e quelle piccole.

D: *Sembra bellissimo, ma ti trovi lì per qualche motivo?*

C: Solo per esserne parte, perché io sono parte di "questo".

D: *Da dove venivi prima, quando hai iniziato a viaggiare su questa astronave di vetro?*

C: Credo d'essere stato uno che viveva in questa galassia. È strano, ma mi sembra di essere stato con un altro popolo e di aver formato questa galassia con i nostri pensieri. È strano che io non possa uscire da questo essere in cui sono, qui in questa vita, quindi... Wow... come sono riuscita a farlo? È strano!

D: *Dovevi avere moltissimo potere mentale se hai fatto qualcosa del genere. Ma non l'hai fatto da solo. C'erano altri che lavoravano con te.*

C: Stavo lavorando con... Wow... persone come me. Questo significa che non sono sola. Faccio parte di questa grande cosa. (Divenne emotiva) So che siamo qui, ma "qui" è molto diverso perché qui possiamo fare qualsiasi cosa, mentre "qui" (sulla Terra) non possiamo fare nulla. (Iniziò a piangere).

D: *Cosa succederà dopo? C'è un posto dove devi andare all'interno della galassia?*

C: Mi sembra d'essere l'intera galassia. (Sopraffatta) Se estendi ciò che sei, puoi fare parte di tutto. Non solo della galassia, però per ora credo di essere concentrata su questa galassia.
D: *Sì, sei concentrata su questa galassia per un motivo.*
C: Sì, forse qui sta succedendo qualcosa. Questa galassia è nel mezzo di un cambiamento... un grande cambiamento.
D: *Qualcuno te lo sta dicendo?*
C: No. Sarebbe... se tu fai parte di questa galassia, questa galassia sta andando in questo posto e quando questa galassia entrerà qui o li, allora ne fai parte.
D: *Tu hai contribuito a crearla, quindi dovresti sapere cosa sta succedendo.*
C: Sì, ma è strano, perché facciamo parte dei Creatori, ma anche della galassia. Non c'è differenza tra la galassia e il Creatore. Tutti questi Creatori sono parte della stessa cosa. E se senti d'esser parte di tutto, perché cresce e cresce e cresce, questa galassia, i Creatori, le altre galassie, questo universo, gli altri universi e la luce.
D: *È tutto in crescita, ma dicevi che questa galassia sta cambiando?*
C: Sì, è in arrivo un grande cambiamento. Questa galassia si sta spostando su un altro livello, quindi anche tutti coloro che vivono in questa galassia si sposteranno. Queste grandi entità sanno che tutto passerà ad un altro livello, ma su questo pianeta (la Terra?) ci sono coscienze che non sanno che tutto si sposterà.
D: *Vuoi dire che sono coscienze diverse da quelle dei pianeti?*
C: Sì. È come quando dicevo che sono in una grande "folla". Posso sentire questa coscienza più grande e essere in questa galassia è lo stesso. È come essere in una grande folla dove ci sono diverse coscienze.
D: *Quindi ogni pianeta, ogni satellite, ogni cosa ha la sua coscienza?*
C: Sì, è così.
D: *E comunque fa parte del tutto?*
C: Esattamente.
D: *Allora ci sono coscienze diverse su questi pianeti. Scendono semplicemente a livelli diversi? Trovi che abbia senso?*
C: Sì. Ci sono livelli diversi, ma noi ci stiamo spostando su un altro livello e non tutti si sposteranno perché certe persone non si muovono. E questo sarà triste.
D: *Perché si sta spostando ad un altro livello?*

Conosco le risposte ad alcune di queste domande, ma cerco sempre di verificarle attraverso diversi clienti, per vedere se si convalidano a vicenda.

C: Perché è il momento. È arrivato il momento in cui tutto si muova. Sono i cicli. Nulla rimane uguale. Proprio come il pianeta Terra, quando c'è l'inverno, l'estate e le stagioni... sono cicli. Quindi questa galassia sta passando ad un ciclo diverso e sarà questo il movimento. Si tratta d'energia. È solo energia. Non accadrà nulla di negativo. È solo un'energia diversa. È ora di passare ad un altro livello.

D: *Parlami di quest'altro livello.*

C: L'altro livello è quando siamo pronti a capire che facciamo tutti parte della Luce. Scopriremo cos'è la Luce. Scopriremo d'essere parte della stessa Luce. Siamo come fratelli, come una fratellanza. Come se ogni cosa facesse parte di un'altra cosa.

D: *Quindi significa che non c'è separazione?*

C: No, tutto è Uno, ma si può dire una cosa sola. Tu usi la parola "livello" perché Uno significa qualcosa che ha una forma. Io sto parlando di qualcosa che non ha forma. Senza inizio e senza fine. Come se si potesse esistere "per sempre". Per sempre è una parola difficile da comprendere, ma è una parola che definisce qualcosa. Le persone diventeranno più consapevoli. Si renderanno conto di essere più grandi di quanto credono. Sono senza limiti. Alcune di queste coscienze si sveglieranno e altre non si sveglieranno perché sono concentrate su se stesse. Si concentrano su cose stupide, sulla routine, sul controllo e credo che non si rendano conto di chi sono.

D: *Ma se l'intera galassia si sposta ad un livello diverso e certe coscienze non si muovono, dove andranno?*

C: Non verranno con noi. Ci sarà un'altra galassia per loro. (Risate) Sì, di sicuro c'é un'altra galassia che si sta muovendo. Ok, non si tratta di una di queste galassie. Si tratta dell'Universo che si muove. E questo Universo fa parte di un altro Universo, verso il quale ci stiamo muovendo. Sembra che "noi" abbiamo molte informazioni grazie alle quali passeremo al livello successivo. L'intera cosa si sta spostando al livello successivo e naturalmente anche queste galassie si stanno spostando ad un altro livello. La coscienza che è pronta passerà a questo livello e l'altra coscienza che non è pronta a passare andrà in un'altra galassia.

D: *È una specie di separazione?*

C: No, non è una separazione perché siamo tutti insieme. Ma non si può stare con un altro livello di vibrazione che non simile al tuo. Non è una separazione. Sono diversi livelli di vibrazione. Siamo tutti parte della stessa cosa. Siamo tutti uguali, ma abbiamo livelli di vibrazione diversi. Come quando si ha il primo grado, il secondo grado, il terzo grado... ci si muove. Se decidete di essere al primo, al secondo o al terzo grado... tutto è perfetto e tutto va bene. Puoi essere ovunque tu voglia essere.

D: *Stavo pensando che se stanno andando in un'altra galassia, ci sarà una separazione tra le due.*

C: Sì, ma non si tratta di separazione, perché in un certo senso siamo tutti collegati come livelli "morfici" della stessa Luce, Dio, Universo, o come volete chiamarlo. Dimostriamo diversi livelli di coscienza.

D: *Sembra che questo sia molto importante. Fa parte di qualcosa di grande?*

C: Credo di sì, ma non è la prima volta che succede. È un altro ciclo. Tutto si sta muovendo in questo senso.

D: *Mentre stai osservando tutto questo, qual è il tuo ruolo?*

C: Credo di essere venuto qui per far parte di questo movimento. Se sono qui, anch'io posso portare energia e permettere che questo movimento avvenga.

D: *Intendi nella galassia o dove?*

C: Intendo sul pianeta Terra.

D: *Qualcuno ti ha detto di venire sulla Terra?*

C: Sì. I Creatori della galassia stavano discutendo su dove andare, per contribuire a questo movimento e videro questa luce blu, che era il pianeta Terra. Non è così importante, ma è blu, è bello e sembra che se ci fosse un cambiamento su quel pianeta, tutti nella galassia avrebbero sentito quel cambiamento. Capisci cosa intendo? Come se questo piccolo pianeta blu fosse molto importante. (Risate) Ed è come se fosse un pianeta di energia. Così decidiamo di venire qui, ma non so se ci incontreremo. Credo che non siamo "tutti qui". Alcuni di noi sono qui, altri hanno deciso di rimanere fuori da questo pianeta in forma di coscienza. Siamo sempre tra di noi, facciamo parte di una forma d'Unità.

D: *Quindi avete deciso. Non vi è stato detto nulla?*
C: Sì, abbiamo deciso di venire consapevolmente. Abbiamo deciso che io sarei venuta qui con un altro, adesso incontreremo l'altro. Ora non so se abbiamo bisogno di incontrarci perché siamo sempre insieme, quindi che bisogno ho di incontrarlo? (Risate)
D: *Prima hai detto che quando eri l'altra coscienza potevi fare qualsiasi cosa e facevi parte di tutto. Ma venire sulla Terra è diverso?*
C: Sì, è una cosa stupida venire qui. (Risate) Perché quando sei la fuori pensi: "Wow", ma quando vieni qui è così difficile. A volte mi sento sola e a volte sento di non potercela fare. Ma a volte so che ce la farò.
D: *Entrare nel corpo è diverso, non è come pensavi che sarebbe stato.*
C: Sì, lo è. Lo è perché quando entri la sensazione è: "Evviva! Vieni in questo corpo dentro a tua madre". E poi senti questa restrizione, tutto è come se tu fossi troppo grande e improvvisamente sei così confinato. Tutto sembra buio, si ha paura di ogni cosa, si provano queste emozioni e all'improvviso si piange. Poi improvvisamente si sorride; tutto è un dramma. Come se non riuscissi a gestire questo dramma. Cosa credi che significhi questo dramma? Però tu fai parte di questo corpo, ora. Non puoi ostacolarlo.
D: *Quindi nell'altra esistenza non avevi queste emozioni?*
C: No, no, non hai emozioni. Non ci sono questo tipo di emozioni. Tutto è così pulito, tranquillo e conosci ogni cosa. E la cosa peggiore è tutto questo dramma. Questi sentimenti, le persone che piangono, questo casino per i malintesi e non si può comunicare con le persone attraverso la tua mente. Puoi provarci, ma non ti ascoltano.
D: *E anche la paura è diversa, vero?*
C: Sì, la paura è la parte peggiore. Non mi piace questa paura. Questa paura crea delle cose nel tuo corpo. Il tuo corpo è così sensibile a questa paura e all'improvviso, quando inizi ad avere questa paura, è un casino e non riesci a uscire dalla paura. Poi si cerca di ricordare chi si è, ma a volte non è così facile ricordarlo. E a volte riconosci che la tua mente sta pensando a tutte queste cose e... Wow... di cosa state parlando. L'unica cosa che esiste è la routine, questa vita e queste altre cose. L'unico modo per farlo è in questo corpo. Se non lo avete, non resterete qui. Andrete a "casa" perché casa è la vostra origine.

D: *Coi ricordi dell'Origine non potresti esistere qui. (Esatto) È per questo che dovete dimenticare quando entrate?*

C: Sì. È per questo che bisogna dimenticare. Altrimenti non si può rimanere attaccati a questo corpo. Quando si provano sentimenti per una cosa, si è attaccati a questo corpo. Sì, quando si cerca di tornare a casa, si ha questa paura, si dimentica tutto e si è di nuovo qui. Ma sapete di non essere completi qui. Non siete completamente incarnati qui.

D: *Sei mai stato in un corpo fisico prima d'ora?*

C: Devo dire di no, ma non so se è la mia mente o...

D: *Ma tu fai parte della galassia e hai creato la galassia, pensi che sia la prima volta che ti trasferisci in qualcosa del genere?*

C: No, credo che non sia la prima volta. Credo d'essere arrivato quando questo tipo di cambiamenti sta avvenendo. Devo capire come funziona. Mi sento come una madre della galassia. (Risate) Quindi devo essere qui per prendermi cura dei miei piccoli. (Risate) E poi ho scelto d'essere su questo piccolo pianeta. È un piccolo pianeta, ma ha molta energia. Devo pensare a tutto. A volte ci riusciamo e a volte no. Non è colpa nostra, perché siamo quello che siamo. A volte accadono cose che non possiamo controllare e l'unica cosa che possiamo fare è toglierla da questo piccolo bambino che è la nostra galassia.

D: *Ma quando arrivi, dimentichi tutte queste cose e l'unica cosa che riconosci è solo questa vita.*

C: Non c'è modo di stare qui se sai chi sei. Non c'è modo di usare il potere che hai, anche se a volte hai bisogno o vuoi usare questo potere, ma ti rendi conto che non puoi perché questo corpo non è sufficiente. Ma questa grande energia che stai inviando non è tutta la tua energia. È solo una parte della tua energia necessaria per rimanere qui.

D: *Ma non è possibile che il corpo fisico utilizzi una parte dell'energia?*

C: Sì, la parte fisica del corpo sta usando una parte dell'energia, ma non tutta l'energia. Perché se il corpo usa tutta l'energia... potrebbe esplodere. Non è un contenitore per questa grande energia che siete. È troppa energia per questo piccolo corpo. Perché la galassia stessa è più piccola dell'energia che siete. Il pianeta Terra è più piccolo della energia che siete. Questo corpo è più piccolo dell'energia che siete. Quindi vi state muovendo dalle cose piccole alle cose grandi, oppure vi state muovendo verso le cose grandi o dalle cose grandi alle cose più piccole. Tutto si muove... come in un ciclo.

D: Ma è possibile che questo corpo attraverso cui stai parlando utilizzi una parte dell'energia?

C: Sì, ha bisogno di usare questo corpo. Sta usando questa energia, ma il corpo non sa come usarla.

D: Ha detto che sente l'energia che attraversa il suo corpo, ma non sa cosa farne.

C: Sì, non sa cosa fare, il corpo non lo sa. Lei lo sa, ma quando cerca di usare quel potere, inizia quest'altra paura e allora capisce: "Ok, cosa sto facendo? Io sono questo corpo. Sono una specie di ego". Ha paura di usare questo grande potere che possiede. Sta cercando di farlo per aiutare le persone, ma non funziona perché ha paura. Tutto inizia a funzionare, poi ha paura di essere scoperta. Ha paura di essere scoperta per chi è veramente. Sta facendo questo lavoro sotto copertura. (Ridendo) Quindi nessuno sa che stiamo lavorando sotto copertura.

D: Hai paura che succeda qualcosa se qualcuno sapesse quanto sei potente in realtà?

C: Sì. Non funziona se qualcuno scopre che controlliamo le cose.

D: Pensano di poterlo fare?

C: Lasciami chiarire questo punto. Anche noi... noi... l'Universo, l'Unità, stiamo lavorando. Siamo qui sotto copertura. Stiamo controllando le cose, se qualcuno scoprisse che stiamo controllando le cose, anche se stiamo cercando di aiutare... non faranno le cose da soli e cercheranno di richiedere aiuto. Sapete che le persone qui sono così... hanno bisogno di aiuto. Hanno sempre bisogno di aiuto e stanno permettendo ad un altro di fare le cose da solo, qusto non possiamo permetterlo. Hanno il libero arbitrio, quindi devono fare le cose da soli e questo è uno dei motivi per cui hanno preso energia da questo corpo, da questa donna. È facile prendere energia da lei.

D: Intendi dire altre persone prendono energia da lei?

C: Sì. Assorbono sempre energia da lei, ma non è questo il modo di farlo, perché lei non è venuta per questo.

Durante l'intervista parlando con Celeste le spiegai come mettere delle barriere intorno a se stessa per impedire alle persone di assorbire la sua energia.

C: Non sa come fare. Stava cercando di usare questo scudo come una luce bianca, ma poi quest'altra parte di lei dice: "Cosa stai facendo? È una cosa stupida da fare". Si separa. Una parte di lei sa chi è e cosa sta facendo qui, l'altra parte sta cercando di dire: "Sii realista. Sei un essere umano che vive su questo pianeta Terra, non essere sciocca a pensare di essere più grande di così". È una lotta. Lei sta combattendo interiormente.

D: *Forse, ha del karma da ripagare?*

C: No, non è così. E' venuta qui quando questa galassia ha iniziato questo grande movimento, ma è venuta solo per aiutare e non ha karma. Ha cercato di aiutare le persone che hanno il karma e a volte sembra che senta il karma, ma non lo sente perché non può. È una delle guaritrici di questa galassia, quindi sta cercando di aiutare e a volte ha bisogno di sentire come ci si sente ad essere umani in questa parte della galassia, perché è così che si sente la galassia. Come se tu fossi nel corpo, questo provasse dolore e tu dovessi provare quel dolore solo per sentire ciò che prova il corpo. Capisci cosa intendo? Il vostro corpo deve percepire questo dramma. Questo è l'unico modo per aiutare le persone: comprendendo il loro modo di sentire. Allora li può capire. Allora li può aiutare, però si sa che a volte le persone non vogliono essere aiutate. Si accontentano di questo dramma perché non vogliono migliorare, altrimenti ricorderebbero da dove provengono. Non si può aiutare se non vogliono essere aiutati.

D: *Ma lei non sa d'essere molto più grande. Sente di essere come gli altri abitanti della Terra.*

C: Sì, è proprio così. E' questo il problema: essere questa energia che lei manifesta - l'io - sta combattendo con questa energia o con questo corpo. È il suo corpo. A volte sente di essere questo corpo e di essere più grande, ma a volte non se lo ricorda e si trova nel mezzo di questo piccolo dramma. Non ho trovato un modo per dirle: "ricordati chi sei!".

D: *Credo che adesso tu abbia trovato un modo per dirglielo.*

C: Sì, credo che sia proprio quello che stiamo facendo con questa conversazione.

D: *Ma la maggior parte delle persone quando vengono sulla Terra molte volte o in questo ciclo, scelgono i loro genitori. Scelgono dove nascere, ma lei non faceva parte di quel ciclo?*

C: No, non ne faceva parte. Era qui per aiutare quest'uomo e questa donna (i suoi genitori) perché sono così pieni di potere. Non si rendono conto di esserlo. Così, quando è venuta qui, ha dato a questa coppia un po' d'energia per fare quello che dovevano fare, ma loro non capiscono. Questi due le hanno fatto fare molte esperienze per sentire cosa significa essere umani, per capire cosa significa provare dolore e fare esperienze umane. È stato importante per me fare queste esperienze perché ora posso aiutarli se capisco come si sentono: così vuoti. Posso sentire questo vuoto. Non ho mai capito questo vuoto, fino a quando non sono venuta qui, solo per fare queste esperienze umane. Inoltre questo era il contratto che c'era con quelle persone... voglio dire questa coppia. Quando vi darò questa energia, potrete andare avanti o non andare avanti e mi darete questa esperienza. Allora sarò in grado di capire come si sentono le persone. E ora, quando vedo le persone, so come si sentono. Posso sentire come si sentono! Posso sentire la loro vibrazione. Posso sentire come si sentono e se percepisco l'energia, posso rimuovere il loro dolore.

Feci domande a proposito della figlia di Celeste, che finalmente aveva concepito dopo due aborti spontanei. È la stessa storia che sento spesso. "È una di noi! È una di noi!". Celeste ha un tipo di energia che non è compatibile con gli altri esseri umani. Questo tipo è così diverso che è difficile per la madre rimanere incinta. La vibrazione dell'anima in arrivo è troppo diversa da quella della madre. È quindi necessario apportare delle modifiche affinché la madre possa portare a termine la gravidanza. Di solito si verificano due o tre aborti spontanei, fino a quando gli adattamenti non sono completi. Questo tipo di persona di solito non può avere figli a causa di questa incompatibilità. L'energia e la vibrazione di entrambe le anime devono provenire dallo stesso luogo perché la gravidanza abbia successo.

Poi diedero a Celeste informazioni personali. Le dissero di usare la luce bianca per proteggersi dall'energia degli altri.

C: Ora saprà chi è, ma dovrà stare attenta perché, come sapete, quando siete in questo corpo ci sono queste trappole. Queste cose che vi fanno sentire più di quello che siete e più profondi di quello che siete e cose del genere. Quindi deve stare attenta perché non vogliamo che questa donna usi questo potere per cose negative. Quindi deve ricordarsi di stare attenta. Inoltre deve stare attenta alle persone che le stanno attorno, perché abbiamo detto che questa donna è come un canale, quindi sta canalizzando energia. Molte persone prendono energia da lei, quindi deve stare attenta. Queste persone stanno prendendo energia da lei e non la stanno usando correttamente. (Enfatizzò che doveva usare la barriera e la luce bianca ogni giorno) Deve anche ricordarsi di meditare ogni giorno e di fare attenzione al cibo che mangia. Occasionalmente soffriva di problemi allo stomaco e all'intestino. "Sì, sta canalizzando diverse energie e a volte questa energia le crea problemi al corpo perché non usa la barriera. Cosi ora è come una spugna d'energia".

Fecero una scansione del corpo. "C'è qualcosa che riguarda il sangue, perché a volte fa qualcosa che non permette all'energia di fluire. Le paure. Le paure interferiscono con il flusso sanguigno. È la mente che mette le paure nel corpo. Pulirò questo corpo dal blocco chiamato paura, provoca nel corpo qualcosa che non vogliamo. È strano essere in un corpo. Sia la paura che le persone assorbono la sua energia, quindi devi dirle di usare questa barriera. Le stanno togliendo energia. Deve essere aperta a dare energia, ma deve essere chiusa alle persone che le tolgono energia. Ora sento il cuore nelle mani. Deve usare queste mani piene d'energia. Sa cosa fare. Sa esattamente cosa fare. Verranno abbastanza persone e lei saprà quando usarla e quando non usarla. Non toccare le persone se prima non tiri su la barriera. Poi potrai toccare le persone. E controlla l'energia. L'energia sa dove andare e come farlo. Può usarla per guarire e pulire queste paure come abbiamo fatto con questo corpo. Può fare lo stesso con le persone per pulire le paure che hanno. Deve ricordare che la paura non avrà successo. Questa paura ha preso alcuni organi, si può cercare di liberare questi organi da questa paura. Non abbiamo bisogno di questa paura in questo corpo, ma non sa come farlo. Sì, è come una "donna delle pulizie". È una donna delle pulizie, sì".

Dissero qualcosa di inaspettato quando chiesi dei genitori di Celeste. Dissero che non sarebbero rimasti li a preoccuparsi. Semplicemente, non c'erano, la loro energia era sparita. Hanno detto che questo significava che sarebbero morti, ma non potevano dirmi di più, perché la loro energia non c'era. FISICO: gli occhi. A volte non vuole vedere ciò che vede. Per questo gli occhi non funzionano bene. Sta cercando di controllare ciò che vede. Le piace avere il controllo, ma non funziona perché siamo noi in controllo. Dissero che c'era un problema con l'occhio destro a causa di un laser. Il medico non aveva eseguito l'intervento correttamente, quindi "loro" hanno inviato energia per correggerlo e permettere alla luce di entrare. Questo creò molto calore che Celeste sentì fisicamente.

D: *L'energia crea calore, vero?*
C: Eh, sì!
D: *Ma ora non avrà più il controllo. Potrà vedere ciò che deve vedere.*
C: Perfetto, ma ora vedrà cose che forse non vuole vedere. (Sembrava divertita) Deve ricordare che siamo noi a controllarla, quindi non deve avere paura. Ricordati della barriera e tutto sarà sotto controllo, il nostro controllo, non il suo. A volte è come una spugna. E a volte abbiamo bisogno di una spugna, altrimenti non possiamo usare la nostra energia nel corpo. Sai, questo è quello che succede sul pianeta Terra. Le persone cercano di prendere energia l'una dall'altra e il fatto è che hanno bisogno di connettersi alla Sorgente, ma non sanno come farlo. Quindi, se decidono come connettersi, non hanno bisogno di prendere l'uno dall'altro.
D: *Perché la Sorgente ha una disponibilità illimitata.*
C: Lo so... per tutti! In questo momento lei sta dando energia al pianeta Terra. Le sue mani stanno dando energia... come un fornitore. Stanno fornendo energia o dando energia al pianeta Terra in questo momento. Anche la Terra si sta muovendo e il pianeta Terra è davvero "felice" di muoversi.

EPILOGO

CI SARANNO ALTRI LIBRI?

Come sapete, la mamma lavorava sempre a molti libri contemporaneamente. Quindi sì, ce ne sono altri in varie fasi di completamento che usciranno nei prossimi anni. I temi trattati sono diversi punti della storia e delle linee temporali. C'è ancora una serie d'informazioni contorte provenienti da sessioni passate che non sono ancora state incluse in nessun libro, quindi cercherò di raccogliere altro materiale per i suoi affamati lettori.

In tutto questo lavoro, mia madre traeva il massimo amore e piacere nell'aiutare le persone. Amava vederle guarire. Quando tornava in ufficio dopo una seduta, la mamma era come un genitore orgoglioso e un bambino euforico. Era così eccitata, entusiasta e completamente raggiante. Ecco da dove veniva tutta la sua energia. Traboccava dal cliente quando il SC faceva la guarigione con la luce bianca. Diceva quanto fosse fantastico durante le sedute, sentire l'amore emanato a ondate dai clienti. Si tratta sempre di far capire ai clienti le loro situazioni personali e di "tirare le somme" per ottenere la guarigione.

Per questo motivo la mamma fu guidata a insegnare il suo metodo di guarigione. Era così efficace che le persone venivano da tutto il mondo per vederla in questo piccolo ufficio in una remota cittadina dell'Arkansas. All'inizio la mamma era molto riluttante, perché non sapeva se sarebbe stata in grado di insegnare qualcosa che aveva sviluppato da sola. Abbiamo rapidamente scoperto che questo processo è molto facile da imparare ed è molto indulgente. All'inizio la mamma lo chiamava regressione avanzata delle vite passate, perché era qualcosa di più della normale regressione alle vite passate. Poi alcuni studenti dei corsi hanno iniziato a dirci che dovevamo cambiare il nome, per rappresentare ciò che stava effettivamente accadendo e che veniva insegnato: guarire a passi da gigante in modo molto profondo usando l'ipnosi. Il fine settimana successivo io e la mamma ci sedemmo e cominciammo ad esplorare parole utilizzabili per descrivere la sua tecnica d'ipnosi. Alla fine abbiamo trovato le parole che ci sembravano perfette: Quantum Healing Hypnosis Technique (QHHT). La bellezza di questa tecnica è che chiunque può praticarla senza alcuna esperienza precedente di ipnosi. Abbiamo scoperto che l'unico requisito è avere un cuore aperto e il desiderio di aiutare le persone.

Quando mia madre terminò il terzo libro della serie 'Universo Convoluto', durante una seduta disse al SC: "Penso che mi abbiate dato tutte le informazioni possibili. Penso di sapere tutto ora. Reincarnazione, dimensioni, portali...".

Non era possibile che ce ne fossero altre. La sua mente non poteva immaginare nulla di più grande di ciò che aveva visto fino a quel momento.

E "loro" dissero: "Oh, no, c'è di più. C'è molto di più!".

Lasciarono che la sua mente si riposasse e digerisse il materiale, poi cominciarono a darle altri concetti e un paio d'anni dopo aveva abbastanza informazioni per il quarto libro.

Molte persone ci hanno inviato messaggi nei quali dichiarano che la mamma è venuta da loro in sogni, sedute e in altri modi diversi, il che ci mostra quanto sia impegnata anche nella sua vita nell'aldilà.

Il che conferma per me il messaggio che ho ricevuto al momento del suo trapasso: "Posso fare molto di più nell'aldilà di quanto possa fare da questa parte".

Dolores, ora nell'aldilà, può vedere "molto di più"!

Ti ascoltiamo, mamma - la reporter, la ricercatrice, l'investigatrice della conoscenza perduta...

Julia Cannon

La Ozark Mountain Publishing, Inc. e la QHHT, LLC lavorerà sempre diligentemente per fornirvi le informazioni più recenti e aggiornate sulle opere di Dolores Cannon, indipendentemente da dove si trovi. Tutte queste informazioni possono essere trovate nei nostri corsi, sui nostri siti web e sui social media.

Ozarkmt.com
Dolorescannon.com
Qhhtofficial.com
Dolores Cannon Facebook
Ozark Mountain Publishing Facebook
QHHT Facebook

Riguardo all'Autore

Dolores Cannon, ipnoterapeuta regressiva e ricercatrice psichica che raccoglie le conoscenze "perdute", naque nel 1931 a St. Louis, Missouri. Studiò e visse a St. Louis fino al 1951, quando si sposo con un militare di carriera. Trascorse i 20 anni successivi viaggiando in tutto il mondo come una tipica moglie d'ufficiale della Marina e crescendo la sua famiglia. Nel 1970 il marito fu congedato come veterano disabile e si ritirarono sulle colline dell'Arkansas. Iniziò quindi la sua carriera di scrittrice e cominciò a vendere i suoi articoli a varie riviste e giornali. Si occupò di ipnosi dal 1968 e dal 1979 esclusivamente di terapia della vita passata e di regressione. Studiò i vari metodi di ipnosi e quindi sviluppò una sua tecnica unica che le permise di raccogliere informazione dai suoi clienti in modo più efficiente. Dolores insegnò la sua unica tecnica di ipnosi in tutto il mondo.

Nel 1986 ampliò le sue indagini nel campo degli UFO. Condusse studi in loco su presunti atterraggi di UFO e indagò sui cerchi nel grano in Inghilterra. La maggior parte del suo lavoro in questo campo è circoscritto all'accumulo di prove da presunti rapiti, attraverso l'ipnosi.

Dolores fu oratrice internazionale che presentando a conferenze in tutti i continenti del mondo. I suoi diciassette libri sono tradotti in oltre venti lingue. Parlò a radio e televisioni di tutto il mondo. Articoli su Dolores sono apparsi in numerose riviste e giornali statunitensi e internazionali. Dolores è stata la prima americana e la prima straniera a ricevere il "Premio Orpheus" in Bulgaria, per i più alti progressi nella ricerca dei fenomeni psichici. Ha ricevuto i premi "Outstanding Contribution" e "Lifetime Achievement" da diverse organizzazioni di ipnosi.

Dolores aveva una famiglia molto numerosa che la teneva in equilibrio tra il mondo "reale" della famiglia e quello "invisibile" del suo lavoro.

Se desiderate corrispondere con la OzarkMt. editrice di Dolores in merito al suo lavoro, alle sue sessioni private o ai suoi corsi di formazione, inviate un messaggio al seguente indirizzo. (Dolores Cannon, P.O. Box 754, Huntsville, AR, 72740, USA o inviate una e-mail all'indirizzo decannon@msn.com o attraverso il nostro sito web: www.ozarkmt.com.

Dolores ha lasciato questa dimensione il 18 ottobre 2014.

I Libri di Dolores Cannon,
Publicati da Ozark Mountain Publishing, Inc.

Conversations with Nostradamus, Volume I, II, III
Between Death & Life
The Custodians
The Convoluted Universe, Book One, Two, Three, Four, Five
Five Lives Remembered
Jesus and the Essenes
Keepers of the Garden
Legacy from the Stars
The Legend of Starcrash
The Search for Hidden Sacred Knowledge
A Soul Remembers Hiroshima
They Walked with Jesus
The Three Waves of Volunteers and the New Earth
A Very Special Friend
Horns of the Goddess

Per informazioni riguardo ai titoli di cui sopra, titoli inediti o altri prodotti nel nostro catalogo, scrivete, telefonate o visitate il nostro sito web:

Ozark Mountain Publishing, Inc. PO Box 754, Huntsville, AR 72740
+1 479-738-2348/ +1 800-935-0045
www.ozarkmt.com

Other Books by Ozark Mountain Publishing, Inc.

Dolores Cannon
A Soul Remembers Hiroshima
Between Death and Life
Conversations with Nostradamus, Volume I, II, III
The Convoluted Universe -Book One, Two, Three, Four, Five
The Custodians
Five Lives Remembered
Horns of the Goddess
Jesus and the Essenes
Keepers of the Garden
Legacy from the Stars
The Legend of Starcrash
The Search for Hidden Sacred Knowledge
They Walked with Jesus
The Three Waves of Volunteers and the New Earth
A Very Special Friend
Aron Abrahamsen
Holiday in Heaven
James Ream Adams
Little Steps
Justine Alessi & M. E. McMillan
Rebirth of the Oracle
Kathryn Andries
Time: The Second Secret
Will Alexander
Call Me Jonah
Cat Baldwin
Divine Gifts of Healing
The Forgiveness Workshop
Penny Barron
The Oracle of UR
P.E. Berg & Amanda Hemmingsen
The Birthmark Scar
Dan Bird
Finding Your Way in the Spiritual Age
Waking Up in the Spiritual Age
Julia Cannon
Soul Speak – The Language of Your Body
Jack Cauley
Journey for Life
Ronald Chapman
Seeing True
Jack Churchward
Lifting the Veil on the Lost Continent of Mu
The Stone Tablets of Mu
Carolyn Greer Daly
Opening to Fullness of Spirit
Patrick De Haan
The Alien Handbook
Paulinne Delcour-Min
Divine Fire
Holly Ice
Spiritual Gold
Anthony DeNino
The Power of Giving and Gratitude
Joanne DiMaggio
Edgar Cayce and the Unfulfilled Destiny of Thomas Jefferson Reborn
Paul Fisher
Like a River to the Sea
Anita Holmes
Twidders
Aaron Hoopes
Reconnecting to the Earth
Edin Huskovic
God is a Woman
Patricia Irvine
In Light and In Shade
Kevin Killen
Ghosts and Me
Susan Linville
Blessings from Agnes
Donna Lynn
From Fear to Love
Curt Melliger
Heaven Here on Earth
Where the Weeds Grow
Henry Michaelson
And Jesus Said – A Conversation
Andy Myers
Not Your Average Angel Book
Holly Nadler
The Hobo Diaries
Guy Needler
The Anne Dialogues
Avoiding Karma
Beyond the Source – Book 1, Book 2
The Curators
The History of God
The OM
The Origin Speaks

For more information about any of the above titles, soon to be released titles, or other items in our catalog, write, phone or visit our website:
PO Box 754, Huntsville, AR 72740|479-738-2348/800-935-0045|www.ozarkmt.com

Other Books by Ozark Mountain Publishing, Inc.

Psycho Spiritual Healing
James Nussbaumer
And Then I Knew My Abundance
Each of You
Living Your Dram, Not Someone Else's
The Master of Everything
Mastering Your Own Spiritual Freedom
Sherry O'Brian
Peaks and Valley's
Gabrielle Orr
Akashic Records: One True Love
Let Miracles Happen
Nikki Pattillo
Children of the Stars
A Golden Compass
Victoria Pendragon
Being In A Body
Sleep Magic
The Sleeping Phoenix
Alexander Quinn
Starseeds What's It All About
Debra Rayburn
Let's Get Natural with Herbs
Charmian Redwood
A New Earth Rising
Coming Home to Lemuria
David Rousseau
Beyond Our World, Book 1
Richard Rowe
Exploring the Divine Library
Imagining the Unimaginable
Garnet Schulhauser
Dance of Eternal Rapture
Dance of Heavenly Bliss
Dancing Forever with Spirit
Dancing on a Stamp
Dancing with Angels in Heaven
Annie Stillwater Gray
The Dawn Book
Education of a Guardian Angel
Joys of a Guardian Angel
Work of a Guardian Angel
Manuella Stoerzer

Headless Chicken
Blair Styra
Don't Change the Channel
Who Cathartted
Natalie Sudman
Application of Impossible Things
L.R. Sumpter
Judy's Story
The Old is New
We Are the Creators
Artur Tradevosyan
Croton
Croton II
Jim Thomas
Tales from the Trance
Jolene and Jason Tierney
A Quest of Transcendence
Paul Travers
Dancing with the Mountains
Nicholas Vesey
Living the Life-Force
Dennis Wheatley/ Maria Wheatley
The Essential Dowsing Guide
Maria Wheatley
Druidic Soul Star Astrology
Sherry Wilde
The Forgotten Promise
Lyn Willmott
A Small Book of Comfort
Beyond all Boundaries Book 1
Beyond all Boundaries Book 2
Beyond all Boundaries Book 3
D. Arthur Wilson
You Selfish Bastard
Stuart Wilson & Joanna Prentis
Atlantis and the New Consciousness
Beyond Limitations
The Essenes -Children of the Light
The Magdalene Version
Power of the Magdalene
Sally Wolf
Life of a Military Psychologist

For more information about any of the above titles, soon to be released titles, or other items in our catalog, write, phone or visit our website:
PO Box 754, Huntsville, AR 72740|479-738-2348/800-935-0045|www.ozarkmt.com

www.ingramcontent.com/pod-product-compliance
Lightning Source LLC
Chambersburg PA
CBHW071656160426
43195CB00012B/1486